Interkulturelle Beratung

Grundlagen, Anwendungsbereiche und Kontexte
in der psychosozialen und gesundheitlichen Versorgung

Münchener Beiträge I

Reihe

FORUM
MIGRATION
GESUNDHEIT
INTEGRATION

Band 2

herausgegeben von

Ramazan Salman
Dr. Jürgen Collatz
Dr. Thomas Hegemann
Prof. Dr. Wielant Machleidt

Interkulturelle Beratung

Grundlagen, Anwendungsbereiche und Kontexte
in der psychosozialen und gesundheitlichen Versorgung

Münchener Beiträge I

herausgegeben von

Thomas Hegemann & Britta Lenk-Neumann

VWB – Verlag für Wissenschaft und Bildung

Die Deutsche Bibliothek - CIP-Einheitsaufnahme

Interkulturelle Beratung : Grundlagen, Anwendungsbereiche und Kontexte in der psychosozialen und gesundheitlichen Versorgung / hrsg. von Thomas Hegemann ... - Berlin :
VWB, Verl. für Wiss. und Bildung, 2002
(Reihe Forum Migration, Gesundheit, Integration ; Bd. 2)
ISBN 3-86135-291-5

Verlag und Vertrieb
VWB – Verlag für Wissenschaft und Bildung, Amand Aglaster
Postfach 11 03 68 • 10833 Berlin
Tel: 030/251 04 15 • Fax: 030/251 11 36
e-mail: 100615.1565@compuserve.com
http://www.vwb-verlag.com

Druck
Primus Solvero GmbH, Berlin

Copyright
© VWB – Verlag für Wissenschaft und Bildung, 2002

Inhaltsverzeichnis

R. SALMAN
Geleitwort 7

T. HEGEMANN & B. LENK-NEUMANN
Vorwort 9

T. HEGEMANN & B. LENK-NEUMANN
Einführung 11

Psychosoziale Kontexte

L. AKGÜN
Gesundheit zwischen kulturellen Gegebenheiten und kulturellen Patterns 15

V. HÖRBST & B. LENK-NEUMANN
Gesundheit, Krankheit und Beratung im Spannungsfeld der Kulturen
– Medizinethnologische Ansätze für Praktiker 23

G. SCHWAB
Lesen als Kulturkontakt 35

V. HÖRBST
Kulturgebundene Syndrome – ein hilfreiches Konzept für fremdkulturelle
Krankheitsauffassungen 45

Grundlagen interkultureller Beratung

G. ATIK-YILDIZGÖRDÜ
Abenteuerlust ist gefragt 55

M. MAČEK
Suchtentwicklung – eine Form der Migration 65

R. WOLF
Einverständnis zur Behandlung 77

D. MENGISTU
Public Health für Migranten 89

N. Mattarei
Soziale Beratung in der Muttersprache 99

Anwendungsbereiche

K. Fließ
Migrantinnen im Frauenhaus 107

E. Geiger
Lebenspraxis und Identität von Kindern und Jugendlichen 119

P. Delkos
Alt werden in der Fremde 131

G. Fresser-Kuby
Frauenrollen und Frauenidentitäten 139

K. Schulze-Rostek
Interkulturelle Aus- und Weiterbildung – Erfahrungen aus der Pflege 151

P. Flubacher
Transkulturelle Verständigung – praktische Empfehlungen eines Hausarztes 159

Epilog

T. Hegemann
„Interkulturelle" Verständigung – das BZTM 167

Gesamtliteraturverzeichnis 179

Autorenverzeichnis 195

Geleitwort

Das *Forum Migration Integration Gesundheit* ist als Diskussionsplattform für praktische und wissenschaftliche Fragestellungen zur Integration von Migrantinnen und Migranten im Bereich von sozialen und gesundheitlichen Dienstleistern konzipiert. Im Rahmen einer Buchreihe werden relevante Themenbereiche aufgegriffen und unter möglichst umfänglichen Perspektiven diskutiert.

Die einzelnen Bände stellen Praktikerinnen und Praktikern bewährte und weiterführende Praxismodelle, Arbeitsweisen und Wissensbereiche zum professionellen Umgang mit Migrantinnen und Migranten vor, sie bieten strukturelle Anregungen und Konzepte für Verantwortliche in Leitungspositionen und Gestaltern von politischer Rahmenbedingungen und stellen wissenschaftlichen Interessierten anregende neue Theorien und Forschungsergebnisse vor.

Für die Herausgeber des *Forums Migration Integration Gesundheit* sind Integration, Emanzipation und Chancengleichheit von Menschen mit einem fremden kulturellen Hintergrund die zentrale Idee dieser Buchreihe. Wir stehen alle vor der Aufgabe, Arbeitsmigranten, Flüchtlingen und Aussiedlern ebenso wie Menschen, die seit mehreren Generationen hier in einer Minoritätensituation leben, eine gerechte Teilhabe an der gesundheitlichen und sozialen Versorgung zu ermöglichen. Dies geschieht am besten durch die Förderung und Fundierung transkultureller Professionalität aller dort Handelnden und der Schaffung dafür günstiger Rahmenbedingungen in der Regelversorgung des Sozial-, Gesundheits- und Bildungswesens.

Um diesem Ziel zu dienen, soll die in vielen Kulturen gepflegte Tradition eines Forums aufgegriffen werden, in dem sich Interessierte aus unterschiedlichen Richtungen kommend treffen und gemeinsam diskutieren. Die erforderlichen Veränderungen im Denken und Handeln in den Themenbereichen unseres Forums werden sich immer an den Schnittstellen zwischen der somatischen, psychischen und sozialen Dimension des Lebens ergeben und betreffen daher alle relevanten Fachgebiete wie Medizin, Soziologie, Ethnologie, Psychologie, Ökonomie, Theologie etc.. Daher soll der Einbezug möglichst vieler in diesem Feld tätigen Professionen wie Pflegende, Ärzte, Sozialpädagogen, Therapeuten, Psychologen, Lehrer und Juristen ebenso wie Wissenschaftler, Forscher, Verwaltungsfachleute und Gesundheitspolitiker einen umfassenden Diskurs ermöglichen. Auf diese Weise soll auch eingewanderten Wissenschaftlern und Praktikern des Gesundheitswesens sowie allen interkulturell Interessierten ein Diskussionsangebot gemacht werden.

Eine offene und realistische Situationsanalyse in unserem eigenen Land und die Auseinandersetzung mit sowohl in Deutschland wie in anderen Ländern existierenden Modellen, Ansätzen und Konzepten, die ein migrationssensibles Sozial- und Gesundheitswesen zu begründen vermögen, erscheint uns am ehesten geeignet, neue und kreative Ideen zu fördern.

Nach dem ersten Band der Reihe *Forum Migration Integration Gesundheit*, welcher die unterschiedlichen Dimensionen der interkulturellen Begutachtung zum Inhalt hatte, widmet sich der hier vorliegende zweite Band Fragen von *Interkultureller Beratung – Grundlagen, Anwendungsbereiche und Kontexte in der psychosozialen und gesundheitlichen Versorgung.*

Der Grundidee unserer Reihe folgend werden Praxismodelle und bewährte Konzepte der Beratung in psychosozialen und gesundheitlichen Kontexten vorgestellt und diskutiert. Ohne interkulturellen Kompetenzen in Beratung und Gesprächsführung werden weiterführende Veräderungen in Richtung auf ein kultursensibleres Sozial- Gesundheitswesen wohl kaum umzusetzen sein. Wir freuen uns auch, mit diesem ersten Band der *Münchener Beiträge* Arbeitsschwerpunkte des *Bayerischen Zentrums für Transkulturelle Medizin e.V.* in München, einem wichtigen interkulturellen Kompetenzzentrum in Süddeutschland, vorstellen zu können.

Gerne möchten wir als Herausgeber an dieser Stelle denjenigen danken, die auf unterschiedliche Weise ganz wesentlich zu dem Gelingen dieses Bandes in beigetragen haben. Es sind dies vor allem die Autorinnen und Autoren, die bereit waren, unsere Leserinnen und Lesern an ihren Ideen, Erfahrungen und Konzepten teilhaben zu lassen. Ein ambitioniertes Forum lebt von dieser Bereitschaft. Auch den Herausgebern des Bandes, Thomas Hegemann und Britta Lenk-Neumann, möchte ich hier – auch im Namen der Reihenherausgeber – danken. Sie haben Erfahrung, Wissen und Arbeitszeit uneigennützig unserem Frorum für die Kompetenzerweiterung in der Arbeit mit Migrantinnen und Migranten zur Verfügung gestellt. Herrn Amand Aglaster und dem *Verlag Wissenschaft und Bildung* in Berlin danken wir für Vertrauen und Zusammenarbeit für die Gestaltung dieser Reihe und für die Lektorierung dieses zweiten Bandes.

Wir wünschen allen Leserinnen und Lesern, dass sie diejenigen Anregungen, Ideen, Lösungsmöglichkeiten und Informationen in vorliegendem Werk finden, die sie für die Beratung mit Migrantinnen und Migranten benötigen, und wir freuen uns über anregende Rückmeldungen.

Für die Herausgeber

Ramazan Salman,
Ethno-Medizinisches Zentrum Hannover

Vorwort

THOMAS HEGEMANN & BRITTA LENK-NEUMANN

Das *Bayerische Zentrum für Transkulturelle Medizin* ist eine gemeinnützige Einrichtung in München, die sich die Gleichstellung und Integrationsförderung von Migranten und ethnisch/kulturellen Minoritäten im gesundheitlichen und psychosozialen Bereich zum Ziel setzt. Das Zentrum (HEGEMANN, 2000; LENK-NEUMANN, 2001) hat es sich zur Aufgabe gemacht, dazu beizutragen, Zugangsbarrieren für Menschen aus anderen Kulturen in unserem Gesundheits- und Sozialwesen zu vermindern. Dazu betreibt es einen Dolmetscherservice für gesundheitliche und soziale Einrichtungen nach dem Konzept des *Community Interpreting*. Als zweiten Schwerpunkt führt das Zentrum interkulturelle Schulungen, Trainings und Weiterbildungen durch. Dieses Buch enthält Beiträge, die alle zuvor in öffentlichen Veranstaltungen des Zentrums zur Diskussion gestellt worden sind.

Im Jahr 1997 startete das Bayerische Zentrum für Transkulturelle Medizin ein *Forum für Kultur & Gesundheit* in München, in dem Fragen der interkulturellen Medizin, Therapie und Beratung in den unterschiedlichen Feldern der gesundheitlichen und psychosozialen Beratung von erfahrenen Referenten vorgestellt und mit einer interessierten Fach- und Laienöffentlichkeit diskutiert wurde. Sieben der in diesem Band zusammengestellten Beiträge wurden in diesem Rahmen erstmalig öffentlich gemacht.

Im Februar 1999 führte das Zentrum gemeinsam mit der *Evangelischen Akademie* in Bayern eine Tagung in Tutzing zum Thema *Fremde Welten – Menschen aus anderen Kulturen in Therapie, Beratung und Pflege* durch (HEGEMANN, 1999). Von dieser Veranstaltung stammen die weiteren sieben Beiträge dieses Buches, die teilweise später in einer überarbeiteten Fassung auch in anderen Foren präsentiert wurden.

Wir denken, dass dieser Band ein bereichernder Beitrag für die Buchreihe FORUM MIGRATION GESUNDHEIT INTEGRATION sein wird. Dieses Buch wendet sich als praxisorientierter Band an alle Fachleute, die auf der Reise nach einem neuen professionellen Umgang mit anderen Kulturen nach Anregung und Hilfestellung suchen. Unserer Erfahrung nach betrifft dies Pflegende wie Ärzte, Ergotherapeuten wie Psychologen, Sozialpädagogen wie Verwaltungsfachleute und Gesundheits- und Sozialpolitiker in gleicher Weise. Schwerpunkt unserer Betrachtung des Kulturellen ist es, den Beobachtungsfokus auf beide Seiten zu lenken, auf Professionelle und Klienten. Denn das Fremde entsteht letztlich nur in Relation zu derjenigen Person, die es identifiziert (HABERMANN, 1997).

An dieser Stelle möchten wir auch denen danken, die auf unterschiedliche Weise zu dem Gelingen dieses Buches beigetragen haben. Es sind dies vor allem die Autorinnen und Autoren, die ihre zum Teil völlig neu entwickelten Ansätze erstmalig im deutschsprachigen Raum zur Verfügung gestellt haben oder frühere Publikationen für eine Leserschaft in deutschsprachigen Ländern überarbeiteten. Danken möchten wir auch den anderen Referenten, die im *Forum Kultur und Gesundheit* und auf der Tutzinger Tagung vorgetragen haben, und deren Beiträge an anderer Stelle publiziert wurden: Barbara AB-DALLAH-STEINKOPFF (2001), Jürgen COLLATZ (1998), Dietmar CZYCHOLL (1999), Ingrid GEIGER (1997), Wolfgang KRAHL (1997), Britt KRAUSE (2001), Ramazan SALMAN (2001) und Ulrich SEIBERT (2001).

Wir können hier leider nicht alle Kolleginnen und Kollegen, die uns unterstützten, bedenken. Dem Bayerischen Zentrum für Transkulturelle Medizin e.V. und seiner damaligen Geschäftsführerin Frau Ursula Schirmer, der Evangelischen Akademie Tutzing und ihrem stellvertretenden Direktor Herrn Dr. Christoph Meier, sowie dem Referat für Gesundheit und Umwelt der Landeshauptstadt München als Förderer und Frau Gerlinde Appel danken wir für die Rahmenbedingungen, in denen die Beiträge dieses Buches entstanden.

Einführung

THOMAS HEGEMANN & BRITTA LENK-NEUMANN

Für Mitarbeiter und Mitarbeiterinnen psychosozialer und gesundheitlicher Einrichtungen wird die Kompetenz, zwischen den Anliegen der Klienten und den Aufgaben ihrer jeweiligen Institution vermitteln zu können, zu einer zunehmend bedeutsamen Aufgabe. Immer weniger können wir davon ausgehen, dass die Menschen, denen wir begegnen, gleiche Vorstellungen über die Welt, über soziale und professionelle Rollen und über Sinn und Zweck gesundheitlicher und psychosozialer Serviceeinrichtungen oder darüber, was krank bzw. gesund überhaupt bedeutet, haben. Bei Migranten wird dies am augenfälligsten; aber auch ohne Migration entwickeln hochkomplexe Gesellschaften immer differenziertere Subkulturen mit höchst unterschiedlichen Werten und Haltungen.

Die Effektivität beraterischer und therapeutischer Serviceleistungen für den Personenkreis der Patienten aus anderen Kulturen hängt entscheidend davon ab, ob es gelingt, Verständigung herzustellen. Kommunikation ist schon innerhalb des gleichen Kulturkreises eine komplexe und nicht leicht zu erreichende Aufgabe, die für alle Beteiligten eine große Herausforderung bedeutet.

Häufig neigen Professionelle dazu, einerseits menschliches Erleben entsprechend erlernter Vorgehensweisen, Routinen und Praktiken zu erfassen und andererseits persönliche Haltungen zu den zur Diskussion stehenden Lebensfragen einfließen lassen. In Fällen, in denen Professionelle und Klienten kulturell, sprachlich, geschlechtlich, sozial oder bildungsmäßig unterschiedliche Hintergründe haben, kann es zu Interventionen kommen, die als nicht passend seitens der Klienten erlebt werden. So kann die Kommunikation zusammenbrechen oder Verständigung als nicht mehr möglich erscheinen. Beratung ist dann uneffektiv. Selbst fachlich begründbare Vorgehensweisen, wie operative Eingriffe oder die Verordnung von Medikamenten, sind dann nur noch schwer vermittelbar und Klagen über mangelnde Compliance sind die Folge.

Um eine für beide Seiten befriedigende, möglichst wenig konfliktbelastete und vor allem erfolgreiche Therapie oder interkulturelle Beratung durchzuführen, braucht es also spezielle Kompetenzen. Dafür gibt es sowohl konzeptionelle Begründungen als auch bewährte Praxismodelle.

Wir Professionellen – jede/r einzelne – stehen vor allem vor der Aufgabe, uns verstärkt darum zu bemühen, soziale und kulturelle Distanzen zu verringern und mehr Verständnis für die unterschiedliche Kultur, Lebensweise, Wertvorstellungen und Gesundheitsverhalten unserer Klienten aufzubringen. Aber auch das Gesundheitswesen als Ganzes und seine einzelnen Einrichtungen werden nicht umhin kommen, eine interkulturelle Dimension zu entwickeln, um ihren Mitarbeitern theoretisches Rüstzeug und praktische Modelle anbieten zu können, mit deren Hilfe diese Aufgaben besser bewältigt werden können. In Zeiten weltpolitischer Veränderungen, in denen aus aktuellen Anlässen heraus kulturelle Fremdheit von weiten Teilen der Bevölkerung in noch stärkerem Maße, als bisher, als bedrohlich erlebt wird, gilt dies in ganz besonderer Weise.

Als Herausgeber und Herausgeberin haben wir dieses Buch für die praktische Arbeit der Mitarbeiterinnen und Mitarbeiter unterschiedlicher Professionen gesundheitlicher und psychosozialer Einrichtungen zusammengestellt. Wir denken, dass die hier zusammengetragenen Informationen in besonderer Weise auch für Mitarbeiter mit Leitungsaufgaben und Lehrverantwortung interessant sind und zu neuen Fragestellungen einladen.

Bei der Zusammenstellung diese Buches haben wir uns von den Fragen leiten lassen, auf die wir selber für die interkulturelle Beratung Antworten suchen. Welche kulturspezifischen Angebote können kulturelle Gruppen oder Professionelle motivieren? Wie werden die Probleme von den Akteuren gesehen und erlebt? Welche Widerstände oder Barrieren sind zu überwinden und welche sprachlichen oder kulturellen Kompetenzen sind notwendigerweise zu beachten? Wie müssen kompensatorische Angebote und Versorgungsstrukturen beschaffen sein, um Migranten zu erreichen und ein effektiveres Angebot machen zu können?

Der Einbezug migrationsspezifischer und soziokultureller Aspekte in die gesundheitliche und psychosoziale Versorgung und die Berücksichtigung von Migranten als spezielle Zielgruppe in den unterschiedlichen Handlungsfeldern des Gesundheits- und Sozialwesens begünstigt und begründet eine „Interkulturelle Beratung". Diese eröffnet neue Perspektiven, Altbewährtes, aber häufig allzu Selbstverständliches, neu zu überdenken und gemeinsam zu lernen. Sie verunsichert aber auch, da sie an persönliche Dimensionen heranführt und institutionelle Schwächen deutlich macht. Es wird daher immer einer Anstrengung zur Veränderung etablierter Strukturen bedürfen, um auf diesem Wege weiterzukommen. Interkulturelle Kompetenz ist nichts, was einmal erlernt und damit beherrscht wird, sondern ist vielmehr als ein ständiger Lernprozeß zu sehen, der von uns eine gewisse Neugierde als Grundhaltung und die Bereitschaft zu Veränderungen verlangt. Diese Forderung nach Flexibilität kann natürlich als anstrengend empfunden werden, bedeutet auf der anderen Seite aber auch, dass unsere Arbeit immer spannend und anregend bleibt.

Bei der Konzipierung des Buches und der Auswahl der Autoren waren uns drei Leitideen besonders wichtig:
- Es sollte in erster Linie praxisorientiert sein. Die Autoren beschreiben daher bewährte Ansätze aus ihren unterschiedlichen Arbeitsbereichen. Fallbeschreibungen wurden nach Kriterien von Häufigkeit und Anschaulichkeit und weniger nach Exotik ausgewählt.
- Die interkulturelle Dimension der beraterischen Arbeit sollte aus möglichst unterschiedlichen kulturellen Perspektiven beleuchtet werden. Wir freuen uns, dass es gelungen ist, Sichtweisen aus so verschiedenen Kulturen wie der äthiopischen, argentinischen, deutschen, griechischen, italienischen, schweizerischen, slowenischen, türkischen und US-amerikanischen hier vorstellen zu können. Dieser Perspek-

Einführung 13

tivenwechsel unterstützt unser Anliegen, bei unterschiedlicher inhaltlicher Ausprägung strukturelle Ähnlichkeiten um so deutlicher werden zu lassen.
- Wir möchten zu einer Aufmerksamkeit für strukturelle Fragen anregen. Dies gilt sowohl für gedankliche, konzeptionelle wie für organisatorische Strukturen. Unser Interesse gilt weniger den Eigenheiten spezieller Kulturen, die zu erlernen unrealistisch sein wird, da wir in der Praxis auf über hundert kulturelle Minoritäten- oder Sprachgruppen treffen und unser Gegenüber primär als Individuum zu sehen ist. Es geht also vielmehr um die Betrachtung von Mustern und Interaktionen, wobei hier nicht nur die Patienten und Klienten, sondern auch die eigene Person und die institutionellen Rahmenbedingungen gemeint sind Im Vordergrund steht deshalb eine generelle Kompetenzerweiterung im Umgang mit dem Kulturellen.

Aus diesen Leitideen heraus haben wir vorliegendes Buch neben diesem einleitenden Vorwort und einem Epilog, der unser Zentrum und sein Konzept des kulturellen Lernens vorstellt, in drei Kapitel gegliedert:

Das *erste Kapitel* beschreibt die Rahmenbedingungen und Hintergründe, vor denen interkulturelle Beratung sich abspielt. Lale Akgün stellt die kulturellen und sozialen Gegebenheiten sowohl der Migranten wie die der deutschen Aufnahmengesellschaft vor. Sie beschreibt charakteristische Muster im interkulturellen Umgang und skizziert gesellschaftliche Lösungsperspektiven. Viola Hörbst und Britta Lenk-Neumann stellen medizinethnologische Grundbegriffe vor, die sich für die Betrachtung des Umgangs mit unterschiedlichen kulturellen Vorstellungen von Gesundheit und Krankheit und von sozialen Rollen als hilfreich erwiesen haben. Gabriele Schwab erinnert uns an unsere ersten Kontakte mit fremden kulturellen Welten durch das Lesen belletristischer Literatur, und sie ermutigt dazu, diese Ressource für den Kulturkontakt wieder zu nutzen. Viola Hörbst hinterfragt inwieweit das Konzept der kulturgebundenen Syndrome hilfreich ist, um fremdkulturelle Krankheitsäußerungen einzuordnen und ihnen adäquat zu begegnen.

Das *zweite Kapitel* stellt Grundlagen für jede Arbeit mit kulturellen Minoritäten vor. Dabei geht es vor allem um Konzepte und Ansätze, die sich bewährt haben, um sich in der Komplexität interkultureller Beratung zurecht finden zu können. Güldane Atik-Yildizgördü weist in ihrem einführenden Beitrag darauf hin, dass eine unbedingte Voraussetzung für gute interkulturelle Beratung ein Grundhaltung der Aberteuerlust und der Neugier ist, sie illustriert dies mit Beispielen aus der Entwicklung ihrer Beratungsstelle. Miguel Maček stellt am Beispiel der Suchthilfe methodische Grundlagen und Handwerkszeug für die interkulturelle Beratung vor. Rainer Wolf diskutiert in seinem Beitrag zum Einverständnis zu Behandlung die Frage der formalen und rechtlichen Standards interkultureller Versorgung. Dawit Mengistu erinnert daran, dass jede Arbeit der gesundheitlichen Versorgung sich in einem sozialen Umfeld abspielt, und er stellt dazu Konzepte der Public Health Idee vor, die sich zur Gestaltung gesundheitsfördernder Rahmenbedingungen bewährt haben. Zum Schluss dieses Kapitels diskutiert Norma Mattarei die zentrale Bedeutung der sprachlichen Verständigung für gute Beratung.

Das *dritte Kapitel* stellt neue und innovative Ansätze aus den unterschiedlichen Anwendungsbereichen interkultureller Beratung vor. Diese Arbeit ist ohne eine Sensibilität für Geschlechtsrollen und deren unterschiedliche kulturelle Bewertung schlicht nicht realisierbar. Zwei Beiträge widmen sich dieser Thematik. Katrin Fließ beleuchtet die verschiedenen Implikationen der Arbeit mit Migrantinnen im Frauenhaus und Regine Fresser-Kuby beschreibt aus einer ethnologischen und psychotherapeutischen Perspektive Frauenrollen und Frauenidentitäten sowie Methoden, um zu dieser Frage sensibler zu werden. Zwei weitere Beiträge widmen sich der Frage des Umgangs mit verschiedenen Generationen. Elly Geiger diskutiert die Lebenspraxis und Identität von Kindern und Jungendlichen und Pavlos Delkos geht der Frage nach, was bedeutet „Alt werden in der Fremde". Ohne Interkulturelle Aus- und Weiterbildung wird interkulturelle Kompetenz nicht zu erreichen sein; Karin Schulze-Rostek stellt dazu Erfahrungen aus der Pflege vor, der mit Abstand größten Berufsgruppe unseres Gesundheitswesens. Die Berichte aus der Praxis schließen mit einem Beitrag von Peter Flubacher. Aus der Erfahrung als Hausarzt, dem in vielen Fällen gesundheitliche und soziale Probleme als erstem vorgestellt werden, beleuchtet er die zentrale Frage, wie es zu interkultureller Verständigung kommen kann.

Als Herausgeber haben wir davon abgesehen, eine sprachliche und terminologische Einheitlichkeit der Beiträge zu erreichen. Die Vielfalt der Stile, Traditionen und Sichtweisen der Autoren macht gerade deutlich, dass es verschiedene Sichtweisen und immer neue Ansätze für die Beantwortung der vielfältigen Fragen einer transkulturellen Psychiatrie gibt.

Verziehen sei uns auch, dass nicht durchgehend sprachlich deutlich gemacht wurde, dass immer beider Geschlechter gemeint und angesprochen werden, sowohl bei den Klienten als auch bei den Professionellen. Uns erschien die leichtere Lesbarkeit vorrangig.

Wir sind dankbar, in diesem Rahmen mit neuen Ideen zur Diskussion um interkulturelle Beratung in der psychosozialen und gesundheitlichen Versorgung beitragen zu können und freuen uns über Rückmeldungen unserer Leserinnen und Leser.

Gesundheit zwischen strukturellen Gegebenheiten und kulturellen Patterns

LALE AKGÜN

Und weil der Teufel ein Teufel war,
drum hat er was erfunden.
Er hat den Zaun erfunden.
(Bertolt Brecht)

Einführung

Das Verhältnis von Migration und Gesundheit ist in mehrfacher Hinsicht ein schwieriger und ausgesprochen komplexer Problemgegenstand. Ich möchte mich hier nicht auf die Diskussion einlassen, was denn nun genau Gesundheit sei, sondern mich möglichst pragmatisch an die bekannte Definition der Weltgesundheitsorganisation von 1948 halten. In diese mehr als 50 Jahre alte Begriffsbestimmung fließen bereits Gesichtspunkte ein, die für unser Thema ausgesprochen relevant sind. Es heißt hier: „Gesundheit ist (…) körperliches, geistiges und soziales Wohlbefinden (…) Sich des bestmöglichen Gesundheitszustandes zu erfreuen, ist eines der Grundrechte des Menschen, ohne Unterschied der Rasse, der Religion, der politischen Überzeugung, der wirtschaftlichen oder sozialen Stellung." (WHO, 2001)

An dieser Stelle möchte ich mich auf die andere Komponente des Themas „Migration und Gesundheit" konzentrieren, auf die verschiedenen Dimensionen von *Migration*.
- Wovon sprechen wir, wenn von Migranten die Rede ist?
- Ist diese Gruppe hinreichend homogen, so dass man über sie generalisierende Aussagen treffen kann?
- Können gesundheitliche Aspekte festgelegt werden, die für alle Migranten Relevanz haben?
- Ist die gesundheitliche Situation von Migranten und Migrantinnen anders als die von Nichtmigranten?
- In welchem Maße ist es für Professionelle, wie Ärzte, Psychologen, Krankenpfleger und -schwestern oder andere, die mit Migranten zu tun haben, erforderlich, den Zuwanderungshintergrund ihrer Klienten zu beachten und ihr kommunikatives und praktisches Verhalten darauf einstellen?

Eine allgemeine gesundheitliche Befindlichkeit oder gemeinsame, alle Migranten verbindende gesundheitliche Probleme kann es nicht geben. Dazu ist diese Gruppe zu unterschiedlich, zu disparat und heterogen. Wer die soziale und demographische Heterogenität und zunehmende Pluralisierung der Bevölkerung mit Migrationshintergrund in Deutschland nicht adäquat zur Kenntnis nimmt, läuft Gefahr, auf ausgetretenen Pfaden ins Stocken zu geraten und vorgestanzte Meinungen zu rekapitulieren! (MÜNZ et. al., 1997). Gerade für das Gesundheitswesen, das ja immer den Einzelnen und seine besondere Lebenslage ins Blickfeld zu nehmen hat, hätte dies negative Konsequenzen.

Die Gruppe der Migranten ist von einer außerordentlichen soziodemographischen Dynamik gekennzeichnet, was Konsequenzen für das Gesundheitswesen und alle hier Tätigen hat. Hatten wir es in den 60er Jahren noch fast ausschließlich mit Menschen aus den Hauptanwerbestaaten Türkei, Jugoslawien, Griechenland, Italien und Spanien zu tun, so leben heute Personen von deutlich mehr als 100 Ländern dauerhaft in Deutschland. Neben Menschen aus den beschriebenen Anwerbeländern sind Polen und Russen, Vietnamesen, Brasilianer und Afrikaner getreten. Die veränderte Situation hat ganz allgemein mit der Tatsache der zunehmenden Globalisierung zu tun. Transnationale Beweglichkeit ist in der heutigen Arbeitswelt schon fast zu einem biographischen Qualitätsmerkmal geworden. Immer mehr Menschen sind in der Lage und bereit, ihre Herkunftsländer zu verlassen, um in anderen Teilen der Welt zu leben und zu arbeiten. Die heutigen Kommunikations- und Transportmöglichkeiten machen Mobilität und Migration immer leichter. Auf den Punkt gebracht bedeutet dies: Durch das Wirtschaftsgefälle zwischen dem armen Osten und dem reichen Westen bzw. dem armen Süden und dem reichen Norden, gekoppelt mit der zunehmenden Mobilität, wird sich die Migration in das reiche Europa fortsetzen und mit großer Wahrscheinlichkeit auch beschleunigen. (SANTEL, 1995)

Diese Entwicklungen werden gravierende Konsequenzen für Migrationsprozesse haben: Die Verschiedenartigkeit der Zuwanderer – ihre kulturellen, wirtschaftlichen und sozialen Hintergründe, ihr Bildungsstand, ihre Wertbegriffe und Rollenauffassungen, ihre spezifische Verarbeitung der Migrationsprozesse – ist heute unterschiedlicher als je zuvor. Die sozialen Unterschiede zwischen den Migranten übertreffen daher die soziale Ungleichheit innerhalb der deutschen Bevölkerung um ein Vielfaches.

Wie sehr sich die ausländische Bevölkerung verändert, zeigt ein weiterer kurzer Blick auf die Daten:

In Deutschland leben gegenwärtig mehr als 7.3 Millionen Menschen mit einem ausländischen Pass. 1988 waren es noch weniger als 4.5 Millionen. Innerhalb von nur 12 Jahren hat sich ihre Zahl um fast 2.5 Millionen, also um ca. 40 Prozent erhöht. Nur ganz wenige Länder der Welt haben mehr Zuwanderung zu verzeichnen als Deutschland. Das hat Konsequenzen für die nationale Zusammensetzung dieser Gruppe. Wählt man beispielsweise die Gruppe der Ausländer zwischen 15 und 24 Jahren, ergibt sich im Hinblick auf die Herkunftsländer grob gesprochen eine Dreiteilung:
- eine knappes Drittel sind Türken
- ein weiteres Drittel kommt aus den übrigen Staaten mit denen Deutschland in den 50er und 60er Jahren Anwerbeabkommen abgeschlossen hat
- ein weiteres Drittel stammt bereits aus Ländern, die nie „Gastarbeiter" nach Deutschland geschickt haben.

Gerade diese zuletzt genannte Gruppe wird in den kommenden Jahren am stärksten zunehmen. Wir haben es also in Deutschland, vor allem in den Großstädten mit einem Prozess beschleunigter ethnischer und sozialer Heterogenisierung zu tun!

In den 50er bis 70er Jahren ging man selten fehl, wenn man einen Migranten für einen un- oder angelernten Arbeiter in der Industrie hielt, der dort schmutzige und für Deutsche unattraktiv gewordenen Tätigkeiten verrichtete. Zumeist war er männlich und in der Regel jung.

Sozialstrukturell hat sich seitdem jedoch enorm viel verändert. Die Migrantenbevölkerung ist sukzessive ‚weiblicher' geworden, was in erster Linie mit dem Familiennachzug zu tun hat. Gleichzeitig nahm sowohl die Zahl der jungen als auch die Zahl der älteren Migranten zu. Heute leben in Deutschland 1.66 Millionen ausländische Kinder und Jugendliche unter 18 Jahren. Von diesen sind wiederum 67% oder 1.12 Millionen bereits in Deutschland geboren. Zwei von drei jungen Ausländern kann man also gar nicht mehr als Migranten, Zu- oder Einwanderer bezeichnen. Sie verfügen über keinerlei Migrationsbiographie. Ihr Geburtsland ist Deutschland. Das neue Staatsbürgerschaftsgesetz hat hier erste Voraussetzungen geschaffen, dass die in Deutschland Geborenen auch als Deutsche aufwachsen können.

Hinzu kommen immer mehr ältere Ausländer. Die Anwerbejahrgänge sind ins Rentenalter gekommen. Wir wissen aus sozialwissenschaftlichen Untersuchungen, dass ein zentraler Grund dafür, dass ältere Migranten nicht in ihre Herkunftsländer zurückgehen, die dort im Regelfall schlechtere medizinische Versorgung ist. Bisher ist die Zahl älterer Migranten noch gering: Lediglich 3.5% oder 260.000 Ausländer sind gegenwärtig über 65 Jahre. Der jüngst vorgelegte zweite Zwischenbericht der Enquète-Kommission (DEUTSCHER BUNDESTAG, 1998) ‚Demographischer Wandel' zeigt aber, dass die Zahl älterer Migranten in den kommenden Jahren rasch ansteigen wird.

Neben diese demographischen sind profunde sozialstrukturelle Veränderungen getreten, die es immer schwieriger machen, ‚ganz allgemein' von den Ausländern zu sprechen. An die Seite der un- und angelernten Arbeiter sind voll ausgebildete Facharbeiter, Angestellte, Unternehmer, Ärzte etc. getreten. Diese soziale Ausdifferenzierung der Migrantenbevölkerung führt dazu, dass Zuwanderer also keineswegs mehr generell zu den Sozialschwachen der Gesellschaft gehören. Vielen ist der Aufstieg in qualifizierte Berufe gelungen. Der Anteil der Einkommensschwachen unter den Migranten ist aber nach wie vor deutlich höher als unter den Deutschen. Viele der für Migranten und Migrantinnen typischen gesundheitlichen Probleme sind das direkte Resultat ihrer relativen Armut und sozialen Schlechterstellung in Deutschland.

Eines der größten Probleme in der Integrationspolitik in Deutschland ist die Tatsache, dass in der öffentlichen Diskussion *Integration, Kultur* und *Interkulturalität* – was auch immer dies bedeuten mag – verwechselt werden. Eine erfolgreiche Integrationspolitik muss sich an der Tatsache messen lassen, wie sie die Chancengleichheit für ihre Minderheiten realisiert.

Aspekte dafür sind:
- Kognitive Integration: Erwerb und Vermittlung ausreichender Sprachkenntnisse und des nötigen Wissens über die Verkehrsformen und Normen der Aufnahmegesellschaft,

- Strukturelle Integration: Herstellung einer Rechts- und Chancengleichheit sowie Ähnlichkeit der Lebenslagen in zentralen Lebensbereichen,
- Soziale Integration: Aufbau sozialer Kontakte zu „Deutschen" und kommunikative Teilnahme am öffentlichen Leben.

Nur langfristige Entwicklungen auf einer gesellschaftlichen, staatlichen, familiären und individuellen Ebene können eine derartige Integration fördern. Aus der Erfahrung des Landeszentrums für Zuwanderung des Landes Nordrhein-Westfalen möchte ich dazu einige zentrale Entwicklungsnotwendigkeiten benennen:
- Engagierte Mitwirkung bei einer planenden und gestaltenden Zuwanderungspolitik, die sowohl humanitären Verpflichtungen als auch Aufnahmekapazitäten und Aufnahmebedarfen des Arbeits- und Wohnungsmarktes, sowie der Bildungseinrichtungen in Deutschland Rechnung trägt.
- Ausbau der bestehenden Formen der politischen Partizipation von Zuwanderern; Förderung ihrer Einbeziehung in öffentliche Funktionen.
- Förderung der Kommunen zur Unterstützung von integrierten Handlungsansätzen in Stadtteilen mit hohen Zuwandereranteilen.
- Abbau von Arbeitslosigkeit unter Zuwanderern
- Integrationshilfen für Kinder und Jugendliche und ihre Angleichung an den sich wandelnden Bedingungen und Anforderungen.
- Qualifizierung der ambulanten und stationären Altenhilfe für Angebote zugunsten älterer Zuwander/innen.
- Verstärkte Zusammenarbeit mit Organisationen, die sich dem Ziel interkultureller Toleranz und Integration verpflichten.
- Förderung der angemessenen Präsenz ethnischer und kultureller Minderheiten in den Medien.
- Entschiedenes Vorgehen gegen aggressive und gewalttätige Akte von Fremdenfeindlichkeit, Diskriminierung und kollektiven Benachteiligungen von Minderheiten.
- *Öffnung* bestehender Regeldienste für Migranten, um eine gleiche Versorgung wie für die deutsche Bevölkerung zu gewährleisten.
- Erweiterung der bisherigen binationalen Beratungsangebote durch interkulturelle und nationalitätenübergreifende Konzepte, und Einführung verpflichtender Elemente zur Vernetzung der Sozialberatung mit der Regelversorgung.
- Förderung von Projekten der Selbstorganisationen und Selbsthilfe der Migranten als Empowerment-Strategie.

Wo ist die Beziehung zur Gesundheit?

Migranten werden in vielen Fällen aus den gleichen Gründen krank wie Deutsche. Sie sind krank, weil sie Probleme am Arbeitsplatz haben, arbeitslos sind, schwere körperlich anstrengende Tätigkeiten verrichten, unter Ehe- und Familienkrisen leiden oder ganz einfach, weil sie arm sind.

Dieser Zusammenhang wurde von TRABERT (1999) in „Armut und Gesundheit – soziale Dimension von Krankheit vernachlässigt" höchst anschaulich dargestellt. Er weist auf das signifikant höhere Gesundheits- und Sterberisiko von armen Menschen hin und argumentiert, dass medizinische Studien einen signifikanten Zusammenhang zwischen dem sozialen Status auf der einen und koronaren Herzkrankheiten sowie Schlaganfällen und Krebs- und Lebererkrankungen auf der anderen Seite nachgewiesen haben. Eine Untersuchung von Angestellten ergab, dass die Sterblichkeit bei einem jährlichen Einkommen von 30.000 DM ungefähr doppelt so groß ist wie bei einem Einkommen von 60.000 DM) Verschiedene Studien (GESUNDHEITSBERICHTERSTATTUNG DES BUNDES, 1998; THRÄNHARDT et. al., 1994) belegen, dass Arbeitslosigkeit mit einem deutlich erhöhten Erkrankungsrisiko insbesondere an psychischen und psychosomatischen Krankheiten korrelieren. Bei den psychosomatischen Beschwerden dominieren Ängste, Schlaflosigkeit und depressive Symptome. 1996 litten zwischen 20 und 60 Prozent aller Arbeitslosen unter seelischen und körperlichen Erkrankungen (HENNING,1999). Auch treten gerade bei Langzeitarbeitslosen Erkrankungen der Verdauungsorgane, zum Beispiel Magen- und Duodenalgeschwüre signifikant häufiger auf. Im Vergleich zu Kurzzeitarbeitslosen hätten sie zudem eine deutlich erhöhte Herz-Kreislauf- und Atemwegserkrankungsquote. TRABERT (1999) endet schließlich mit der Aussage, dass Selbsttötungsversuche bei einkommensarmen Menschen bis zu 20mal häufiger als bei vergleichbaren Gruppen von Erwerbstätigen aufträten. Aufschlußreiche Zusammenhänge über die Beziehungen von sozialer Lage und Gesundheit liefert auch der 1998 im Rahmen der Gesundheitsberichterstattung des Bundes vom Statistischen Bundesamt herausgegebene „Gesundheitsbericht für Deutschland" s.o..

All dies betrifft Migranten in besonderer Weise. Unter ihnen ist Anteil der einkommensarmen Personen und Familien überproportional hoch. Von den zwei Millionen Menschen in Haushalten in Nordrhein-Westfalen mit einem Einkommen unterhalb von 50% des durchschnittlichen Haushaltsnettoeinkommens sind 53,4% Frauen, das ist etwas oberhalb ihres Anteils an der Bevölkerung. Nahezu jede dritte Person unterhalb der 50%-Einkommensgrenze ist unter 15 Jahre alt. Mehr als ein Drittel (35,2%) der gesamten Armutspopulation stellt allein die ausländische Bevölkerung. Jeder dritte einkommensarme Mensch in Nordrhein-Westfalen ist also ein Ausländer, während der Ausländeranteil an der Bevölkerung nur bei knapp 11% liegt (THRÄNHARDT et. al., 1994). Ein ähnliches Bild zeigt sich auch bei der Sozialhilfe. Lediglich 3,2% der Deutschen beziehen Sozialhilfe aber 7,9% der Ausländer. Insgesamt waren 1997 23% der Bezieher von Sozialhilfe Ausländer – 1980 waren es nicht einmal 10 Prozent (THRÄNHARDT et. al., 1994).

So wichtig es ist, psychologische Aspekte in die Diskussion des Verhältnisses von Migration und Gesundheit zu berücksichtigen, so wichtig ist es auch, die soziale Dimension nicht zu übersehen. Viele gesundheitliche Probleme von Migranten- und Migrantinnen sind identisch mit den Problemen von Deutschen mit gleichem sozialen Status und gleichem Einkommen. Es ist nicht die Migration, die diesen Personenkreis für Krankheiten anfällig macht, es ist ihr Standort auf der sozialen Schichtungsskala.

In der öffentlichen Diskussion der Folgeprobleme der Zuwanderung und der Zugewanderten in Deutschland wird derzeit vor allem auf Kultur und Kulturkonflikte fokussiert. Kultur wird dabei als alles – Persönlichkeit, Identität, Lebensstil – definierender Faktor gesehen, wobei in diesem Zusammenhang kaum beachtet wird, dass es eine „türkische" Kultur ebenso wenig geben kann eine „deutsche". Es besteht eine Tendenz in diesem Land, alle Zuwanderer aus einem bestimmten Nationalstaat in ein hier konstruiertes „Kulturgefängnis" zu stecken, aus dem ein Entrinnen kaum noch möglich ist. Die Definitionsmacht über Kultur und Kulturkonflikt obliegt üblicherweise der Mehrheitsgesellschaft, so auch im Bereich Gesundheit.

In regelmäßigen Beiträgen in Sammelbänden und Tagungsdokumentationen werden die gesundheitlichen Probleme von Migranten in erster Linie unter dem Aspekt eines *Kulturkonflikts* und eines als *problembehafteten Übergangs* von der einen in die andere Kultur diskutiert. Als Beispiel können hier zahlreiche Untersuchungen genannt werden, die von einer sogenannten *„Migrations-Stress-Hypothese"* ausgehen, die davon ausgeht, dass es bei Migranten aufgrund des *Verlustes sozio-kultureller Bindungen* und der nachfolgenden *Verpflanzung* in eine fremde Umgebung zu psychischen und psychosomatischen Störungen kommt. Als pathogene Faktoren werden Anpassungsprobleme, Klimawechsel, Ernährungsumstellung, Heimweh und soziale Entwurzelung, Sprachbarrieren, schlechtes Wohnmilieu, Ausländerfeindlichkeit und Stress am Arbeitsplatz genannt. So kommt etwa FIRAT (1990) in ihrer Untersuchung zur psychosozialen Situation von türkischen Arbeitsmigranten in Bielefeld zu dem Ergebnis, dass das Leben als Ausländer in Deutschland bedeute: „Konfrontation mit Ungewöhnlichkeit, Reizüberflutung, Zeitdruck, Selbstwertbedrohung, Orientierungsunsicherheit, Entfremdungsangst, Sprachschwierigkeit und Angst vor antizipierter eventueller Kräftesammlung rechtsextremer Personengruppen."

Auf besondere psychologische Belastungen ausländischer Frauen weisen auch GÜNAY & HAAG (1993) hin. Sie gehen in einer Untersuchung von 80 türkischen Frauen der ersten Einwanderergeneration davon aus, dass die Trennung vom sozialen Gefüge der Heimat, existierende Sprachbarrieren, der Wechsel von Kommunikations- und Wertsystemen sowie andere lebensändernde Faktoren individuelle Krisen und Konflikte verursachen. Sie konstatierten eine höhere Anfälligkeit türkischer Immigrantinnen für psychosomatische Störungen wie Kopfschmerzen, Schwächegefühl, Hitzewallungen, Nackenschmerzen, Gliederschmerzen etc. im Vergleich zur deutschen weiblichen Bevölkerung.

Diese Arbeiten liefern wichtige Erkenntnisse, berücksichtigen aber wenig die oben erwähnten Differenzierungen der ausländischen Bevölkerung. *Entfremdungsängste* sind für viele Ausländer und Ausländerinnen heute keine drängenden Probleme mehr. Von einem Migrationsschock kann auch nicht mehr generell die Rede sein, wenn mehr und mehr Menschen hier geboren werden und aufwachsen. Nichtsdestotrotz sind es immer wieder kulturelle Probleme, die im Mittelpunkt der gesundheitssoziologischen Diskussion stehen. Um Ihnen ein weiteres Beispiel zu geben: In dem ansonsten hervorragenden Schwerpunktheft „Migration und Gesundheit" eines PRO FAMILIA MAGAZINS (1996) finden sich die folgenden Beiträge: „Leben in zwei Welten", „Nix verstehen. Zur Verständigungsproblematik im Sozial- und Gesundheitswesen", „Zwischen den Kulturen. Transkulturelle Beratung und Therapie", „Sexuelle Identität. Über Sexualbeziehungen und Sexualnöte von Migranten", und schließlich „Transkulturelle Kommunikation in Beratung und Therapie". Von insgesamt acht Beiträgen thematisieren fünf explizit den Zusammenhang von Migration und Kultur. Ein zuviel an Kultur führt auch hier zu einem zu wenig von Arbeit, Arbeitslosigkeit, Einkommen und sozialer Schichtung. Für die große Mehrheit der Migrantinnen ist Migration – gleichgültig, ob es sich um eine Flucht, eine erzwungene Migration oder eine ‚freiwillige' Migration handelt – ein Weg aus einer Situation der Ohnmacht und struktureller oder physischer Gewalt, und er führt sie wiederum in eine Situation der Ohnmacht und Gewalt.

Sicher kommen viele Asylbewerberinnen und Flüchtlinge und zahlreiche Frauen als Ehepartnerinnen nicht immer freiwillig nach Deutschland. Die traumatisierende Wirkung der Zwangsmigration hat dies gerade auf anschauliche Weise während des Kosovokrieges veranschaulicht. Eine Pauschalisierung und Generalisierung wird den Anforderungen einer immer komplexeren Migrationsgesellschaft nicht gerecht. Migration macht nicht per se krank!

Der Auffassung, Migration sei als solche schon Auslöser von Krankheit und Depression, liegt die wohl nicht ganz untypische deutsche Vorstellung zugrunde, es ginge einem immer dort am besten, wo man geboren wurde, wo man seine Wurzeln hat. Der wandernde Mensch wird dann mit einem Baum verglichen, dem man Schaden zufügt, wenn man ihn in eine andere Umgebung versetzt. Menschen sind aber keine Bäume. Viele Migranten können mit dem ‚Stress des Versetzens' sehr wohl leben. Eine Unterschätzung der psychischen und sozialen Problemverarbeitungskapazitäten der Migranten hieße sie zu pathologisieren und zu bevormunden.

Zusammenfassung

Gesundheitliche Versorgung von Migrantinnen und Migranten muss sich in erster Linie auf Gleichstellung mit den Angehörigen der Mehrheitsgesellschaft beziehen und für einen strukturpolitischen Rahmen sorgen, in dem alle den gleichen Zugang zu den gesellschaftlichen Ressourcen haben.

Gesundheit, Krankheit und Behandlung im Spannungsfeld der Kulturen
Medizinethnologische Ansätze für Praktiker

VIOLA HÖRBST UND BRITTA LENK-NEUMANN

> *Das Fremde wird nur bemerkt,*
> *es entsteht letztlich nur*
> *in der Relation zu derjenigen Person,*
> *die es identifiziert.*
> *(Monika Habermann)*

Der menschliche Körper und alle damit zusammenhängenden Bereiche des Lebens sind von kulturellen und sozialen Dimensionen nicht zu trennen. Gesundheit, Krankheit und Heilung hängen nicht nur von physischen und psychischen Aspekten ab, sondern auch von kulturellen. Diese Einsicht gewinnt im Bereich gesundheitlicher und sozialer Versorgung zunehmend an Bedeutung. Besonders klar wird dies bei ungewohnten, nicht den vertrauten Formen entsprechenden Verhaltensweisen von Patienten aus anderen Kulturen, auf die Professionelle in Medizin, Therapie und Beratung immer häufiger treffen. Unsere eigenen kulturellen Bezüge erscheinen uns so selbstverständlich, dass uns vieles erst in Konfrontation mit anderen auffällt. Deren Eigenheiten sehen wir häufig als kulturell geprägte Besonderheiten an, während uns unsere eigenen Besonderheiten als selbstverständlich erscheinen. Formulierungen wie „Mamma-Mia-Syndrom" oder als „maghrebinischer Ausnahmezustand" bezeichnete Schmerzäußerungen von Patienten aus dem Mittelmeerraum machen dies deutlich. Deren Ausdruck und Ausleben von Schmerz hebt sich gegenüber den in deutschen Krankenhäusern tendenziell erwarteten Schmerzäußerungen zum einen durch eine höhere Intensität im Ausdruck ab, zum anderen durch unspezifischere Lagebeschreibungen – es tut schlicht der ganze Bauch weh. Andere verbale Bilder werden – oft wörtlich aus der Muttersprache übersetzt – gewählt, um die Eigenart der Sache zu erklären. Hier sei auch die Beschreibung „das Herz bricht in der Leber" als Beispiel erwähnt, wofür sich im deutschen Sprach- und Metapherngebrauch kein Pendant findet. Derartige Beschreibungen werden oft mit Unverständnis quittiert oder gar sprachlichen Defiziten zugeschrieben.

Kulturelle Bedeutsamkeiten und ihre Begrifflichkeiten sind also offensichtlich eng miteinander verwoben und verweisen auf andere dahinter verborgene Wert- und Normzusammenhänge oder weltbildliche Eigenheiten.

Kultur: Begriff und Bedeutung

Häufig ist im Zusammenhang mit Gesundheit, Krankheit und Heilung die Rede von „Kultur". Selten wird jedoch geklärt, was darunter zu verstehen ist. Der Begriff Kultur kann im Deutschen ganz verschiedene Bedeutungen haben: Einmal verweist er auf die sogenannten „schönen Künste" wie klassische Musik, Theater, Malerei und Literatur. Tageszeitungen wählen daher für Buchbesprechungen, Konzertkritiken oder Ereignisse im städtischen Veranstaltungskalender häufig die Überschrift „Kulturelles". Zu denken ist aber ebenso an den Ausspruch „ein kultivierter Mensch", worunter nicht nur eine in den schönen Künsten bewanderte Person verstanden wird, sondern auch ein wohlerzogener, durch Höflichkeit und Stil bestechender Mensch. Der Begriff Kultur verweist also auch auf Moral, Sittlichkeit und Umgangsformen, auf die Gepflogenheit des Inneren und des Äußeren, wie ebenfalls im Ausdruck „Kulturbeutel" anklingt.

Doch all diese Vorstellungen sind nur Ausschnitte einer viel umfassenderen Begrifflichkeit für die die Sozial- und Kulturwissenschaften den Begriff Kultur verwenden. Die Wissenschaft, die sich mit Kultur am eingehendsten auseinandersetzt, ist die Ethnologie (Völkerkunde). Sie untersucht nicht nur „Kulturen" auf vergleichende Art und Weise, sondern „Kultur" bildet einen ihrer grundlegenden methodischen Arbeitsbegriffe. Mehr als 300 Definitionen zu Kultur wurden dabei entworfen (KROEBER/KLUCKHOHN, 1952). Die meisten davon basieren auf einer aus dem Jahre 1871 stammenden Definition, die unter Kultur jenes komplexe Ganze versteht,

> „... das Wissen, Glaubensvorstellungen, Künste, Moral, Recht und Sitten und alle anderen Fähigkeiten und Gewohnheiten umfaßt, die der Mensch als Mitglied seiner Gesellschaft erwirbt." (TYLOR, 1871)

Drei essentielle Merkmale von Kultur lassen sich daraus ableiten:
- Kultur ist erlernt,
- Kultur ist nicht losgelöst von Gesellschaft/Gemeinschaft zu sehen,
- Kultur ist nicht gleichzusetzen mit menschlichem Verhalten.

Kultur äußert sich zwar durchaus im menschlichen Verhalten, sie umfasst aber darüber hinausgehende Bereiche und Ebenen, wie kognitive Bedeutungszuschreibungen, Kosmologien bzw. Weltbilder oder Werte, die nicht unmittelbar aus dem Verhalten heraus erkennbar sind. Kultur ist grundsätzlich nicht als festgelegtes Gefüge von geschriebenen und ungeschriebenen Traditionen zu sehen. Kultur wirkt vielmehr als dynamisches Geflecht, welches einem stetem Wandel unterworfen ist: zum einen durch interne und lokale, zum anderen durch externe und globale Prozesse.

Jeder von uns erlernt „kulturelle Muster" von Kindheit an durch Interaktionen mit anderen: mit Familienmitgliedern, mit Freunden und auch im Umgang mit verschiedenen Institutionen und Autoritäten (PARSONS, 1990). Die jeweiligen Aspekte werden dabei von den einzelnen Angehörigen einer Kultur unterschiedlich gelebt. Aus diesen vielstimmigen, da individuellen Ansichten, die zuweilen gar noch widersprüchlich sein können, ergeben sich immer wieder neue Möglichkeiten des Wandels, der Änderung und Bewegung. Individuum und Gemeinschaft stehen dabei in einem aufeinander bezogenen, oft konflikthaften, aber auch kreativen dynamischen Spannungsverhältnis und wirken wechselseitig aufeinander ein.

Stereotype und Verallgemeinerung

Aus der Beobachtung des Verhaltens und durch Gespräche mit verschiedenen Mitgliedern einer Kultur können gemeinsame Muster ersichtlich werden, die sich aus Verallgemeinerungen individueller Verhaltensweisen ergeben. Diese Verallgemeinerungen sind Arbeitsinstrumente und drücken lediglich Tendenzen aus, die im Einzelfall zu hinterfragen sind. Hierbei ist es wichtig, zwischen *Verallgemeinerungen* und *Stereotypisierungen* zu unterscheiden: Zu sagen, Deutsche seien immer pünktlich, ist ein *Stereotyp*, welches weder zutrifft noch unkommentiert stehen gelassen werden kann. Zu sagen, dass Deutsche im öffentlichen und beruflichen Leben Wert auf Pünktlichkeit legen, ist eine Verallgemeinerung, die durchaus ihre Richtigkeit hat. Beim Betrachten einer einzelnen Person stellt sich jedoch immer die Frage, ob eine Verallgemeinerung, in unserem Fall „Wert auf Pünktlichkeit legen", tatsächlich auch zutrifft. Einzelne Individuen verkörpern kulturelle Wertvorstellungen unterschiedlich und leben sie im Alltag mit Eigenheiten und Abweichungen. Diese persönlichen Charakteristika müssen nicht immer den Verallgemeinerungen entsprechen. Individuelle Differenzen in Glaubensvorstellungen, Weltanschauungen und Einstellungen können durch Alter, Lebenserfahrung, Lebensumstände, Ausbildung, soziale Kontakte und andere Kontexte begründet sein. Neben diesen unterschiedlichen Aspekten innerhalb der Herkunftskultur spielen gerade bei Migranten auch unterschiedliche Lebensumstände im Aufnahmeland eine wichtige Rolle. Hinzu kommen auch die verschiedenen Erfahrungen durch den Migrationsprozess selbst, wie etwa Anlass, Umstände und Zeitpunkt.

Gesundheit und Krankheit

Wohlergehen und Krankheit sind Phänomene, die alle Gesellschaften und Kulturen betreffen, aber nicht alle ordnen diese Phänomene gleichartig ein und nicht alle Mitglieder erleben sie in gleicher Weise. Bereits die zentralen Begriffe „Gesundheit" und „Krankheit" haben unterschiedliche Bedeutungen. Im gängigsten wissenschaftlich-medizinischen Wörterbuch wird Krankheit beschrieben als:

> „… Störung der Lebensvorgänge in Organen oder im gesamten Organismus mit der Folge von subjektiv empfundenen bzw. objektiv feststellbaren körperlich, geistigen bzw. seelischen Änderungen." (PSCHYREMBEL, 1994)

Verwiesen wird dabei auf den Begriff „Gesundheit", der definiert wird als

„1. im weiteren Sinne nach der Definition der WHO (World Health Organisation) der Zustand des völligen körperlichen, geistigen, seelischen und sozialen Wohlbefindens
2. im engeren Sinne das subjektive Empfinden des Fehlens körperlicher, geistiger und seelischer Störungen oder Veränderungen bzw. ein Zustand, in dem Erkrankungen und pathologische Veränderungen nicht nachgewiesen werden können
3. im sozialversicherungsrechtlichen Sinne der Zustand, aus dem Arbeits- bzw. Erwerbsfähigkeit resultieren." (PSCHYREMBEL, 1994)

Diese Definitionen zeigen unterschiedliche Ansätze, die selbst innerhalb des westlichwissenschaftlichen Medizinkonzeptes bestehen. Ersichtlich wird dabei, dass das hier vertretene Verständnis von Krankheit und Gesundheit unmittelbar in Verbindung mit dem westlich-medizinischen Menschenbild und dessen Körperkonzeption steht. Dies beruht auf der Grundlage der kartesianischen Trennung des Menschen in Körper und Geist, woraus eine mechanistische Vorstellung des Körpers resultiert. Die Aufteilung innerhalb der westlichen Medizin in Körper-Geist, Leib-Seele, letztlich materiellimmateriell oder wirklich-unwirklich ist hauptsächlich auf den Philosophen Descartes zurückzuführen. Durch ihn erfolgte die Reduktion des Körperlichen auf physikalische Zusammenhänge. Der Leib wurde dem rationalen Prinzip zugänglich und auf Naturgesetzmäßigkeiten hin betrachtet. Krankheiten wurden zu Fehlfunktionen einzelner Teile. Teilweise fallen hierunter auch die Erkrankungen des „Geistes" und der „Seele", meist stehen sie aber den körperlichen Krankheiten gegenüber, denn:

„,Es' ist im Körper, oder ,es' ist im Geist zu suchen." (LOCK/SHEPER-HUGHES, 1987)

Die Gegenüberstellung von Körper und Geist (oder Psyche) ist eine spezifisch westliche Vorstellung, die trotz der großen Erfolge der westlichen Medizin nicht universell gelten muß. In der Betrachtung und Erforschung nichtwestlicher Heilsysteme wird diese Problematik deutlich. Jede Kultur und Gesellschaft hat ihre eigene Konzeption zu Gesundheit und Krankheit. Sie ist meist eng mit weiteren kulturellen Bereichen wie Religion, Sozialorganisation, Kosmologie etc. verwoben. Konzepte zu Krankheit umfassen in fremdkulturellen Auffassungen oft Bereiche wie Pech, Unglück, mißgünstige Zufälle, die in der westlich-wissenschaftlichen Medizin außerhalb des Krankheitsbegriffes liegen. In verschiedenen Kulturen können zudem unsere Bestandteile des Körpers – Geist, Psyche, Seele, Selbst – und ihre Beziehungen zueinander ganz unterschiedlich betrachtet werden. Von Kultur zu Kultur verschieden können auch die Positionen sein, welche dem Menschen und seiner Körperlichkeit innerhalb der natürlichen und sozialen Umwelt sowie in der Kosmologie eingeräumt werden. Dadurch differiert auch die Art und Weise, wie Körperlichkeit im Gesundheits- und Krankheitszustand gedacht und erfahren wird.

Kulturspezifische Krankheitskonzeptionen

Nicht nur die Art und Weise, wie die Körperlichkeit des Menschen gedacht und erfahren wird, sondern auch die Einordnung und Bedeutungszuweisung der körperlichen (und psychischen) Äußerungen differieren von Kultur und Kultur. Sie werden durch das vielschichtige Netz von kulturellen Bedeutungen unterschiedlich zugeordnet. Innerhalb einer Kultur differieren diese wiederum von Individuum zu Individuum.

In gleicher Weise werden körperliche Äußerungen, seien es sichtbare, unsichtbare oder sichtbar gemachte Änderungen, die Unwohlsein oder Schmerz hervorrufen, in ihrer Bedeutungszuweisung in den kulturellen Gesamtrahmen eingebettet. Sie verweisen zumeist auf andere kulturelle Ebenen wie Religion, Kosmologie, Normen, soziale Organisation, Werte etc. und verweben sie in einem dynamischem Wechselspiel. Ob Husten als alarmierendes körperliches Krankheitszeichen bewertet wird, oder als nicht weiter beachtenswertes Symptom, kann je nach kulturellem Hintergrund unterschiedlich sein (HELLER, 1977). Es kann sich also die Wichtigkeit ändern, die den einzelnen Veränderungen beigemessen wird. Demzufolge kann auch die Art und Weise variieren, wie und welche verschiedenen Einzelsymptome zu Krankheitsbildern zusammengestellt werden. Das Arrangement von Symptomen, also das, was als Krankheitsbild anerkannt ist, kann von Kultur zu Kultur unterschiedlich sein.

Es gibt auch Krankheitskonfigurationen, die in anderen Kulturen als solche nicht bekannt sind. So lassen sich ganz unterschiedliche Krankheitsbilder aus verschiedensten Regionen und Kulturen der Welt nennen, die in ihrer Konstellation und Bedeutung nur bedingt oder überhaupt nicht westlich-wissenschaftlichen Krankheitsbildern entsprechen, etwa *Latah* (Wiederholung von Gesten, Ausdrücken etc.; Region: Südostasien) oder *Susto* (Schreck mit oder ohne Seelenverlust; Region: Mittel- und Südamerika). (Siehe hierzu der Beitrag von HÖRBST)

Susto wird beispielsweise, obwohl aus der Vielfalt der für *Susto* genannten Symptome nur ganz bedingt ein Syndromcharakter erkennbar ist, häufig mit verschiedenen Formen von Depression gleichgesetzt und dergestalt in das westlich-wissenschaftliche Klassifikationssystem eingeordnet. Und dass, obwohl die Krankheit vom Süden Lateinamerikas bis zu seinen nördlichen Grenzen – laut Aussagen der Betroffenen – durch unterschiedliche Ursachen bewirkt wird, variable Folgen hat und unterschiedliche Heilbehandlungen nach sich zieht. Somit steht die Erkrankung für die vielzähligen Ethnien von Mittel- bis Südamerika in stark abweichenden Bedeutungsbezügen. Dieses Beispiel ist leicht auf Hunderte anderer Krankheitsbilder, vornehmlich aus außereuropäischen Kulturen und Ländern (SIMONS/HUGHES, 1985) übertragbar.

Die westlich-wissenschaftliche Medizin bezeichnet diese Krankheitsbilder im Gegensatz zu den eigenen, angeblich „kulturfreien" in ihrer Gesamtheit als *kulturgebundene Syndrome*. Es war eine Art Kunstgriff des amerikanisch-europäische Denkens, um sich Unerklärlichem zu nähern und es zu erläutern. Zur Erklärung fremdkultureller Konfigurationen wurden der jeweilige kulturelle Gesamtkontext, also Werte, Normen, soziale Strukturen oder Welt- und Glaubensvorstellungen nicht oder allenfalls oberflächlich herangezogen. Gleichzeitig wurden westlich-wissenschaftliche Krankheitsbilder auf fremdkulturelle Kontexte übertragen. Trotz ihrer Effizienz und hohen Verbreitung ist die westlich-wissenschaftliche Medizin jedoch ebenfalls nur ein Modell, um verschiedene Krankheiten in der kulturell für sie zutreffenden Weise, nach ihren Werten, Normen und

Grundvorstellungen zu klassifizieren. Westliche Gesellschaften stellen mit ihren Lebensbedingungen ebenso spezifische Hintergründe dar, die bestimmte Reaktionen hervorbringen.

Wie wir eingangs erwähnt haben, differiert die westliche wissenschaftliche Medizin aber nicht nur im kulturellen Vergleich, sondern bereits innerhalb der westlich-medizinischen Praxis gibt es kulturell unterschiedlich ausfallende Praktiken. Beispielsweise wurde dies in bezug auf die Geburtsversorgung am Beispiel der USA, der Niederlande und Schwedens vergleichend untersucht. Dabei stellte sich heraus, dass der Einsatz schmerzlindernder oder wehenstimulierender Medikamente, die Rate der Dammschnitte und der durch Kaiserschnitt operativ beendeten Geburten erheblich voneinander abweichen. Die medizinische Geburtsversorgung dieser Länder beruft sich zwar auf die gleichen wissenschaftlichen Grundlagen, deren Umsetzungen unterscheiden sich innerhalb Europas aber schon deutlich von Land zu Land (SCHIEFENHÖVEL/SICH/GOTTSCHALK-BATSCHKUS, 1995). Innerhalb der westlich-wissenschaftlichen Medizin gibt es also kulturell unterschiedlich gefärbte und auf differierende kulturelle Wertungen zurückzuführende Resultate. Die wissenschaftliche Medizin erhebt zwar den Anspruch

> „... unabhängig von der Kultur in der sie ausgeübt wird, allgemeingültig zu sein. Sie ist jedoch mit dem Welt- und Menschenbild der westlichen Zivilisationen untrennbar verknüpft und somit nur eine Sonderform eines medizinischen Systems, die charakterisiert ist durch konsequente Anwendung des biologisch-naturwissenschaftlichen Denkmodells." (SICH, 1995)

Fremdkulturelle Vorstellungen, die nicht in ihr Schemata passen oder als Krankheitsbilder in dieser Form hierzulande nicht bekannt sind, werden ausgeklammert oder häufig als irrelevant abgetan. Für Patienten hat das dann zur Folge, dass vielfach für sie essentielle Bestandteile ihrer Krankheitsauffassungen, vernachlässigt werden. Aus der Sicht des Patienten ist eine erfolgreiche Behandlung allerdings nur dann möglich, wenn die seinen eigenen Kriterien für die Krankheitsursache entsprechenden Dimensionen berücksichtigt werden. (HÖRBST, 1997).

Medizinsysteme

Allgemeine Körper-, Krankheits- und Behandlungsvorstellungen können also von Kultur zu Kultur variieren. Alle um diese Bereiche mittel- oder unmittelbar kreisenden Vorstellungen und Handlungen werden *Medizinsystem* genannt. Ein Medizinsystem umfaßt Vorstellungen, Normen und Verhaltensweisen, die mit anderen kulturellen Bereichen, wie Religion, Sozialorganisation, Werten etc. in Verbindung stehen. Erst in ihrem Zusammenwirken ergeben sich die jeweils relevanten und gewohnten Formen des Umgangs mit Krankheit und Gesundheit. Hierzu gehören Vorstellungen, die sich auf Körperform und Körpererscheinung beziehen, auf Körpersprache und körperliche Ausdrucksmöglichkeiten. Des weiteren beinhaltet es auch Wertvorstellungen und Normen, um Gefühlszustände in spezifischen Situationen als „normale", also passende Reaktionsweisen zu beurteilen oder eben als „anormale", der Situation nicht gerecht werdende. Hierzu gehört aber auch der Bereich der Krankheitsursachen und Krankheitsbilder. Die jeweiligen Normen und Weltanschauungen entscheiden zudem über die Akzeptanz spezifischer Krankheiten und der daraus hervorgehenden sozialen Bewertung, beispielsweise ob darüber geredet wird und wenn ja, mit wem. Normative Regelung und Einordnung des Umgangs mit Genussmitteln wie Alkohol, Tabak und Drogen sind ebenfalls Bestandteil. Auch Erwartungen an die Behandlung, oder Umgangsregeln mit Gesundheitsinstitutionen und den in diesem Bereich Tätigen wie Heiler, Ärzte, Pflegepersonal, Psychotherapeuten resultieren hieraus.

Da die beispielhaft aufgezählten Elemente jedoch eingebettet sind in einen Gesamtkomplex Kultur, können sie nur in bezug auf diesen verstanden und erklärt werden. Medizinsysteme sind weder als isolierte, noch als statische Einheiten aufzufassen. In einer Nation oder Gesellschaft existieren nebeneinander meist mehrere Medizinsysteme, die in ihrer Gesamtheit zum Gesundheitsversorgungssystem der Bevölkerung gerechnet werden müssen. Sie unterliegen einem steten Wandel sowie gegenseitigen Einflüssen.

Westlich-wissenschaftliche Medizin als Medizinsystem

Die westlich-wissenschaftliche Medizin ist ein kulturell eingebettetes Medizinsystem wie alle anderen auch. Sie erhebt aber den Anspruch universeller Gültigkeit. Allerdings ist sie in fast allen Nationen der Erde mittlerweile in der Gesundheitsversorgung institutionalisiert und Elemente ihres Wissensgebäudes und ihre Behandlungsmaximen haben in fast allen Kulturen und Medizinsystemen Einzug gehalten. Das bedeutet, dass zumindest Aspekte ihres Wissens und ihrer Weltanschauung in unterschiedlicher Form in allgemeine Krankheitsvorstellungen aufgenommen und in sie integriert werden oder sie verdrängen zum Teil andere Vorstellungen. In allen Kulturen, auch in den westlichen Industrienationen, ergibt sich dadurch ein Wechselspiel zwischen dem offiziell etablierten und institutionalisierten Medizinsystem, zumeist die westlich-wissenschaftliche Medizin, und weiteren Medizinsystemen, seien es volksmedizinische oder indigene, die häufig weniger stark institutionalisiert sind. In einigen Gesellschaften gibt es professionalisierte Bereiche, die neben dem westlich-wissenschaftlichen Medizinsystem zur offiziellen und institutionalisierten Gesundheitsversorgung zählen. In Indien ist beispielsweise die ayurvedische Medizin neben der westlich-wissenschaftlichen Medizin Teil des institutionalisierten Gesundheitsangebotes.

In der Bundesrepublik Deutschland wäre das dominante Medizinsystem die wissenschaftliche Medizin mit Hausärzten, verschiedenen Fachärzten, paramedizinischen Professionellen und Psychologen. Dazu kommen die außerhalb der wissenschaftlichen Medizin stehenden Heilpraktiker, Homöopathen, Hellseher, Handaufleger, Gesundbeter etc., die nach der Selbstmedikation durch Familie und Freunde sowie religiösen Praktiken zur Behandlung herangezogen werden. Die Patienten wählen oft mehrere Behandlungsebenen parallel zueinander, auch wenn sich deren Ansätze widersprechen. Die Krankheitsarten bestimmen häufig, welche Medizinsysteme in frage kommen und in welchen Stadien des Krankheitsgeschehens sie gewählt werden.

Dabei entwerfen Menschen jenseits allgemeiner Krankheits- und Körpervorstellungen zu speziellen Krankheitssituationen verschiedene Geschichten und Modelle, um sich Krankheiten zu erklären. Diese Erklärungsmodelle geben in unterschiedlichem Maße Antworten auf Fragen zu Ursache, Zeit und Art des Auftretens der Symptome, Art der Krankheit und deren Verlauf sowie zu angezeigten Behandlungsformen. Erklärungsmodelle definieren dabei, welche Aspekte für spezifische Situationen als relevant erachtet werden und wie diese von Patient oder Therapeut individuell organisiert und interpretiert werden (KLEINMAN, 1980). Die Patienten greifen hierbei je nach Krankheitssituation auf unterschiedliche Medizinsysteme zurück, aus denen sie einzelne Erklärungsaspekte heranziehen, zum Teil auch für unterschiedliche Ebenen der Situation. Diese wiederum eröffnen verschiedene meist parallel laufende Wege für Behandlungsformen und Praktiken, die zur Heilung nötig sind.

Migration und Identität

Medizinsysteme sind jedoch ebensowenig wie Kulturen abgeschlossene, statische Systeme oder Gebilde, sondern prozesshaft und veränderbar. Als Beispiel sei hier die Akupunktur genannt, die in Deutschland lange Zeit zu den außerhalb der westlich-wissenschaftlichen Medizin stehenden Therapien gehörte, heute jedoch zunehmend von Schulmedizinern angewandt und zum Teil auch von den Krankenkassen bezahlt wird.

Sowohl auf kollektiver als auch auf individueller Ebene werden also Einstellungen, Werte, Verhaltensformen und Erwartungen übernommen, bewahrt und gleichzeitig auch abgeändert.

Ganz besonders trifft dies auf die Situation von Migranten zu: Mit ihren kulturspezifischen Vorstellungen, Werten und Gefühlen etc. treffen sie auf eine andere Gesellschaft und damit auf andere kulturell gefärbte Verhaltensformen, Erwartungen, Werte, Vorstellungen, Bedingungen und Bedeutungen. Nach und nach kommen sie in verschiedensten Bereichen damit in Berührung, entdecken Gemeinsamkeiten und Unterschiede in speziellen Situationen wie am Arbeitsplatz, im Krankenhaus oder beim Arzt. Dabei ist ethnische oder kulturelle Identität eine komplexe Angelegenheit. Bei Migranten wird sie sowohl von den politischen und sozialen Bedingungen in ihrem Herkunftsland als auch dem jeweiligen Zielland beeinflusst. Im Zielland findet das Leben in ganz unterschiedlichen Kontexten statt: Zum einen in Bereichen, wie öffentliches Leben, Schule und Arbeit etc., in denen Migranten tendenziell mit kulturellen Vorstellungen, Werten und Erwartungen – inklusive negativer Stereotype und Rassismen – der Deutschen konfrontiert werden; zum anderen findet das Leben aber auch in familiären oder religiösen Bereichen sowie im Freundeskreis statt, in denen Migranten mit kulturellen Vorstellungen, Werten und Erwartungen konfrontiert werden, die ihrem Herkunftsland oder ihrer ethnischen

Zugehörigkeit entsprechen. Mit all diesen Situationen sind unterschiedliche Erwartungen verbunden, auf die reagiert und mit denen umgegangen werden muß. Althergebrachte Einstellungen und Werte können sich verstärken, Elemente der fremdkulturellen Normen etc. können in das eigene System integriert werden oder es formen sich neue Umgangsweisen, um nur einige wenige Möglichkeiten zu nennen (MACH, 1993). Deutlich wird dieser Prozeß in einem Ausspruch eines nach England migrierten Patienten:

> „Lassen Sie mich eines klarstellen – ich bin Brahmane, ich bin Punjabi, ich bin Brite und ich bin Inder. Diese vier zusammen bin ich und ich will, dass Sie das niederschreiben. Wann immer ich spreche, sprechen diese vier aus mir heraus." (KIRMAYER, 1995)

Es mag sein, dass diese vielfältige Identität situationsabhängig erlebt wird, d.h. durch manche Kontexte oder Situationen heraufbeschworen, in anderen aber in den Hintergrund gerät oder gar willentlich unterdrückt wird.

Erklärungsmodelle als Patchwork-System

Der sozialpsychologische Fachbegriff hierfür ist „Patchwork-Identität" (KEUPP, 1991). Patchwork ist eine Handarbeitstechnik: Stoffstücke mit ganz verschiedenen Mustern und Farben sowie aus unterschiedlichen Stoffqualitäten werden zu einem Stück, oft einer Decke, zusammengenäht. Ähnlich dieser Decke, die aus verschiedenen Mustern, Farben und Stoffqualitäten besteht, formen sich durch das Leben in verschiedenen kulturellen Kontexten Vorstellungen, die auf unterschiedlichen kulturellen Werten, Normen, Wertvorstellungen, Lebensentwürfen und Lebensweisen basieren. Sie können sich harmonisch zusammenfügen, nebeneinander bestehen oder schrill gegeneinander abstechen durch ihre unterschiedliche Form- und Farbgebung; eben so, wie zwei unterschiedliche Stoffflecken in einer Patchwork-Decke. Und eben diese Prozesse sind auch zu berücksichtigen, wenn es um kulturelle Aspekte von Gesundheit und Krankheit geht, um Ursachenerklärung und Genesungsaktivitäten.

Das Bild der Patchwork-Decke läßt sich gut auf die bereits zuvor genannten Erklärungsmodelle übertragen. Bezüglich spezifischer Krankheitssituationen werden von allen Beteiligten – dem Patienten oder der Patientin selbst, seiner Familie, ihm nahestehenden Menschen aber auch Ärzten, Behandlern oder Heilern, evtl. auch religiösen Würdenträgern – sogenannten Erklärungsmodelle oder Erklärungsnarrative entworfen. Dabei differieren die Erklärungsnarrative der Ärzte und die der Patienten häufig was Ursachen, Art der Symptome, Art der Krankheit, Krankheitsvorgänge, Krankheitsverlauf sowie die als unabdingbar betrachteten Schritte hin zu einer erfolgreichen Behandlung anbelangt. Nicht nur fremdkulturelle Patienten sind hiervon betroffen, sondern auch Menschen der gleichen kulturellen Zugehörigkeit wie die des Therapeuten. Oftmals finden sich wenig Verbindungen zwischen den Anzeichen und Symptomen, auf die sich die Ärzte beziehen (z.B. Laborwerte) und jenen, welche für die Patienten und ihre Vertrauten in ihrem Erleben des kranken Patienten und seiner Krankheit im Vordergrund stehen und wichtig sind für Einordnungen der Erkrankung.

Durch verschiedene Argumentationsformen, sprachliche Bilder und Umschreibungen, aber auch durch kulturelle Hintergründe und unterschiedliche Wissensebenen, werden die jeweiligen Erklärungsmuster beeinflußt und damit die Antworten, die auf Fragen zur Krankheit gefunden werden. Hier stehen sich selten zwei klar abgegrenzte kulturelle Denk- und Zuordnungssysteme gegenüber. Gerade bezüglich der Erklärungsnarrative finden vielfältige Bereiche und Medizinsysteme Beachtung. Die daraus gewählten Antworten und Behandlungsschritte ergeben häufig ein der Patchwork-Decke ähnliches Bild: Wie sich in jener Farbe und Form schrill gegeneinander abheben können, so können Krankheitsursachen oder Behandlungsformen, die der Erklärung und Behandlung bestimmter Krankheiten dienen, ebenfalls widersprüchlich sein, gegeneinander abstechen, ohne die Ausgeglichenheit der Gesamtheit zu stören. Je nach Situation kann gleichzeitig auf diese oder jene Vorstellung zurückgegriffen werden, auf ethnische Erklärungen oder auf Werte und Ansichten aus fremdkulturellen Bereichen.

Aus welchen Bereichen Antworten gefunden werden, wird meist anhand der Erzählung der Krankengeschichte erkennbar: aus gewählten Worten und Umschreibungen in der Muttersprache, die häufig direkt übersetzt werden, lassen sich Bezüge zu verschiedenen Bereichen, Medizinsystemen und Weltvorstellungen erkennen. Niederschlag findet dies auch in den Anlaufstationen, die für die Behandlung gewählt werden. Neben Familienmitgliedern werden oftmals gleichzeitig Ärzte, religiöse Amtsträger, Psychotherapeuten, Heilpraktiker oder andere Heiler in Anspruch genommen. Vielfach werden parallel dazu auch Heiler in den Herkunftsländern bemüht.

Diagnose und Krankheit

Ein Grund für diese Unterschiede liegt im angestrebten Ziel der beiden beteiligten Gruppen – Patienten und Therapeuten. Die Aufmerksamkeit des medizinischen Personals richtet sich zunächst auf Fehlfunktionen oder pathologische Vorgänge in Organen und Körpersystemen. Im Vordergrund steht hier die Diagnose, die Einordnung der Symptome in ein wissenschaftlich-medizinisches Krankheitsbild als Basis für die anzuwendende Therapie. Die Aufmerksamkeit der Patienten hingegen ist – neben einer angestrebten Verbesserung – ausgerichtet auf den Umgang mit sich selbst, mit der Familie, mit dem eigenen sozialen Status und den Krankheitserfahrungen durch veränderte Empfindungen, Wahrnehmungen und eingeschränkten Aktivitäten. In dieser erfahrenen und gelebten Krankheitsgeschichte kann die Diagnose des Arztes nur ein Element neben vielen anderen darstellen. Für den Arzt hingegen ist die Diagnose leitendes Kriterium seines Erklärungsmodells (FLUBACHER, 1997). Teilweise wird diesen Unterschieden in der Erwartungshaltung der Patienten (was soll der Arzt für mich tun?) Rechnung getragen, in der vor allem technische Überprüfungen und wissenschaftliche Diagnosen gefordert werden. Seitens der Patienten wird häufig gesplittet: Zweifel im Umgang damit oder in andere Bereiche (Privates, Soziales oder Politisches) mündende Überlegungen werden nicht mit dem Arzt, sondern mit anderen Heilern, religiösen Amtsinhabern oder Freunden besprochen. Der Arzt ist zuständig für die Diagnose der Krankheit, für das Kranksein und die eingeschränkte Lebensqualität sind es hingegen andere Instanzen wie Familienmitglieder, Bezugspersonen aus religiösen Bereichen, Freunde oder Heiler.

Perspektiven

Die erklärenden Narrationen des Patienten, die Geschichten, mit denen er sich und seinen Nächsten die Erkrankung erklärt und plausibel macht, können sich durch Meinungen von Freunden, Familie, Medien etc. zwar durchaus verändern, stehen als Quelle des Umgangs mit den spezifischen Krankheitssituationen aber immer im Vordergrund. Durch vertraute Fragen, wie „wo tut es weh?" oder „wann treten Beschwerden auf?" findet der Arzt keinen Zugang zum Erklärungsmodell und dessen verschiedenen Bereichen, dessen sich der Patient bedient, um sich seinen Zustand zu erklären. Das gelingt dem Arzt nur, wenn er die Meinung der Patienten explizit mit einbezieht durch Fragen wie *„warum glauben Sie, dass Sie krank sind?"* oder *„wie erklären Sie sich Ihre Beschwerden?"*. Stil und Formulierungen sollten sich dabei am jeweiligen Patienten und der Situation orientieren. Bei psychischen Erkrankungen ist das leichter vorstellbar, aber auch bei körperlichen Erkrankungen ist dies wichtig, denn wie bereits erwähnt, ist die Trennung in psychische oder körperliche Krankheiten eine essentielle Unterscheidung des westlichen Denkens und Medizinsystems, die Patienten aus ethnischen Minderheiten nicht teilen müssen.

Bei allen Erkrankungen ist damit wichtig zu beachten, wie der Patient sich seine Erkrankung selber erklärt. Daraus wird deutlich, was er als leitende Werte in diesem ganz besonderen Fall ansieht. Häufig drückt er diese in sprachlichen Bildern aus. Allerdings können diese, da sie aus unterschiedlichen Bedeutungskontexten stammen, verschiedene Assoziationen wecken. Das bedeutet, dass ein „gesunkenes Herz" nicht für alle Beteiligten ähnliche Interpretationen liefert, sondern Bedeutungszusammenhänge, Gefühle und Bedingungen auch für Patienten der gleichen Herkunftskultur verschieden sein können. Unterschiede werden gerade in diesen Umschreibungen erfahrbar. Je verschiedener die verwendeten Bilder sind, desto schneller werden Differenzen wahrgenommen. Dabei sollte nicht vergessen werden, dass auch ähnliche Bilder auf Unterschieden im Bedeutungszusammenhang basieren können. In diesen Bereichen kann eine Vermittlung notwendig werden, bspw. durch den Einsatz von speziell ausgebildeten Dolmetschern. Diese können in solchen Fällen eingreifend erklären, dass sie glauben, ein Patient möchte damit etwas für ihn Wichtiges ausdrücken. Sie können dafür plädieren, dass eventuell beim Patienten die Bedeutung nachgefragt, und über dieses Thema ausführlichere Gespräche angeregt werden. Es kann auch sein, dass Arzt oder Therapeut von sich aus mehr über diese ihm unverständliche Umschreibung erfahren möchte, um den Patienten zu verstehen (FLUBACHER, 1999).

Für die effiziente Zusammenarbeit von Professionellen und Patienten hat es sich bewährt, auch fremdartig erscheinende Erklärungsmodelle der Patienten ernst zu nehmen; selbst dann, wenn sie eigenen Vorstellungen widersprechen. Compliance darf nicht nur vom Patienten gefordert werden, sondern sollte als erster Schritt der Professionellen dem Patienten gegenüber aufgebracht werden, denn Voraussetzung, um Zugang zum Patienten zu finden, ist, ihm und seinen Vorstellungen Interesse und Respekt entgegen zu bringen.

Lesen als Kulturkontakt
Interkultureller Dialog mittels Literatur

GABRIELE M. SCHWAB

*The place where cultural experience is located
is in the "potential space" between the individual and environment.
(D. W. Winnicott)*

Vorbemerkungen

Seit vielen Jahren beschäftige ich mich als Literaturwissenschaftlerin mit der Frage, wie man Literatur als ein Medium für die Erfahrung von Interkulturalität nutzen und dasLesen entsprechend als eine Form des Kulturkontakts beschreiben kann. Dass Lesen einen Zugang zu anderen Kulturen eröffnen kann, liegt auf der Hand, denn wir lesen ja ständig Texte aus vergangenen und fremden Kulturen. Was diesen über Literatur vermittelte Kulturkontakt jedoch im Einzelnen ausmacht, ist schon viel schwieriger zu fassen. Und wenn wir Literatur darüber hinaus einen therapeutischen Wert zugestehen wollen, dann wird diese Perspektive noch komplizierter. Es geht dann nicht nur darum, dass wir Texte über unsere eigenen wie über andere Kulturen lesen und uns dabei ein interkulturelles Wissen aneignen. Über die Vermittlung eines solchen Wissens hinaus geht es bei der Entfaltung des therapeutischen Effekts von Literatur vor allem auch um eine interkulturelle Begegnung. Ich meine damit konkret nicht mehr und nicht weniger, als dass Literatur uns helfen kann, neben bewussten auch affektive, oft unbewusste Besetzungen anderer Kulturen zu verändern.

Mein eigenes Interesse an diesem Thema hat eine lang zurückreichende Geschichte, die für meine Auffassung von Literatur als Kulturkontakt prägend war. In meiner Kindheit war Literatur für mich Medium einer Art Selbsttherapie – in einem sehr emphatischen Sinne: bis heute bin ich davon überzeugt, dass es vor allem Literatur war, die mir geholfen hat, in meiner eigenen Kultur und meinem Elternhaus als Person zu überleben. Dies war vor allem deshalb möglich, weil Literatur mir Türen aus den engen Grenzen einer konservativen, von den tiefen Wiedersprüchen, Konflikten und Verdrängungen der Nachkriegszeit geprägten deutschen Kleinstadt heraus in imaginäre Welten öffnete. Wie bei den meisten Kindern auch, waren meine moralischen Vorstellungen und ethischen Werte in der Kindheit von meinem Elternhaus, den Schulen, die ich besucht habe und meiner religiösen Erziehung geprägt. Literatur hingegen machte von Anfang an vielfältige Angebote von Gegenwelten. Sie bot mir Argumente und Modelle an, die mir halfen, vieles in Frage zu stellen, was mir bereits suspekt war oder wogegen ich mich zur Wehr setzte. Dadurch wirkte die Literatur nicht nur als Fluchtraum aus einem oft traumatischen Alltag, sondern auch als Medium einer alternativen Sozialisation, die sich auf mein

Wissen von der Welt wie auch auf dessen emotionale Verarbeitung richtete. Vielleicht erfüllt Literatur ihre wichtigste kulturelle Funktion, indem sie die kulturellen Räume und Grenzen innerhalb derer wir uns bewegen erweitert und dadurch die kognitiven und emotionalen Strukturen verfeinert, die uns bestimmen.

Es ist kein Zufall, dass die meisten Bücher, die ich mir damals beschaffen konnte, Übersetzungen ausländischer Texte waren, vornehmlich aus der modernen amerikanischen Literatur. So könnte man sagen, dass meine literarische Sozialisation in den entscheidenden Jahren eine interkulturelle war, geprägt von den spezifischen Bedingungen im Nachkriegsdeutschland. Wenn ich heute mit gleichaltrigen Frauen aus nichtakademischen deutschen Familien über prägende Lektüreerlebnisse spreche, so erinnern wir uns an *Vom Winde verweht* (MITCHELL, 2000), *Onkel Toms Hütte* (BEECHER-STOWE, 1996), *Früchte des Zorns* (STEINBECK, 1985), *Jenseits von Eden* (STEINBECK, 1997), sowie an zahlreiche Texte von Pearl S. BUCK (1991, 2001), in denen es um interkulturelle Liebesbeziehungen und –konflikte geht. Unter den nicht-amerikanischen Texten steht *Desiree* (SELINKO, 1984) an oberster Stelle. Die deutsche Literatur dagegen – und dies mag in akademischen Familien anders gewesen sein – war dem Deutschunterricht vorbehalten und hatte einen besonderen Status. Zu Hause lasen wir, was wir über die kleinen Buchhandlungen, Leihbibliotheken und Buchklubs bekommen konnten, und diese wurden von der Amerikanisierung Deutschlands nach dem 2. Weltkrieg beherrscht, selbst in Süddeutschland, das unter französischer Besatzung lebte.

Warum ist dies für mein Thema relevant? Ich denke aus mehreren Gründen. Zunächst einmal fällt die Zeit dieser Lektüren zusammen mit der Zeit, in der die meisten Kinder meiner Generation im Geschichtsunterricht zum ersten Mal über die Konzentrationslager und die Massenvernichtung von Juden erfahren haben. (Dass darunter auch Zigeuner, politische Gefangene, Homosexuelle, Behinderte und Geisteskranke waren, hörten die meisten von uns erst viel später.) Die Lektüren aus dieser Zeit wurden so auch zum Hintergrund für die ersten Auseinandersetzungen mit Rassismus. Für viele von uns stand deshalb die Identitätsbildung in der Vorpubertät und Pubertät unter dem Vorzeichen, „nicht deutsch sein zu wollen". Das Fremde, Andere war das Begehrenswerte. Bezeichnenderweise entwickelten wir damals keinen Begriff einer jüdischen Literatur. Selbst die jüdischen Autoren, die wir im Deutschunterricht lasen, lasen wir als deutsche Autoren – mit einer einzigen Ausnahme, dem *Tagebuch* der Anne FRANK (1992). Von dieser Ausnahme abgesehen, fiel also auch die Rezeption der Literatur jüdischer Autoren nach dem zweiten Weltkrieg in Deutschland unter die allgemeine Politik des Schweigens, der Verdrängung und der Unfähigkeit zu trauern. Deshalb kann man auch vermuten, dass die Literatur, die wir damals lasen nicht so sehr direkt und bewusst im Sinne einer Konfrontation der Vergangenheit wirkte, sondern eher über Umwege, indirekt und oft unbewusst.

Literatur als Medium der transkulturellen Erfahrung

Um diese subtile Wirkung zu erfassen, habe ich später begonnen, den Akt des Lesens mit Hilfe des psychoanalytischen Modells unter dem Aspekt der Übertragung zu untersuchen. Wir wissen alle, wie sehr gerade interkulturelle Begegnungen und Kommunikationsprozesse von unbewussten Projektionen und Übertragungen bestimmt werden. Dass dies auch für die literarische Kommunikation zutrifft, möchte ich an einem Beispiel aufzeigen. Eines der Lieblingsbücher meiner Jugend waren *die Liebenden* von Pearl S. BUCK (1991). Dieser Roman spielt in China und handelt von der interkulturellen Liebesbeziehung einer jungen chinesischen Frau. Ich habe diesen Text immer wieder gelesen und mich jahrelang mit der Hauptfigur Peony und ihrer tragischen Liebe zu einem nichtchinesischen Mann identifiziert. Erst als ich vor einigen Jahren in der Auseinandersetzung mit meinen Kindheitslektüren das Buch erneut gelesen habe, entdeckte ich, was ich vermutlich nie bewusst wahrgenommen, vielleicht aber auch wieder verdrängt habe: der nicht-chinesische Mann, den Peony in diesem Buch liebt, ist ein in China lebender Jude und das Buch handelt von der Judenverfolgung in China. Das heißt also, dass das Buch für mich damals seine tiefe Bedeutung aller Wahrscheinlichkeit nach dadurch erlangt hat, dass es zu einem Medium der Übertragung wurde, das mir half, mich indirekt mit Rassismus und Judenverfolgung auseinanderzusetzen. Diese Auseinandersetzung war nur auf diese indirekte Weise möglich, weil sie sich zu einer Zeit ereignete, in der sie auf direkte Weise nicht möglich gewesen wäre und mehr oder weniger aggressiv verweigert wurde. Die Entdeckung, wie stark meine Erfahrung von *Peony* von der unterdrückten Konfrontation mit der deutschen Vergangenheit bestimmt war, kam wie ein Schock. Ich hatte bei all meiner detaillierten Erinnerung an den Text genau jenes Element verdrängt, das ihm damals wohl unbewusst seine Bedeutung verliehen hat. In diesem Sinne möchte ich aus heutiger Perspektive sagen, dass bei der Lektüre literarischer Texte Übertragungsprozesse stattfinden, die das Unbewusste aktivieren können – nicht nur das individuelle Unbewusste, sondern auch das politische oder kulturelle Unbewusste einer Gesellschaft.

Dieser Grundannahme ist bestimmend für meine derzeitige Arbeit, in der ich literarische Texte als „imaginäre Ethnographien" verstehe, die nicht nur ein bestimmtes kulturelles Wissen vermitteln, sondern die Leser auch emotional in kulturelle und interkulturelle Erfahrungen einbinden. Es zeigt sich, dass Literatur Kultur nicht nur transportiert, sondern aktiv und kritisch in Frage stellt und dadurch neu gestaltet. Die Frage, ob und unter welchen Bedingungen Literatur über die Grenzen der eigenen Kultur hinaus wirksam sein kann, beschäftigt gegenwärtig neben Literaturwissenschaftlern auch Anthropologen und Ethnologen. Den *Klassikern* – Shakespeare, Dante, Goethe, Schiller – hat man lange Zeit eine universelle anthropologische Bedeutung zugeschrieben und ist davon ausgegangen, dass sie zeitlos und kulturübergreifend wirken.

In einem vieldiskutierten Aufsatz mit dem Titel "Shakespeare in the Bush" hat die Anthropologin Laura BOHANNAN (1966) diese Prämisse untersucht, indem sie den westafrikanischen Tiv die Geschichte von *Hamlet* erzählte. Sie wollte einerseits zeigen, wie stark die Reaktion auf Geschichten von den eigenen kulturellen Prämissen der Zuhörer oder Leser getragen wird. Bohannan's Gespräche mit den Stammesältesten vermag die Vorstellung von Literatur als Medium von Kulturkontakt und Interkulturalität in besonderer Weise zu veranschaulichen. Andererseits zeigt sie auch die Grenzen der Vermittelbarkeit auf. [1]

> B: „Nicht gestern, nicht gestern, sondern vor langer Zeit, ereignete sich etwas. Eines nachts hielten drei Männer Wache vor der Hütte des alten Häuptlings, als sie plötzlich den früheren Häuptling auf sich zukommen sahen."

> T. „Warum war er nicht mehr ihr Häuptling?"

> B: „Er war tot – deshalb hatten sie Angst, als sie ihn sahen."

> T. „Unmöglich!, natürlich war es nicht der tote Häuptling, es war ein von einer Hexe geschicktes Omen."

Dies brachte die Interpretationsbemühungen der Tiv in neue Schwierigkeiten:

> T: „Omen können nicht sprechen; .....Tote können nicht laufen."

Bohannan setzte ihre Geschichte fort und berichtete wie Prinz Hamlet, der Sohn des toten Häuptlings, sehr aufgebracht war, weil sein Onkel, Claudius, nicht nur Häuptling geworden war, sondern auch die Witwe seines Bruders kaum einen Monat nach dessen Tod geheiratet hatte.

> T: „Das hat er gut gemacht; ... wenn wir nur mehr über die Europäer wüssten, es sich herausstellen würde, dass sie uns ganz ähnlich sind. Auch bei uns heiratet der jüngere Bruder die Witwe des Älteren und wird zum Vater ihrer Kinder."

Hier die Zusammenfassung der wahren Bedeutung Hamlets in der Interpretation der Tiv:

> T: „Hamlet war zweifellos ein Bösewicht, denn er schimpfte seine Mutter, tötete Polonius, und erhob die Hand gegen den Bruder seines Vaters."

Dies allein allerdings hätte aus Hamlet eine schlechte Geschichte gemacht. Deshalb fanden die Stammesältesten einen Ausweg, um den ästhetischen Wert der Geschichte zu retten:

> T: „Wenn der Bruder des Vaters aus Bosheit Hamlet verhext und wahnsinnig gemacht hätte, dann wäre es eine gute Geschichte, denn dann wäre es seine Schuld, wenn der verrückte Hamlet aus reinem Wahnsinn den Bruder seines eigenen Vaters zu töten bereit wäre."

Was zeigt uns dieses Beispiel über die Literatur als Medium interkultureller Kommunikation? Zunächst einmal können wir den Versuch der Tiv erkennen, das Fremde zu assimilieren und im Rahmen der eigenen Kultur stimmig zu machen. Mit diesem Wunsch nach Assimilation wächst die Bereitschaft zur Übertragung. Emotional lässt sich das Fremde nur besetzen, wenn es mit dem Eigenen vermittelbar ist. Genau darin liegt eine Chance, über Literatur interkulturelle Kommunikation zu vermitteln. So können wir uns

---

1. Übersetzung des Austauschs zwischen Bohannan und den Tiv von der Autorin

beispielsweise eine Fortsetzung des Austauschs zwischen Bohannan und den Tiv vorstellen, in dem Bohannan den Tiv die unterschiedlichen Gebräuche und moralischen Werte der Shakespeareschen Kultur vor Augen hielt. Dies wiederum könnte zu einer Auseinandersetzung über kulturelle Differenzen führen, die die Tiv motivieren könnte, ihrerseits Geschichten auszutauschen und die die eigene moralische Ordnung mit ihren unterschiedlichen Werten zum Ausdruck bringen. Im Umweg über Geschichten kann kulturelle Differenz von der persönlichen Konfrontation abgelöst und dabei leichter bearbeitet werden. Wir alle kennen diese Effekte imaginärer Geschichten, die über Umwege auf unser eigenes Leben zurückwirken. In Paarbeziehungen etwa lassen sich in der Auseinandersetzung über ein gemeinsam gelesenes Buch oder einen Film Konflikte bearbeiten, ohne dass sie schon vorab als eigene definiert werden müssten und oft sogar, ohne dass sie überhaupt als eigene zum Bewusstsein kommen. Das gleiche gilt für die Kommunikation zwischen Angehörigen verschiedener Kulturen. Ich denke, dass es zu unser aller Alltag gehört, über solche Umwege und Übertragungsprozesse zu kommunizieren .

Im Durcharbeiten der Übertragungen, die wir im Umgang mit Literatur vollziehen, entfaltet sich deren therapeutisches Potential. Dabei sind wir nicht auf externe Hilfe angewiesen, sondern die Texte selbst bieten sich dazu an. Beispielhaft sind dazu die Texte des irischen, nach Frankreich ausgewanderten Schriftstellers Samuel BECKETT (1995), die so angelegt sind, dass sie uns fortwährend zu Projektionen einladen, die sie dann systematisch unterminieren. In diesem Prozess können wir uns als Gefangene unserer eigenen Bilder und Erwartungen erkennen – ein erster Schritt, uns aus ihnen zu befreien. Ähnliche Vorstellungen entwickelten die russischen Formalisten, als sie sagten, die kulturelle Funktion der Kunst bestehe in der „Entautomatisierung der Wahrnehmung". Ich gehe davon aus, dass sich eine solche Entautomatisierung auch auf die unbewussten Wahrnehmungen richten kann – d. h. auf das, was der Frankfurter Psychoanalytiker Alfred LORENZER (2000) die „sprachlichen Klischees" genannt hat. So gesehen wäre der therapeutische Effekt der Literatur jenem Prozess vergleichbar, den Lorenzer als „Rekonstruktion" der zerstörten Sprache beschrieben hat. In dem hier sehr weit gefassten Begriff von „therapeutisch" gehe ich davon aus, dass bereits der echten interkulturellen Kommunikation eine therapeutische Funktion zukommt, da sie Klischees aufzubrechen vermag, die den Bildern des Anderen im kulturell Imaginären anhaften. Diese Fähigkeit ist zumindest als Potential in Literatur angelegt. Durch die Entfaltung dieses Potentials kann Literatur Verständnis für kulturelle Differenz fördern, Toleranz erhöhen und so Rassismus entgegenwirken. Für einige Leser mögen diese Überlegungen utopisch klingen und der Literatur eine zu tiefgreifende kulturelle und therapeutische Funktion zusprechen. Sicherlich gibt es Grenzen der Offenheit für andere Kulturen, die sich nicht ohne Weiteres überschreiten lassen. Dies macht es um so notwendiger, nach Medien und Methoden zu suchen, die hilfreich sind, für die Reflexion von Übertragungsprozesse in der interkulturellen Kommunikation.

Seit 15 Jahren lehre ich an der University of California – unter anderem jene amerikanische Literatur, die mich in meiner Adoleszenz geprägt hat. Mein Arbeitsschwerpunkt gilt den interkulturelle Texte aus der reichen Minoritätenliteratur der afro-amerikanischen und indianischen, ebenso wie der "asian-american" und der Chicanoliteratur. Meine Studentinnen und Studenten stammen zu fast 70% selbst aus Minoritätengruppen und viele studieren Literaturwissenschaft im Nebenfach, sodass sie sich mit einer ganzen Bandbreite von Fächern beschäftigen, einschließlich den Naturwissenschaften. Um dieser Situation gerecht zu werden, habe ich für ganz bestimmte Seminare eine eigene Didaktik entwickelt, die ich als interkulturell bezeichnen möchte und die therapeutische Aspekte enthält.

In literaturwissenschaftlichen Seminaren geht es traditionellerweise darum, Übertragungen gerade zu vermeiden. Entweder werden sie ignoriert oder die Studenten werden auf den projektiven Charakter ihrer Interpretationen hingewiesen. Hauptziel der Lehre ist in diesem Sinne die Vermittlung eines bestimmten Wissens, das im Rahmen von Informationen angeboten wird. Ich habe mich im Gegensatz dazu entschieden, das Durcharbeiten von Übertragungsprozessen aktiv in literaturwissenschaftliche Seminare zu integrieren. Es geht mir darum, neben Informationswissen auch ein aktives und interaktives kulturelles Wissen zu vermitteln, zu dem Emotionen und unbewusste Projektionen gehören. Methodisch läuft das so ab, dass ich zu individuellen Reaktionen auf Texte ermuntere und sie dann zum Gegenstand der Reflexion eigener kultureller Muster und Bilder mache. Meine Seminare bewegen sich daher auf der Grenze zwischen Selbsterfahrungsgruppen und Interpretationsseminaren.

Die Konsequenz daraus ist, dass das Durcharbeiten von Übertragungen sich nicht auf Dimensionen der Selbsterfahrung beschränkt, sondern den Weg bereitet für eine sensiblere Aufnahme der Texte selbst. Im Idealfall führt dies zu tiefgreifenderen Fremderfahrungen.

In der Regel beginnt das Durcharbeiten von Übertragungen mit Konfrontationen zwischen Studenten, die wie gesagt aus unterschiedlichen kulturellen Gruppen stammen. Ebenso geschieht dies zwischen männlichen und weiblichen Studenten. Eine Reihe Texte fordern solche Auseinandersetzungen und Übertragungen in besonderer Weise heraus. Die indianische Autorin Leslie SILKO (1989) beispielsweise beschreibt die desolaten Zustände auf indianischen Reservationen oder indianischen Stadtghettos mit den verheerenden Auswirkungen der Armut und des Alkoholismus. Unweigerlich führt ihre Lektüre unter Studenten zu Debatten über die Ursachen des Alkoholismus und das kulturelle Stereotyp des *drunken Indian*. Anstatt primär auf die historischen und ökonomischen Ursachen zu verweisen, die Silko durchaus benennt, fokussiere ich lieber auf das Stereotyp selbst. Mit welchem Indianerbild begegnen wir dem Text? Was macht Silko damit? Wie kulturspezifisch sind unsere eigenen Reaktionen auf den Text? Es hat sich bewährt, im methodischen Ablauf den Text selbst als letzte Instanz heranzuziehen. Durch die konsequente Anbindung der Konfrontation der Studenten an den Text, wird den Lesern, in meinem Fall den Studenten, deutlich, welche Erwartungen und Projektionen sie im einzelnen an den Text herantragen. Minoritätenliteratur bewährt sich für diese kulturellen Übertragungsprozesse in besonderer Weise. Je stärker der Text eigene Erfahrungen berührt, umso stärker wird auch die Tendenz, vom Text fort auf die eigenen kulturellen Erfahrungen zu springen.

Besonders anschaulich wurde diese für mich in einem Seminar über ethnische Frauenliteratur, welches ich während einer Gastprofessur in München hielt. Die Diskussionen über amerikanische Minoritätenliteratur blieb immer relativ nahe an den Texten, während die Diskussionen über die türkisch-deutsche Minoritätenliteratur unweigerlich in allgemeine Debatten über die deutsch-türkischen Beziehungen überging. In den Vereinigten Staaten ist dies umgekehrt. Beispielsweise gibt es bei Texten der indianischen Autorin Louise ERDRICH (1992, 2000), die die religiöse Kolonisierung der Indianer beschreibt, unweigerlich starke negative Übertragunsreaktionen christlicher Studenten. Nur deren Bearbeitung ermöglicht die Grundlage für eine wirklich interkulturelle Diskussion.

Manche Texte initiieren sogar unmittelbar vehemente neue kulturelle Debatten und werden zum Katalysator entsprechender gesellschaftlicher Veränderungen. Die afroamerikanische Schriftstellerin Alice WALKER (2000) hat beispielsweise in *Die Farbe Lila* die Gewalt schwarzer Männer gegen ihre Frauen und die daraus resultierende doppelte – rassistische und sexistische – Unterdrückung schwarzer Frau thematisiert. Darüber hinaus betont der Text auch die zusätzliche Unterdrückung sexueller Minderheiten, insbesondere lesbischer Frauen, in den schwarzen Gemeinden. Dieser hochexplosive Text, dessen Verfilmung zu Protesten und Boykottversuchen unter schwarzen Männer führte, entfacht in der Regel heftige Auseinandersetzungen zwischen männlichen und weiblichen Studenten, über die sich kulturelle und geschlechtsspezifische Konflikte bearbeiten lassen. Ein weiteres Beispiel liefert Toni MORRISONs (1998) *Menschenkind*. Dieser historische Roman über die Sklaverei hat in den Vereinigten Staaten massive Übertragungsprozesse zwischen afrikanisch-amerikanischen und jüdischen Lesern ausgelöst. Streitpunkt war das Motto „Mehr als sechzig Millionen", was von einige jüdischen Leser Wetteifern um die größeren Opfer des Holocaust gedeutet und entsprechend kritisiert wurde. Als letztes Beispiel möchte ich die Science-Fiction Trilogie *die Genhändler* der afroamerikanischen Autorin Octavia BUTLER (1999) anführen. Sie entwirft eine Geschichte der Kolonisierung und genetische Manipulation der nach einem nuklearen Holocaust überlebenden Menschen durch Außerirdische. In drei Romanen bearbeitet Octavia Butler die zentralsten Ängste des ausgehenden Jahrhunderts: die drohende Zerstörung des Planeten, die gefährdete und manipulierbar gewordene menschliche Reproduktion, den zunehmenden Verlust an Freiheit und Individualität, die Beherrschung und Kolonisierung durch Andere. Zugleich führt *die Genhändler* auch die Destruktivität paranoider Reaktionen auf kulturelle Differenz vor Augen und leistet darüber hinaus eine Analyse des Rassismus in der imaginären Begegnung mit Außerirdischen. An diesem Werk lässt sich in besonderer Weise verdeutlichen, dass kulturelle Übertragungen oft gerade dann besonders imponieren, wenn sie sich auf eine imaginäre Kultur richten. Solche Verschiebungen ins Imaginäre leisten einen Beitrag dazu, diesbezügliche Wahrnehmungen zu entautomatisieren.

Interkulturelle Kommunikation konfrontiert in allen Ländern mit der eigenen Geschichte. In Deutschland, wegen der einmaligen Situation des Holocaust, ist diese Kommunikation über Literatur häufig unerlässliche und erste Voraussetzung für eine solche Konfrontation. Während meiner oben beschriebenen Gastprofessur in München, habe ich zum ersten Mal ein ganzes Seminar zu diesem Thema angeboten, welches zu der größten Herausforderung meiner akademischen Tätigkeit wurde. In diesem Rahmen behandelte ich unter anderem Simon WIESENTHALs (2000) *Sunflower*. In diesem, zwei Bücher umfassenden Text geht es um die moralischen Implikationen von Schuld und Vergebung. Das erste Buch enthält die Erzählungen von einem jüdischen Gefangenen in einem Konzentrationslager, der auf einem Transport zu einem sterbenden deutschen Soldaten gerufen wird. Dieser beichtet ihm seine Gräueltaten an einer Gruppe jüdischer Gefangener und bittet ihn um Vergebung, um in Frieden sterben zu können. Der jüdische Gefangene verweigert die Vergebung. Das zweite Buch beschreibt Beiträge eines Symposiums, auf dem Simon Wiesenthal eine Reihe berühmter zeitgenössischer Intellektueller gebeten hat, das Verhalten des jüdischen Gefangenen moralisch zu bewerten. Darunter befanden sich Primo Levi, Gabriel Marcel, Herbert Marcuse, Cynthia Ozick, Luise Rinser, Leopold Senghor und Friedrich Torberg.

Nach der Lektüre des ersten Bandes bat ich die Studentinnen, einen eigenen Brief mit ihrer Reaktion auf das Verhalten des jüdischen Gefangenen zu verfassen. Wir haben dann diese Briefe anonym in ihrer ganzen Bandbreite anonym diskutiert. Reaktionen waren höchst unterschiedlich. Die überwiegende Mehrzahl der Studenten fand die Bitte des Soldaten unangemessen und meinte, der sterbende Gefangene sei gar nicht in der Lage, dem Soldaten im Namen anderer jüdischer Opfer zu vergeben. Einige Studenten reagierten mit großer Abneigung und fanden die Bitte des Soldaten sentimental und trivialisierend. Ein Student sagte, er fände die Bitte angesichts des Ausmaßes der Gräueltaten in den Konzentrationslagern geradezu obszön. Einige Studenten fanden, dass der Gefangene dem Soldaten hätte vergeben sollen weil man keinem Menschen verweigern solle, in Frieden zu sterben.

Danach haben wir die kulturellen und emotionalen Prämissen für einzelne exemplarische Reaktionen gemeinsam betrachtet, von denen die wichtigste für mich die folgende war: Wir verglichen die Reaktionen der deutschen Studenten mit den im Buch abgedruckten internationalen Reaktionen und fanden, dass die Anzahl der Reaktionen, die eine Vergebung unangemessen fanden bei den deutschen Studenten entschieden höher war als unter den internationalen Reaktionen. Dabei meinten die deutschen Studenten in vielen Fällen, dass eine Vergebung angesichts der ungeheuren Schuld, die die Deutschen auf sich geladen hatten, absolut unangemessen sei oder überhaupt nicht in Frage kommen könne. In diesem Zusammenhang diskutierten wir dann, dass Wiesenthal's Text für Deutsche aufgrund der Schuldfrage andere und zusätzliche Probleme aufweist als für eine internationale Leserschaft.

Danach habe ich relevante Reaktionen aus dem zweiten Band vorgestellt, die wir gemeinsam diskutierten. Das ermöglichte uns, die höchst unterschiedlichen Reaktionen aus den verschiedenen Kulturen, die Wiesenthal gesammelt hat, unter dem Aspekt ihrer interkulturellen Bedeutung zu betrachten. Durch die Reaktionen vorwiegend deutscher Studenten aus den 90iger Jahren konnten zusätzliche Generationendimensionen deutlich gemacht werden. Bei unserer Diskussion über die Schuldfrage zeigte sich ein entscheidender Generationsunterschied. Es waren drei Studentinnen in diesem Seminar, die aus einer älteren Generation stammten als die Übrigen. Sie waren zwischen 40 und 50 Jahren alt. Diese Frauen engagierten sich sehr bei der Diskussion um die Schuldfrage und fanden sie ganz zentral für ihre eigenen Reaktionen auf den Text. Bei den Jüngeren gab es mehrere, die sehr ungehalten auf die Schuldfrage reagierten und argumentierten, dass es an der Zeit sei, die jüngere Generation von der Schuldfrage zu entlasten. Es gab mehrere Studenten, die darauf hinwiesen, dass ihnen diese Frage zu oft in ihrer Gymnasialzeit „aufgezwungen" wurde und dass sie mit Abwehr reagieren, wenn Wiesenthal's Text aus dieser Perspektive diskutiert wird. Einige dieser Studenten waren auch eher bereit, eine Vergebung des Soldaten ins Auge zu fassen.

Während dieses Prozesses konnten sowohl die Übertragungen sichtbar werden, die unsere moralischen Bewertungen prägen, ebenso wie unsere Reaktionen auf kulturelle Differenzen.

Relevanz für psychosoziale Arbeitsfelder

Abschließend möchte ich einige Gedanken zur Rolle der Literatur in psychosozialen Arbeit in interkulturellen Feldern vorstellen. Literatur bietet sich in besonderer Weise für unterschiedliche Formen von Selbsterfahrungsgruppen an. Während meiner eigenen psychoanalytischen Ausbildung (in einem meiner früheren Leben!) habe ich in therapeutischen Sitzungen in psychiatrischen Kliniken mit literarischen Texten, darunter auch eigenen Texten meiner Patienten, gearbeitet. Auch wenn nicht direkt die interkulturelle Kommunikation im Vordergrund stand, war immer die Erfahrung von Andersheit und die Toleranz gegenüber Differenz zentrales Thema. Hilfreich war immer, wenn die Beteiligten ein anderes Ende oder eine andere Konfliktlösung für eine bestimmte Geschichte geschrieben haben. In gleicher Weise war auch die Darstellung einer Geschichte aus der Perspektive des kulturell anderen, des anderen Geschlechts, oder der anderen sexuellen Orientierung in Gruppenprozessen immer erhellend. Wenn Klienten gebeten werden, eigenen Reaktionen auf bestimmte Texte zu bewerten, wird deutlich, was sie erinnern und was sie vergessen. Künstlerischen Medien, wie Malerei, Musik, Theater und Film bieten die Möglichkeit, sich auf ganz unterschiedliche Weise auszudrücken. Sprache bietet sich meistens jedoch das beste Material für die Entfaltung und Durcharbeitung von Übertragungen bei interkulturellen Aspekten des Lebens. Texte haben gegenüber Theater und Film den Vorteil, dass man sie sich unmittelbar vor Augen halten und relevante Textstellen sofort gemeinsam heranziehen kann, um bestimmte Projektionen und Übertragungen aufzuzeigen.

Wie intensiv solche Prozesse wirken, zeigt sich an den sich oft explosionsartig entfaltenden Emotionen, aber auch den kreativen Leistungen von Gruppen und Individuen. Literatur berührt uns nicht nur im Kopf, sondern erfasst uns ganz, unsere Emotionen, unser Begehren, unsere Wünsche und Ängste. „Literatur lebt in dem, was sie kritisiert und versucht, bestimmte Antikörper zu isolieren." (SCHWAB, 1994, 1996) Eine Literaturtheorie, die den Prozess des Lesens als eine Form von Kulturkontakt versteht, schärft die Empfindsamkeit für solche Antikörper und erhöht die Abwehrkraft gegen destruktive Formen der Kulturberührung. Im besten Fall erhöht sie sogar die Fähigkeit für nicht-destruktive interkulturelle Kommunikation. Das radikalste Problem unseres ausgehenden, von Kriegen, Rassismus, Völkermord und nuklearer Zerstörung geprägten Jahrhunderts ist das „Überleben" geworden, zu dem wir – wie Gregory BATESON (1999) sagt, nicht nur eine Ökologie der Natur, sondern auch eine Ökologie des Geistes brauchen. Letztere muss den globalen Kulturbegegnungen, Migrationen, und Kulturvermischungen, die die heutige Welt kennzeichnen, Rechnung tragen können. Literatur, so meine ich, kann viel zu einer solchen „Ökologie des Geistes" beitragen, geht es ihr doch darum, der Erstarrung unserer Formen des Sprechens und Kommunizierens entgegenzuwirken. Deshalb brauchen wir als Kultur diese „Antikörper", die sich in dem in einer visuellen Kultur zunehmend marginalisierten Bereich des Lesens entwickeln können.

Kulturgebundene Syndrome
Ein hilfreiches Konzept für fremdkulturelle Krankheitsauffassungen?

VIOLA HÖRBST

*Der nächste notwendige Schritt (...) besteht in der Erweiterung der
Möglichkeit eines intelligenten Diskurses zwischen Menschen,
die voneinander in ihren Interessen und Ansichten, in Reichtum und Macht
ganz verschieden und doch in einer Welt beheimatet sind, in der es (...)
zunehmend schwieriger ist, sich aus dem Weg zu gehen.
(Clifford Geertz)*

Der Ausdruck *kulturgebundene* oder *kulturspezifische Syndrome* findet zwar in Tageszeitung und Medien nicht ganz so häufig Verwendung wie das Schlagwort Globalisierung, aber dennoch taucht er, besonders auch in Fachkreisen zur interkulturellen Pflege, Beratung, Therapie und Behandlung zunehmend häufiger auf. Im gleichen Atemzug mit *kulturgebundenen Syndromen* wird oft auch der Begriff *Aberglaube* verwendet. Woher kommt diese eigentümliche Nähe der zwei Begriffe? Um dieser Frage nachzugehen möchte ich mich zuerst dem Konzept *kulturgebundener Syndrome* zuwenden:

Die Frage, was der Begriff der *kulturgebundenen Syndrome* umfaßt, stellt sich dabei ganz zu Anfang. Zu den *kulturgebundenen Syndromen* können verschiedene in der Klinik bekannte Phänomene zählen, die im lockeren Umgangston „Mamma-Mia-Syndrom" genannt werden; sie spielen auf generalisiert zum Ausdruck kommende Schmerzen bei Patienten an. Ebenso können darunter Angaben zu Krankheitsursachen wie ein „gefallenes Herz" gerechnet werden. Aber auch uns ungeläufigere Zustände zählen zu den *kulturgebundenen Syndromen* wie bspw. *Susto*, ein mit Schreckerlebnissen und Seelenverlust in Verbindung gebrachtes Krankheitsbild aus Lateinamerika. Eine Zusammenstellung von über 400 Phänomenen aus aller Welt, die zu den *kulturgebundenen Syndromen* gerechnet werden, findet sich bei SIMONS & HUGHES (1985). Mit der Kategorie *kulturgebundene Syndrome* werden also uns fremd erscheinende Wahrnehmungen, Erklärungszusammenhänge und Ausdrucksformen von Schmerzen und Krankheiten umrissen. Verallgemeinernd könnte man auch sagen, fremde, unserem Verständnis und unseren Kategorien nur teilweise zugängliche Phänomene des medizinischen Bereichs stehen hinter diesen Zuschreibungen. Und dies ist schließlich auch der Ansatzpunkt für wissenschaftliche Forschungen und Auseinandersetzungen mit derartigen Phänomenen.

Die Thematik der *kulturgebundenen Syndrome* blickt zurück auf eine relativ lange wissenschaftliche Geschichte. So wurden bereits in Reiseberichten des vorletzten Jahrhunderts von andersartigen Krankheitsbildern und Krankheitsauffassungen berichtet. Beschrieben wurden sie von den damaligen Autoren als „seltsam" erscheinende Vorstellungen und Verhaltensweisen. Im Laufe der Zeit haben sich verschiedene Disziplinen

(Psychiatrie, Sozialpsychologie, Ethnologie) mit diesem Bereich beschäftigt und unterschiedliche Definitionen und Anschauungen dazu entwickelt. Anhand der geläufigsten psychiatrischen Auffassung hierzu möchte ich die Problematik der Phänomene und ihrer Einordnung darstellen.

Basierend auf der Definition von Pow-Meng YAP Ende der 50er Jahre (YAP 1969) werden die darin vertretenen grundsätzlichen Ansichten auch heute noch, also gut 30 Jahre später fortgeschrieben. So findet sich bei einem von MACHLEIDT 1997 veröffentlichten Artikel bspw. folgende Definition:

„Die kulturgebundenen Syndrome sind psychische Störungen, die einem besonders starken kulturellen Einfluß unterliegen, aber nicht prinzipiell in ihrem biopsychosozialen Ursprung von den klassischen Störungsbildern verschieden sind. Affektivität, Kognition und Verhalten weisen spezifische kulturell geprägte Ausdrucksvarianten auf. Im Gegensatz zu den in den westlichen Kulturen bekannten Störungsbildern ist bei den kulturabhängigen Syndromen eine Klassifikation nach den gängigen Systematiken noch nicht oder nur unzureichend gelungen." (MACHLEIDT, 1997).

Anders ausgedrückt heißt dies, dass bei *kulturgebundenen Syndromen* Verhalten, Gefühle und gedankliche Verarbeitung zwar andere Ausdrucksformen aufweisen, aber auf gleiche Entstehungsgeschichten von Krankheiten zurückzuführen sind. Kulturgebundenheit wird demnach nicht als grundsätzlich wirksamer Faktor gewertet, sondern nur auf der Ebene der Ausdrucksformen von Symptomen. Diese werden wiederum gleichzeitig als Folgen universeller, in ihrer Essenz gleichbleibender Krankheitsbilder aufgefaßt. Der Hintergrund mittels dessen die Phänomene und ihre Erklärungen betrachtet und eingeordnet werden, ist schließlich die westlich-wissenschaftliche Vorstellung der Krankheiten und ihr Kategoriensystem, die naturwissenschaftliche Medizin.

Dies klingt zwar auf den ersten Blick plausibel und einleuchtend, schaut man genauer hin, ergeben sich vor allen Dingen drei Fragen:
- Was ist überhaupt unter *Kultur*, dem zentralen Bergriff der Definition *kulturgebundener Syndrome* zu verstehen?
- Wie wird dieser Begriff *Kultur* verwendet? Und:
- Welche Haltung steht hinter der Einschätzung eines Symptomenkomplexes als *kulturgebundenes Syndrom*?

Was ist unter Kultur zu verstehen?

Als Ethnologin gehöre ich der wissenschaftlichen Disziplin an, für die – wie in keiner anderen Disziplin – seit Generationen Kultur die Schlüsselkategorie ihres wissenschaftlichen Arbeitens darstellt. Ethnologen forschen nicht nur über Kulturen sondern Kultur ist, so könnte man sagen, der methodische Oberbegriff der Ethnologie, um menschliche Existenz in ihrer Vielfalt zu untersuchen. Daher bedient sich die Ethnologie eines weitreichenden Kulturbegriffes: In der interpretativen Richtung ist ihr Ausgangspunkt, dass es keine Phänomene an sich in der Welt gibt, sondern diese ihre Realität erst über Bedeutungszuweisungen erhalten. Interpretierend erschaffen sich die Menschen also bedeutungsvolle Welten und zwar im ständigen Handlungs- und Kommunikationskontext. Vor diesem Hintergrund kann Kultur gesehen werden als ein ineinandergreifendes System auslegbarer Zeichen, ein historisch überliefertes Netz von Bedeutungen, mit dessen Hilfe die Menschen ihr Wissen vom Leben und ihre Einstellungen zum Leben erhalten, mitteilen und weiterentwickeln (GEERTZ, 1987). In diesem interpretativen Sinne verstanden umfaßt Kultur neben direkt wahrnehmbarem Verhalten auch Vorstellungen, Werte und Weltbilder, die nicht unmittelbar aus dem Verhalten heraus erkennbar und ableitbar sind. Dabei ist Kultur nicht als statisches Konstrukt zu verstehen, sondern als dynamisches Geflecht (siehe Beitrag von HÖRBST & LENK-NEUMANN).

In diesem Verständnis von Kultur wird die Körperlichkeit des Menschen zwar als universell bestätigt, Kultur als Wirkungsfaktor wird aber nicht als der Biologie aufgesetztes Phänomen begriffen. Vielmehr stehen beide Bereiche, Kultur und universelle Biologie des Menschen, in wechselseitiger Abhängigkeit. Bereits Wahrnehmung und Erfahrung des Körpers, aber auch Bewertung körperlicher Äußerungen sind als komplexe Zeichen zu verstehen, die prinzipiell kulturellen Einflüssen unterliegen. Sie verweisen auf weitere kulturelle Ebenen wie Religion, Kosmologie, Normen, soziale Organisationsformen, Werte etc. und verweben sie zu einem dynamischen Wechselspiel. Dabei sind einzelne Zeichen in diesem Gefüge von Bedeutungen nicht herausgelöst nachvollziehbar, sondern nur in ihrem Kontext, d.h. in ihrem Bezug zum sozio-kulturellen Bedeutungsgefüge (HÖRBST, 2001). So sind mit dem Phänomen von Wohlergehen und Mißbefinden zwar alle Gesellschaften und Kulturen konfrontiert, aber nicht alle ordnen diese Phänomene gleichartig ein und erleben sie in gleichartiger Weise (siehe Beitrag von HÖRBST & LENK-NEUMANN).

Was vermittelt die psychiatrische Auffassung der kulturgebundenen Syndrome und welche Haltungen stecken dahinter?

Ausgehend von der eingangs genannten Definition fällt hier zunächst die Bezugnahme dieser Begrifflichkeit auf Phänomene in nichtwestlichen Kulturen und eine Psychologisierung der Betroffenen auf: Somatische Erkrankungen werden vernachlässigt oder verschwinden schließlich ganz aus dem Repertoire der *kulturellen Syndrome*, dafür erfolgt eine Betonung der psychischen Symptomatik. In der Fremde, nicht aber in der eigenen Gesellschaft wird nach kulturell bedingten Erscheinungen gesucht. Diese werden dort, also in der Fremde, in der Ferne oder „in" fremdkulturellen Menschen hierzulande vorgefunden, und fremde, nicht vertraute Krankheitsbilder werden zu kulturell bedingten Sonderformen erklärt. In der Vielfalt der Erscheinungen wird also nach kulturübergreifenden Ähnlichkeiten psychiatrisch festgelegter Krankheitsmodelle gesucht. Tiefgreifenden kulturellen Hintergründen wird in der zitierten psychiatrischen Auffassung von der Kulturgebundenheit und ihrer Wirkungsweise nicht Rechnung getragen. Der fremdkulturelle Kontext, bestehend aus komplexen Wert- und Glaubensgefügen, sozialen Normen und daraus entstehenden Bewertungen und Ausdrucksformen von Erkrankungen werden aber letztlich in ihrer Komplexität ausgeblendet. Wirkung wird ihnen ausschließlich in bezug auf die Ausdrucksweisen zugestanden. Kultur wird lediglich als wirksamer Einflussfaktor auf der Ebene der Ausdrucksformen von Symptomen akzeptiert. Kulturelle Einflüsse werden somit verkürzt als der universellen Physiologie aufgesetzte Phänomene verstanden. Nach dem Motto: Zuerst kommt die biologische Grundlage, dann wird sie von Kultur überformt. Kulturelle Einflüsse auf Krankheiten werden als Beiwerk und nicht als sie bereits strukturierende Elemente erkannt. Als Sonderform euro-amerikanischer Krankheitsbilder wird so die Symptomatik aus dem fremdkulturellen Kontext isoliert, nach euro-amerikanischen Mustern und Vorstellungen interpretiert und schließlich eingeordnet. An den zum Prinzip erhobenen Ausdrucksweisen west-europäischer Erscheinungsformen werden dann Unterschiede und Abweichungen „gemessen".

Wessen Kriterien werden hier benützt, um Verhaltensabweichungen einzuordnen?

Eine Einordnung von „anormalem" oder krankhaftem Verhalten geschieht grundsätzlich immer in Abgrenzung zu normalem Verhalten. „Normales" Verhalten wiederum ist stets mit kulturellen Wertvorstellungen, Bedeutungszuschreibungen und auch mit gesellschaftlichen Konventionen verflochten. Zustände und Ausdrucksweisen, die nach westlichen Beurteilungsgrößen als pathologisch eingestuft werden, können in anderen Kulturen tradierte und hoch angesehene Verhaltensmuster darstellen, wie beispielsweise Besessenheit (KARP, 1985; LITTLEWOOD & LIPSEDGE, 1997). Dies trifft nicht nur auf individueller oder gesellschaftlicher, sondern auch auf wissenschaftlicher Ebene zu. So verwirft der Psychiater Ari KIEV (1972) indigene Vorstellungen als *"superstitious believes"*, also als Aberglaube. Und hiermit sind wir bereits bei der eingangs gestellten Frage zur Nähe *kulturgebundener Syndrome* und der Beurteilung fremdkultureller Hintergründe als *Aberglaube* angekommen.

Glaube und Aberglaube – richtiges und falsches Wissen?

Woher kommt die Unterscheidung zwischen Glaube und Aberglaube, wie wir sie in einigen Schriftreligionen wie Christentum oder Islam kennen? Zur Klärung hilft uns hier ein kleiner Ausflug in die Welt der Theologiegeschichte, denn letztlich ist Aberglaube auf den Absolutheitsanspruch eines Glaubens zurückzuführen. So lesen wir bei Axel MICHAELS (1997) in „Klassiker der Religionswissenschaft": *„Doch wo eine Religion sich absolut setzt, sich – wie in der Spätantike – als vera religio (...) ab- und an die Spitze setzt, muß sie fast zwangsläufig ein Gegenüber konstruieren, eine falsa religio."*
  Die *falsa religio*, falscher Glaube also oder anders ausgedrückt Aberglaube, verweist auf das, was nicht Eingang in den Kanon des „einzig wahren" Glaubens finden durfte.

Magie, Geisterglaube, Polytheismus, Ritualismus und Mystizismus werden unter diesem Diktum als Vorstufen des Monotheismus betrachtet und somit als minderwertig angesehen. Allerdings haben sie sich häufig – auch hierzulande – auf versteckten Wegen weiter tradiert, wie der Blick in esoterische Buchhandlungen oder Messen offenkundig werden läßt. Der Grundsatz zwischen richtigem und falschem Glauben weitete sich im Verlauf der Jahrhunderte schnell auf richtige und falsche Lebensweisen aus, welche wiederum Eingang in unsere Beurteilung von „normalem" und „anormalem" Verhalten fanden. Diese Aufteilung zwischen vermeintlich falschem und richtigem Glauben ist leicht auf den Bereich des Wissens zu übertragen. Auch viele Wissenschaftszweige, darunter die Medizin, unterliegen dem Anspruch universeller Richtigkeit und Gültigkeit. Außerhalb wissenschaftlicher Regeln stehende Wissenssysteme oder Wirklichkeitsmodelle werden als Glaubenssache dargestellt, obwohl sie häufig nur einer anderen internen Logik bezüglich Erkrankung oder Unglück folgen.

Um dies zu veranschaulichen, bietet sich hier ein kleiner Ausflug in die Welt ethnographischer Forschungen an. Lassen wir hier Edward EVANS-PRITCHARD (1988), einen der ethnologischen Klassiker, zu Wort kommen, da er die vorher genannte Tatsache an einer Begebenheit bei den Zande (Afrika) eindringlich darstellte: Im Zandeland stürzen häufig Getreidespeicher ein, was keine weiter bemerkenswerte Tatsache darstellt. Nun ist aber der Kornspeicher zugleich das „Sommerhaus" eines Zande-Gehöfts unter dem die Menschen während der Mittagshitze gerne Platz nehmen, um plaudernd und arbeitend seinen Schatten zu genießen. So kann es leicht passieren, dass Menschen verletzt werden, wenn der massive Speicher einstürzt:

„Dass er einstürzen mußte, ist leicht verständlich. Aber warum mußte er gerade in dem Moment, als ausgerechnet diese Leute darunter saßen, einstürzen? Er hätte schon seit Jahren einstürzen können, warum also tat er es gerade dann, als bestimmte Leute seinen behaglichen Schutz suchten?"

So beschreibt Evans-Pritchard eine der Fragen, welche die Zande beschäftigt, um im folgenden aufzuzeigen, welche unterschiedlichen Wege deren Beantwortung folgt:

„Wir [Europäer] sagen, dass der Speicher einstürzte, weil seine Stützen von Termiten weggefressen wurden: das ist die Ursache, die den Einsturz des Speichers erklärt. Wir sagen auch, dass Leute gerade darunter saßen, weil es die heißeste Zeit des Tages war und sie dachten, dass es ein bequemer Ort zum Reden und Arbeiten sein würde: das ist die Ursache dafür, dass zum Zeitpunkt seines Einsturzes Leute unter dem Speicher waren. Für uns besteht der einzige Zusammenhang zwischen diesen beiden unabhängig voneinander verursachten Sachverhalten in der Koinzidenz von Zeit und Ort. Wir [Europäer] haben keine Erklärung dafür, warum die beiden Kausalketten sich zu einem bestimmten Zeitpunkt und an einem bestimmten Ort überschnitten, da es keine Interdependenz zwischen ihnen gibt. Die Philosophie der Zande kann dazu das fehlende Glied liefern. Ein Zande weiß, dass die Stützen von Termiten unterhöhlt waren und dass Leute unter dem Speicher saßen, um der Hitze und dem gleißenden Sonnenlicht zu entgehen. Aber er weiß außerdem, warum diese beiden Ereignisse zur genau gleichen Zeit am gleichen Ort eintraten. Es war eine Folge der Wirkung von Hexerei. Hätte es keine Hexerei gegeben, hätten die Leute unter dem Speicher gesessen, ohne dass er auf sie gefallen wäre; oder er wäre eingestürzt, ohne dass sich jemand zu diesem Zeitpunkt darunter befunden hätte. Hexerei erklärt die Koinzidenz dieser beiden Ereignisse." (EVANS-PRITCHARD, 1988)

Ähnliche Wege der Logik können auch auf Krankheitsauffassungen und ihre Erklärungen übertragen werden. Aus anderen Fragestellungen heraus werden Ursachenerklärungen in anderer Art und Weise als wir dies kennen kombiniert. Symptome werden mit anderen Bedeutungen belegt und zusätzlich mit Ebenen verbunden, die für uns keine Gültigkeit im Hinblick auf Erkrankungen und Krankheitsbilder besitzen.

Wonach wird kulturgebundenes von kulturfreiem Wissen unterschieden?

Im Gegensatz zu dem, was der Begriff *kulturgebundene Syndrome* eigentlich suggeriert, nämlich die tiefgreifende Einbindung von Krankheiten in kulturelle Wahrnehmungs- und Erklärungsmuster, werden gerade diese fremdkulturellen Wirklichkeiten nicht ernsthaft betrachtet und akzeptiert, sondern häufig geringschätzig als reine Glaubenssache beurteilt (YAP, 1969; KIEV, 1972). Hierin versteckt sich – zusammen mit dem Absolutheitsanspruch unserer Wissenschaft – die Vorstellung, dass die anderen, die Fremden vermeintlich „nur glauben", während wir vermeintlich zu „wissen glauben" (GOOD, 1994). Gleichzeitig suggeriert die Einführung *kulturgebundener Syndrome* für eine Reihe von Krankheitsgeschehnissen und ihren Erklärungen die Vorstellung, dass es Krankheitskonzeptionen gäbe, die nicht kulturgebunden, sondern deren Gegenteil sind: kulturfrei (HAHN, 1985). Als kulturfreie Krankheitskonzeptionen werden selbstverständlich die wissenschaftlichen Vorstellungen und ihre Theorien gedacht. Sie werden zu allgemein gültigen und angeblich objektiven Erklärungsmustern erhoben, obwohl sie unseren spezifischen Fragestellungen folgen, andere aber außer Acht gelassen. Hingegen erscheinen die westlichem Denken fremden Krankheitsauffassungen, wie beispielsweise „ein gefallener Bauch" zusammen mit dahinterstehenden Wertvorstellungen als kulturgebunden und nicht universell anwendbar. Fremde Konzeptionen zu Erkrankungen können damit der wissenschaftlichen Pathologie untergeordnet werden. Insgesamt erscheinen traditionelle Medizinsysteme und das biomedizinische System als grundlegende Gegensätze: Kultur als Einflußgröße wird wirksam in den alleinigen Bereich der „traditionellen Medizinsysteme" verdrängt, während wissenschaftliche Krankheitskonstruktionen mit ihren spezifischen Verknüpfungsweisen als angeblich „kulturfreie Wissensgebäude" den Vergleichshintergrund bilden.

Dahinter verbirgt sich eine positivistische Auffassung der Wirklichkeit. Vergessen wird dabei, dass auch Wissenschaft kein Abbild der Wahrheit und Wirklichkeit bieten kann, sondern grundsätzlich nur Erklärungs- und Interpretationsmodelle von und für die Wirklichkeit bereitstellt. Dies trifft bei aller Effizienz auch auf medizinische Modelle zu, welche sich innerhalb des euro-amerikanischen kulturellen Kontextes heraus entwickelt haben. Sie stehen letztlich in direktem Bezug mit westlichen Wertvorstellungen und Konzepten, wie FABREGA (1992) sehr gut darstellt: Der kulturelle Bezugsrahmen, auf

den das wissenschaftliche Verständnis von Krankheiten zurückgreift, setzt sich aus verschiedenen Ebenen der euro-amerikanischen Gesellschaften zusammen. Sie können in drei Diskurse unterteilt werden:
- den symbolischen Diskurs: darunter werden einerseits allgemeine Auffassungen zu Gesundheit, Mißbefinden und medizinischer Versorgung, andererseits Konzeptionen zu Persönlichkeit, sozialer Identität und sozialen Abweichungen verstanden;
- den historischen, politischen und soziologischen Diskurs, der Einfluß auf die medizinische Wissens- und Betreuungskonstruktion hat, wie in der momentanen Umbauphase des Gesundheitsbereiches gut nachvollziehbar wird, und
- den fachlichen Diskurs innerhalb der Medizin, in dem es um neue Erkenntnisse, beispielsweise der Genetik oder neurophysiologischer Zusammenhänge geht.

Alle drei Bereiche sind ineinander verschränkt, beeinflussen und ergänzen sich auch gegenseitig, woraus Fabrega letztlich folgert:

„Die kulturellen, symbolischen, historischen, soziologischen und biomedizinischen Entwicklungen, welche hier aufgezählt wurden, erklären die Art und Weise wie psychiatrische Krankheitskategorien heutzutage verstanden, benützt und angewendet werden. In diesem Sinne ist ihre Bedeutung essentiell westeuropäisch." (FABREGA, 1992).

Anders ausgedrückt heißt dies: ebenfalls kulturgebunden. Ungeachtet dieser Tatsache, werden seitens der wissenschaftlichen Medizin hergestellte Zusammenhänge von Ursachen und Verhaltensstrukturen als Vergleichsmaßstab auf fremdkulturelle Zusammenhänge angewendet. Dies drückt nicht nur den Absolutheitsanspruch aus, sondern kommt – überspitzt gesagt – einem kräftig hinkenden Vergleich zwischen Äpfeln und Birnen nahe. So kann es passieren, dass bestimmte Phänomene in anderen Kulturen und Gesellschaften nicht einmal als behandlungsbedürftig erscheinen, vom psychiatrisch-medizinischen Ansatz her aber als ernsthafte Krankheit gewertet werden und umgekehrt (HÖRBST, 1996).

Welche Konsequenzen ziehen diese Überlegungen nach sich?

Zusammenfassend könnte man sagen, dass die gängige psychiatrische Auffassung zur Thematik der sogenannten *kulturgebundenen Syndrome* letztlich in den Mittelpunkt rückt, was wir – und nicht die anderen – nach unseren gesellschaftlichen und wissenschaftlichen Bezügen als Wirklichkeit von Gesundheit und Krankheit begreifen.

Damit steht das Modell der *kulturgebundenen Syndrome* seinem eigentlichen Ziel im Wege, ein größeres Verständnis für andersartige Verständnisformen von Erkrankungen zu entwickeln, einschließlich anderer Erklärungszusammenhänge und Umgangsweisen damit. Vergleichsgrundlage sind zwar immer wissenschaftliche Krankheitskonfigurationen, allerdings wird deren kulturell bedingter Referenzrahmen bereits mitgeliefert. Fremdkulturelle Erklärungszusammenhänge, die Aufschluß über Körperwahrnehmung,

Bewertung von Symptomen, Krankheitsauffassungen und ihren Ausdruckskomponenten sowie Heilungserwartungen geben könnten, werden mehr oder minder außen vorgelassen oder als bloße Glaubenssache oder abergläubische Einstellungen mißachtet. Das Modell der *kulturgebundenen Syndrome* unterteilt in kulturfreie Syndrome hier und kulturgebundene Syndrome dort, obwohl für alle Krankheitsphänomene und ihre Erfassungsmodelle – auch unsere eigenen – eine grundsätzlich kulturelle Verbundenheit zu unterlegen ist.

Diese Haltung und Einschätzung mag im Licht des Behandlungsauftrags von Medizin und Psychiatrie zwar verständlich sein, bringt gegenüber fremdkulturellen Einstellungen und Ausdrucksweisen aber nicht weiter. Sie erzeugt kein größeres Verständnis, sondern erstickt eine mögliche Bereitschaft, anderes als gleichwertig zu akzeptieren, schon im Vorfeld.

Was tun im alltäglichen Umgang mit Fremdartigem?

Soll weiterhin die hierarchisch und wertgebundene Vorstellung der *kulturgebundenen Syndrome* bemüht werden, auch wenn fremdkulturelle Dimensionen der Erklärung ausgeschlossen bleiben?

Um diese Problematik aufzulösen, gibt es kein Patentrezept, da konkurrierende Wirklichkeitsauffassungen zu Tage treten. Und gerade im Gesundheits- und Krankheitsbereich sind sie für alle Beteiligten, ob Behandler oder Patient, von essentieller und existentieller Qualität. Hier sei nochmals daran erinnert, dass auch die wissenschaftliche Art und Weise Wirklichkeit zu erfassen und zu schaffen nur eine unter vielen Möglichkeiten darstellt, die Welt zu interpretieren. Sie ist keine Abbildung der Realität, sondern ein Modell von und für den Umgang mit dieser Welt (SCHÜTZ, 1927; MERLAU-PONTY, 1966; BERGER & LUCKMANN, 1969). Dies trifft auch auf Krankheitsauffassungen zu (vgl. KLEINMAN, 1987; GOOD, 1994).

Die Symptome eines fremdkulturellen Patienten, der diese beispielsweise mit *Susto* in Zusammenhang bringt, können von der Biomedizin, im Sinne ihres Krankheitsverständnisses weiterhin als depressive Reaktionen auf Angstzustände diagnostiziert und mit Antidepressiva therapiert werden. Man kann sogar annehmen, dass die Symptome der Depression auf die Medikamente reagieren, sich verbessern oder verschwinden – nach biomedizinischen Maßstäben. Für den Patienten jedoch muß diese eindeutige Besserung nach biomedizinischem Modell nicht unbedingt ausschlaggebender Maßstab einer Heilung sein. Denn der *Susto*-Patient muß sich selbst nicht als leidend an „realen" Depressionen nach westlichem Koordinatensystem sehen, von deren Ursachen und Symptomen er per Anti-Depressiva geheilt wird. Er kann sich selbst einordnen als an einer – genauso „realen"- *Susto*-Manifestation leidend, von Erschrecken und damit eventuell einhergehendem Seelenverlust ausgelöst. Vielleicht überlappen sich nun einige Symptome und Erklärungen mit unseren Krankheitsvorstellungen von Depression, aber mit anderen eben nicht. Dieser Patient stellt vielleicht sogar seine Symptome in andere Zusammenhänge, die mit unseren Krankheitsvorstellungen nur mehr wenig gemein haben (HÖRBST, 1997).

Von der Illusion, es gäbe eine 1:1 Übersetzung fremdkultureller Auffassungen und Realitätsbezüge in unsere Einordnungsschemata, müssen wir uns also verabschieden. Je komplexer die Gegebenheiten sind, desto komplexer sollten die Modellvorstellungen sein, die wir uns davon machen.

Weiterhelfen kann uns auch im hektischen Arbeitsalltag eine kulturelle Sensibilität für Eigenes und Fremdes. Ein erster Beitrag hierzu mag sein, Unterschiede in Wahrnehmung, Ausdruck, Erklärung und Verstehen von Krankheit anzuerkennen als das, was sie zunächst sind: verschiedene Blickwinkel darauf. Das bedeutet aber ein Infragestellen der eigenen Weltsicht, und damit verbunden eine Relativierung der eigenen Zuordnungsschemata – vor allem als einzig gültiger Maßstab. Es beinhaltet gleichzeitig die viel bemühten Worte der Akzeptanz und Toleranz. Und es umfaßt auch unterschiedliche Ausdrucksformen als gleichwertige Variationen menschlicher Reaktion anzunehmen, sie nicht in wertende Hierarchieordnungen zu pressen wie Aberglaube versus Wissen, kulturfreie versus kulturgebundene Erscheinungen.

Realistisch betrachtet ist es für die meisten Praktiker zwar noch im Bereich des Möglichen, sich über Hintergründe einer Kultur zu informieren, wird aber schon extrem zeitaufwendig, wenn Patienten aus mehreren unterschiedlichen Herkunftskulturen kommen. So wäre ein nächster Schritt, trotz der knapp bemessenen Zeit, für Erklärungen der Patienten selbst offen zu sein, auch wenn sie zunächst noch so merkwürdig erscheinen mögen. Sie sollten direkt erfragt werden. Denn die Geschichten der Patienten, mit denen sie sich und ihren Nächsten Erkrankungen erklären, stehen als zentrale Informationsquellen über ein spezifisches Krankheitsverständnis zur Verfügung. Durch gezieltes Nachfragen und Zuhören kann hier deutlich werden, welche Elemente in diesem speziellen Fall für den Patienten vorrangig sind (FLUBACHER, 1999). Werte drücken sich häufig in sprachlichen Bildern aus, die erfragt und von den Patienten selbst erklärt werden können. Kulturelle Unterschiede werden oft gerade in diesen Umschreibungen erfahrbar. Allein das Ernstnehmen des Verständnisses von Patienten bezüglich ihrer Einschätzung trägt zu höherem Vertrauen und zu einem größeren Verständnis bei, dass beiden – Professionellen und Patienten – letztlich zugute kommt, im Hinblick auf eine effiziente Kooperation zwischen beiden.

Je krasser die Unterschiede, desto schneller sind sie wahrzunehmen, wie das Beispiel des *Susto*-Patienten veranschaulicht. Um sich vor der eigenen Stereotypisierung zu schützen, sollte jedoch nachgefragt werden, was vom jeweiligen Patienten bezüglich der von ihm gebrauchten Wortbilder und Krankheitsauffassungen genau verstanden wird, da diese individuell hoch variabel sein können. Ebenso wird nicht jede Patientin der gleichen Herkunftskultur für bspw. ähnlich gelagerte Oberbauchbeschwerden ein „gesunkenes Herz" als ihr Krankheitsverständnis angeben. Und selbst wenn, müssen damit nicht die gleichen Empfindungen und Beweggründe in Verbindung stehen. Die Erklärungsmodelle aller Patienten schöpfen aus vielerlei Ebenen des Wissens, aber auch kulturell unterschiedlichen Bereichen, und gerade Migranten stehen hierzu vielfältige kulturell unterschiedlichste „Traditionen" zur Verfügung.

Abenteuerlust ist gefragt!
Haltungen für die interkulturelle Arbeit

GÜLDANE ATIK-YILDIZGÖRDÜ

Wer die Reise in die Landschaft der Leidenschaften nicht mitmachen möchte,
sollte nicht dazu gezwungen werden.
Wir sagten: Wer das Leben verstehen will, muss sich am Leben beteiligen.
Wir sagen aber auch: Wer sich am Leben beteiligen will, muss es verstehen.
(V. v. Weizsäcker)

Gedanken vor der Reise

Dieser Beitrag möchte zu einer Haltung ermutigen, welche eine Voraussetzung für jeden darstellt, der sich mit der transkulturellen Beratung auseinander setzen möchte. Ich möchte dies hier anhand meiner eigenen Erfahrungen beim Aufbau des *Beratungszentrums für ausländische Familien* in Frankfurt am Main beschreiben, das ich 1986 mit aufgebaut, und in dem ich bis zu seiner Auflösung im Jahre 1998 als Diplompsychologin gearbeitet habe. Die Erkenntnisse erheben nicht den Anspruch der Wissenschaftlichkeit, sind vielmehr auf der Grundlage der persönlichen Erfahrungen in der Begegnung der Kulturen entstanden.

Voraussetzung für transkulturelle Beratung ist Begegnung. Transkulturelle Begegnung gelingt am besten wenn Neugier, Empathie und Aufgeschlossenheit für Fremdes, für Andersartiges aufgebracht werden kann. Das Verstehen und Erfühlen des anderen erfordert Neugier, Interesse, Geduld Aufgeschlossenheit und Toleranz. Die Begegnung zum Fremden fordert dem Reisenden Ehrlichkeit und Aufgeschlossenheit zu sich und zum anderen ab. Selbstsicherheit und Souveränität sind Voraussetzung um das Fremde als solches zu akzeptieren und fremd sein zu lassen sowie sich einzugestehen, dass persönlichem Verstehen und Integrationswünschen Grenzen gesetzt sind. Eine fortwährende Spannung zwischen dem Selbst und den Anderen ist charakteristisch für die bikulturelle bzw. transkulturelle Begegnung. Dies gilt es positiv zu deuten und auszuhalten und sich zu bemühen, Vorurteile und Klischee nach Möglichkeit nicht in die Beziehungsdeutung einfließen zu lassen. Die Neigung der Beteiligten, unterschiedliche Normierungen des Handelns als konflikthaft zu erleben und der jeweiligen kulturellen Herkunft zuzuschreiben, gehört zu den leider nicht seltenen Begleiterscheinungen transkultureller Begegnung und kann die Kommunikation gefährden.

Die persönlichen Unterschiede, die biologisch, soziokulturell und fachlich geprägt sind, als solche wahr nehmen zu können, und sie nicht voreilig nationalen Kategorien zuzuschreiben, erweist sich in der Annäherung der Kulturen als aufregend und produktiv.

Bei so einer gemeinsamen Suche kann es passieren, dass wir statt auf kulturell geprägte Unterschiede auf Interessengegensätze von Handlungsfeldern stoßen können, die im Zuge einer professionellen Konkurrenz entstanden sind. Es ist aber auch verständlich, dass es sich professioneller anhört, wenn Fachleute untereinander von unüberwindbaren soziokulturellen Divergenzen statt von ganz banalen Konkurrenzen und Machtverlustängsten sprechen. Leider wird teilweise bis heute noch so argumentiert! Wer freiwillig die Bereitschaft zeigt, sich und den anderen in seiner Einzigartigkeit und seiner Integrität in gesamtgesellschaftlichen Zusammenhängen aufzuspüren, wahrzunehmen und zu akzeptieren, wird mit dem Einlass in neue Welten belohnt. Das Abenteuer kann beginnen!

Aufbau eines interkulturellen Dienstes

Meine Abenteuerreise begann im Jahr 1986.

Am Anfang stand der Aufbau einer psychosozialen Beratungsstelle mit einem bikulturell geprägten Team. Das *Beratungszentrum für ausländische Familien* war eine Einrichtung des Evangelischen Regionalverbands Frankfurt am Main. Auf der Suche nach neuen ökomenischen und zeitgemässen Aufgaben und aufgrund langjähriger Migrationserfahrungen und den daraus resultierenden Erkenntnissen drängte sich Mitte der 80'er Jahre der Aufbau einer psychosozialen Einrichtung mit einem multikulturellen Team für nichtdeutsche Klienten auf. In kirchlicher und städtischer Kooperation konnte das dafür notwendige Geld aufgebracht werden. Ein bikulturelles Team, bestehend aus einer türkischen Psychologin und einem türkischen Sozialarbeiter, einer deutschen Pädagogin sowie einer deutschen Einrichtungsleiterin und Verwaltungsangestellten und türkischen, bosnischen und deutschen Honorarkräften, wollte zusammenarbeiten und kulturübergreifende Erfahrungen machen.

Zu unseren Aufgabenbereichen gehörten die psychosoziale Beratung und Psychotherapie für Familien und Einzelpersonen nicht-deutscher Herkunft; Spieltherapien für Kinder, Beratung von Eltern und Jugendlichen, Gruppenangebote für Erwachsene und Kinder, Supervision für homogene und interkulturelle Teams mit ausländischem Klientel, Vermittlung von interkultureller Kompetenz, sowie die Unterstützung von Ämtern und anderen Einrichtungen im Umgang mit ausländischen Klienten. Bedingt durch die bikulturelle Zusammensetzung des Teams stammten etwa 70% der Ratsuchenden aus der Türkei. (TREPPTE,1996). Das Ziel war, MigrantInnen in ihrem Gesundheitsbestreben zu unterstützen und in ihrer Krankheit zu verstehen.

Aufgrund meiner bikulturell geprägten persönlichen Erfahrungen, bin ich in der Begegnung zu Klienten von einem ganzheitlichen Gesundheitsverständnis ausgegangen. Das umfasst die gesamte Lebensfähigkeit eines Individuums, die in sich die Beziehungs- und Liebesfähigkeit, Arbeits- und Genussfähigkeit, Nähe- und Distanzfähigkeit sowie Glaubensfähigkeit enthält.

Gesundheit versus Krankheit entsteht auf der Grundlage dieser Lebenskompetenzen, die jede für sich kulturell geprägt sind. Die interdisziplinäre und bikulturelle Begleitung bzw. Beratung und Behandlung sollte die Betroffenen auf ihrer Suche nach neuen Bewältigungsmöglichkeiten stärken und sie darin unterstützen, alte Ressourcen zu erkennen und aufleben zu lassen. Prägend waren für mich die Worte von v. WEIZSÄCKER (1987) „... *Gesundheit hat mit Liebe, Freundschaft, Werk und Gemeinschaft ... zu tun.*"

Es ging in der Arbeit darum, durch das Erkennen der Sinnhaftigkeit der jeweiligen Lebenskrise, nach neuen Wegen zu suchen, um daraus neue Kräfte schöpfen zu lernen. Wie Nietzsche sagt „Es kommt auf dein Ziel, deinen Horizont, deine Kräfte, deine Antriebe, deine Irrtümer und namentlich auf die Ideale und Phantasien dieser Seele an, um zu bestimmen, was selbst für deinen Leib Gesundheit zu bedeuten habe. Es gibt unzählige Gesundheiten des Lebens" (NIETZSCHE, 1990). Für eine positive transkulturelle Begegnung musste gelernt werden, die Fähigkeiten und das Bewusstsein des anderen wertzuschätzen. Dieses Bewusstsein wächst auf der Grundlage einer persönlichen Vergangenheit, Gegenwart und Zukunftsvision. Der Aufbau einer vertrauensvollen Beziehung eröffnet auch für Andere den Zugang zur persönlichen Vergangenheit.

In der Gegenwart begegneten wir uns, sie musste hier und heute gelebt werden. Hier entfalteten sich die kulturübergreifenden bunten Handlungsmöglichkeiten, die auf der Grundlage von persönlichen Erfahrungen entstanden sind und im Diskurs miteinander den Morgen und die Zukunft mitgestalten sollten. Die Zukunft – das Unbekannte, das Ungewisse – galt es zu erforschen. Die Vielfalt von Glaubenssätzen und Einstellungen im Austausch und in Kritik, rief Ängste, Aggressionen und Unsicherheitsgefühle hervor. Sie gab aber auch die Chance, durch das Kennenlernen neuer Welten über die bisherigen Grenzen hinauszuwachsen und zu reifen.

Es wurde viel diskutiert; Positionen mussten ausgehandelt, Vorgehensweisen und Umgangsformen fast bei jeder Situation neu abgestimmt, Rollen und Wirkungsbereiche umverteilt und eingefunden werden. Es fehlte nicht an möglichen Reibungspunkten und Missverständnissen. Es gab permanent Anlässe, sich selbst in Frage zu stellen, aber auch Gründe, andere komisch zu finden, weil sie Türken, Deutsche oder Marokkaner sind, Männer oder Frauen, alt oder jung, blond oder brünett, Profis oder Laien. Niemand konnte sich mehr ohne weiteres auf ein selbstverständliches und liebgewonnenes Terrain der Gewohnheiten und Sichtweisen zurückziehen. Viele Überzeugungskriege mussten ausgestanden werden. Alle Beteiligten mussten umdenken bzw. sich zu den eigenen Grenzen bekennen. Ansichten wurden revidiert, bisherige Positionen verlassen, neue Sichtweisen ausprobiert, verworfen oder stabilisiert. Nichts schien mehr von Dauer zu sein. Das Abenteuer war perfekt das Ende nicht sichtbar !

In der Begegnung mit Migranten wurde ein ganzheitlicher Ansatz vertreten. Es sollten möglichst viele Aspekte der Lebensumstände des Migranten in seiner persönlichen Wertigkeit sowie seiner Migrationsgeschichte berücksichtigt werden. Die verschiedenen Facetten eines Lebens, die häufig eine Zerrissenheit darstellen und „*im Leben zwischen zwei Welten oft gefälliger klingen*" (TREPPTE, 1996) als sie zu leben sind, bildeten die Grundlage unserer fachlichen und bikulturellen Auseinandersetzung. Der Gedanke liegt nahe, dass in einem bikulturellem Team die Lösungsmöglichkeiten für die Betroffenen optimiert und zu wirksameren Interventionen geführt werden können, insbesondere da in der Beratung unterschiedliche Anteile der Klienten angesprochen, die unterschiedlichen Interessen und Sichtweisen berücksichtigt werden können. Dies war gut gedacht, aber nicht immer umsetzbar. Alle haben sich in vielen Punkten verändert. Jeder hat sich ganz bewusst erleben können und dürfen. Heftige Auseinandersetzungen haben neben vielen Kränkungen und Verunsicherungen den interkulturellen Wachstum eines jeden gefördert.

Fragen über Fragen

„Kultur" war ein Begriff, über den viel diskutiert wurde. Was bedeutete nun Kultur und wie ernst war sie zu nehmen. War es nicht so, dass wir diesen Begriff täglich zur Unterstützung unserer ganz persönlichen Argumentationen missbrauchten? Konnte in der Begegnung zu türkischen Klienten eine Tasse Tee angeboten werden ohne die therapeutische Distanz zu verlieren? Sind Begrüßungs- und Abschiedsküsse eine kulturell bedingte Konvention und damit selbstverständlich zulässig oder gar unumgänglich? Oder wird eine Körpernähe hergestellt, die die therapeutische Seriösität in Frage stellt? Kann mit Händedruck begrüßt werden und trotzdem Vertrauen geschaffen werden? Muss ich auf die persönlichen Fragen, beispielsweise zu meiner persönlichen Geschichte, meine Gegenwart oder auch Zukunft eingehen, oder stellen diese Fragen bereits einen unerhörten Grenzübertritt dar? Wer definiert meine Rolle? Muss ich die Ratschläge und Belehrungen der Klienten hinnehmen? Wo beginnt meine Kontrolle, wo hört sie auf?

Es wurde danach gefragt, wie die Störung oder Krankheit von der Kultur des Klienten wahrgenommen und bewertet wird. Wie andere Menschen der eigenen Kultur und der Familie mit gesundheitlicher Devianz umgehen und welche besondere Bedeutung der psychische Konflikt für den Betroffenen selbst hat und auf welche Inhalte er sich bezieht.

Wie und mit welchen Ressourcen wurden bisher Konflikte bewältigt? Was war die Quelle der Fähigkeiten? Welche Zugänge bestehen noch zu der Quelle dieser Fähigkeiten? Wie wurde sie in Zeiten der psychosomatischen Gesundheit aufgefüllt – diese Quelle des Lebens? Welche Personen waren an der Gesundheit, welche sind an der Krankheit beteiligt? Was ist das Geheimnis des Umbruchs? Welchen Sinn, welche Bedeutung hat diese Veränderung für mein Leben? Diese und andere geheimnisvolle Fragen galt es zu klären.

Vorab jedoch sollen einige theoretische Überlegungen bzw. Anregungen zur Auseinandersetzung mit dem Kulturbegriff dargestellt werden.

Kultur, Krankheit und Gesundheit – eine ganz besondere Reise

Erklärungsmuster von Gesundheit versus Krankheit sind vom kulturellen Umfeld geprägt, welches sich aus Geschichten, Metaphern, Glauben, Normen, Regeln und Verhaltensvorschriften sowie der Sprache zusammensetzt. Welche Anzeichen und Besonderheiten das Individuum an sich bzw. am Körper und Geist wahrnimmt, wie es diese Anzeichen deutet, welche Bewältigungsstrategien ausgewählt werden um Konflikte und Krisen zu bewältigen und sich Entspannung zu verschaffen, hängt von der kulturellen Beschaffenheit und Geschichte der Person ab. Was ist Kultur? Wie prägt sie? Wer oder was bestimmt, was Kultur ist und was nicht? Um auf diese und andere Fragen eine mögliche Antwort zu erhalten soll hier eine kurze Exkursion in die Definition und inhaltliche Beschaffenheit des Konstrukts „Kultur" gemacht werden:

Kultur ist definiert als ein System von sozialen Symbolen und als historisch herausgebildete Denk- und Gefühlsmuster einschließlich der Verhaltensprogramme, die zum großen Teil von allen Mitgliedern einer Gesellschaft geteilt werden. Verhalten und Kultur stehen unmittelbar in der Interaktion (PAUL, 1955). Verhalten bezieht sich in seiner sozialen Ausformung auf Gesten, Mimik, Haltung und Handlungen im zwischenmenschlichen Kontext. Die psychologische Ausformung des Verhaltens reflektiert einen inneren Prozess, worin Lernprozesse und die Internalisierung von Regeln und Symbolen enthalten sind. Die Sprache ist das Medium der Interaktion, ist aber auch Symbol, mit dem die Interpretationen der Welt ausgedrückt werden (PAUL, 1955).

Dies gilt, wie für alle anderen Lebensbereiche auch für Krankheit und Gesundheit. Unterschiedliche Krankheitsverständnisse werden verschlüsselt in kulturell geprägten Symbolen wiedergegeben. Im industriell geprägtem Westen ist naturwissenschaftlich geprägtes medizinisches Verständnis von Krankheit die Regel. Krankheit wird als Abweichung von einer objektivierbaren Größe bzw. einer wissenschaftlichen Norm verstanden (JACKOB, 1969). Die Medien prägen die Kulturlandschaft mit Begriffen wie „jung, dynamisch, sportlich, innovativ, gesund, schön, und sozial akzeptiert". Deviant, im Sinne von psychosomatischem Unwohlsein, wird mit „Funktionsuntüchtigkeit" versus soziale Unakzeptiertheit gleich gesetzt. Krankheit wird zu Makel und löst Schuld- und Schamgefühle aus. Die Technisierung der Medizin sowie der schnelle Fortschritt nimmt dem Patienten die Möglichkeit seine Krankheit individuell zu erleben und zu deuten, die Krankheit wird zur Angelegenheit von unverständlichen medizinischen Eingriffen sowie komplizierter Technik.

In den ländlich und traditionell geprägten Heimatländern der meisten MigrantInnen sind Krankheitskonzepte dagegen eher volksmedizinisch ausgerichtet. Die Patienten fühlen sich von ihrem Leiden ganzheitlich, d.h. sowohl psychisch als auch somatisch und sozial betroffen. Krankheit bedeutet in diesem Erleben immer eine sozial und gesellschaftliche Krise, die der Umwelt deutlich zum Ausdruck gebracht wird, beispielsweise durch für westlich geprägte Menschen ungewohntes, übersteigertes Klagen und Jammern. Das Leiden bezieht sich nicht nur auf den organmedizinisch definierten Schmerz sondern insbesondere auch auf psychosozialen Verlust, der erlebt wird. Es wird der Ehrverlust, Verletzung des Stolzes, Verlust von materiellen Werten, Kränkung des Selbstwertgefühls, eine unerfüllte Liebe mit gleicher Leidenschaft und Intensität betrauert und erlitten, wie ein internistisch fundierter Schmerz.

Hier zeigt sich ein für viele Menschen aus den Mittelmeerländern eher typisches und für den Westeuropäer eher fremdes Krankheitserleben, weswegen es in Diagnostik und

Behandlung nicht selten zu gegenseitigen Missverständnissen kommt. Bei Entstehung und Behandlung von Krankheit sowie Erhaltung von Gesundheit wird in der Volksmedizin die Interaktion und die Wechselwirkung von Körper, Umwelt und Seele vorausgesetzt. Nach diesem Verständnis kann Krankheit durch Wirksamkeit von äußeren Einflüssen wie z.B. Witterungsbedingungen, Verwünschungen, Gottes Wille u.ä. entstehen. Hier artikulieren sich magische und religiöse Erklärungsmuster wie „der böse Blick", „Satansbesessenheit", „vom Schicksal Vorbestimmtheit", „Gottes Prüfung" u.a..

Nach KOEN-EMGE (1988) zeigen sich volksmedizinische Krankheitsvorstellungen an folgenden Sichtweisen:
- Magische und religiöse Krankheitsvorstellungen wie z.B. der böse Blick, Besessenheit von Geistern, Einfluss von Zauber, Schicksalhaftigkeit, auf den Prüfstein Gottes zu sein – daraus folgende Unveränderbarkeit, völliger Kontrollverlust, Therapieresistenz gegenüber westlichen Heilmethoden.
- Naturgebundene Krankheitsvorstellungen wie der Einfluss von Witterung und von Nahrung.
- Mechanistische Krankheitsvorstellungen wie z.B. Verrutschen und Lageveränderung der Organe (Nabelfall [im Sinne von Leistenbruch], zerfetzte Lunge, abgerissene Arme [im Sinne von schmerzhaft und kraftlos], gefallene Schulter und Nacken [im Sinne von kraftlos und schmerzvoll], stehengebliebenes Herz [im Sinne von erschrocken, Angst bekommen]).
- Und aus der modernen Schulmedizin übernommene Krankheitsvorstellungen.

Folgende Erklärungsansätze bzw. Krankheitsvorstellungen stammen aus meiner psychotherapeutischen Tätigkeit mit türkischen PatientInnen:

- „Krankheit bedeutet Ausgeliefertsein, dem Tode nahe zu sein, die mögliche Schaffens- und Glücksphase des Lebens beendet zu haben."
- „Krankheit kommt von unzureichender Ernährung in der Entwicklungsphase."
- „Krankheit kommt von Einsamkeit."
- „Krankheit kommt von Ablehnung und Hass dieser Gesellschaft."
- „Krankheit kommt vom schlechten Klima in Deutschland."
- „Krankheit kommt von Faulheit."
- „Krankheit kommt von Gott."
- „Krankheit kommt von Neid, Konkurrenz, Armut und Eifersucht."
- „Krankheit kommt von Gotteslästerung."
- „Gesund bin ich, wenn ich keine Schmerzen habe."
- „Gesund bin ich, wenn ich schaffen kann."
- „Ich bin gesund solange ich gut schlafen, essen, laufen kann."
- „Ich bin gesund, wenn ich nicht pflegebedürftig bin und mein Verstand funktioniert."
- „Ich bin gesund, solange ich lachen kann."
- „Die Verwünschung hat mich krank gemacht."
- „Ich kann es nicht beeinflussen, in mir wohnen böse Geister."

- „Fehlt die Sonne im Haus, verlierst Du Gesundheit im Geist und im Körper."
- „Nur Gott ist die Einsamkeit beschieden, nicht den Menschen, ich bin einsam und deswegen krank".
- „Ich habe gesündigt, deswegen haben Geister von mir Besitz ergriffen, ich bin nicht mehr ich selbst."
- „Mich hat der böse Blick getroffen, deswegen bin ich krank"

Solche traditionell, magischen Krankheitsvorstellungen bedeuten auch immer magische Verzauberungen, Bindungen, Besitzansprüche bezüglich Geist und Körper und Beschwörungen. Westeuropäisch und schulmedizinisch geprägten Kollegen kommen die Erklärungen auf den ersten Blick archaisch und primitiv vor. Wenn BehandlerInnen die Entscheidung treffen, dem Patient Mensch in seiner gesamten Beschaffenheit begegnen zu wollen, beginnt hier eine Reise ins lehrreiche Unbekannte. Hier gilt es, sich dem Neuen neugierig und unerschrocken zu öffnen.

Das Abenteuer beginnt

Als *Kulturträger*, wie wir uns als Teammitglieder verstanden, „stritten wir uns näher!" Der Gedanke leitete uns, dass in einem bikulturellem Team Lösungsmöglichkeiten für Betroffene optimiert werden können, weil in der Beratung auf unterschiedliche kognitive Anteile sowie Interessen und Sichtweisen des Gegenübers eher Bezug genommen werden kann als in einem monokulturellem Team. Aber so einfach und optimal, wie es sich hier liest, ist es nicht:

„Also ganz am Anfang war es praktisch kaum möglich, dass wir zusammen beraten haben.

Ich kann mich an einen Fall erinnern, da ging es um eine Sonderschuleinweisung; die Mutter hatte uns aufgesucht und meine türkische Kollegin und ich berieten gemeinsam, wobei die Kollegin auch übersetzen mußte ... (TREPPTE, 1996). Der betroffener Schüler war mehreren schulpsychologischen Tests sowie Beobachtungen unterworfen worden und war als *lernbehindert* eingestuft worden. Eine Revision dieser Entscheidung war zunächst nicht möglich. Es ging jetzt darum, die Eltern zu motivieren, das Kind weiterhin zu unterstützen.

Zu diesem Zweck fand das Beratungsgespräch statt: Die Mutter des kleinen Jungen wollte unbedingt, dass ihr Sohn später Arzt oder Pilot werden sollte, schließlich würde er zu Hause mit seinen Spielzeugautos sehr intelligente Spiele spielen. Eine Sonderschulausbildung „inmitten von geistig behinderten Kindern" käme deswegen nicht in Frage. Meine deutsche Kollegin antwortete im Zeichen der Aufrichtigkeit und Abgeklärtheit: „Es ist ja gut und schön, aber sie sollten akzeptieren, dass ihr Sohn leider niemals Arzt oder Pilot werden kann."

Der Mutter wurde übersetzt: „So Gott es will, wird sicher aus ihrem Sohn ein guter Mann. Deswegen sollte er unbedingt nach bestem Wissen unterstützt werden ...". Das

Gesicht der Mutter erhellte sich, die Gesichtszüge wurden weicher, ihre Stimme wärmer. Die deutsche Kollegin wurde mißtrauisch und wollte sofort wissen, was der Mutter übersetzt wurde. Die Kollegin führt aus: „... hat übersetzt, und ich war völlig mißtrauisch und hatte das Gefühl, ‚die macht da was'. Und ich habe gesagt, ich gehe nie mehr in ein Gespräch mit rein, wo ich nicht alles verstehe. Dann soll die das alleine machen. Und sie war auch völlig sauer, dass ich ihr so mißtraut habe."

Je nach Argumentationsvielfalt, der Intensität der Unterstützung durch dritte, der angeschlagenen Lautstärke der Stimme, Anzahl von Zitaten aus der Fachliteratur sowie der momentanen psychischen Verfassung der beteiligten Teammitglieder gab es immer augenscheinlich Sieger und Besiegte – und keiner war glücklich. „Polarisierung ist Trumpf; die Kontrahentinnen hissen die Flagge der nationalen Zugehörigkeiten. Was so viel heißt wie: Ich gut, du böse. "(TREPPTE, 1996).

Am Ende war es eine Klientin, die der bikulturellen Kreativität zum professionellen Durchbruch verholfen hat. Es war wieder ein Beratungsgespräch in bikultureller Besetzung.

> Es ging um ein junges Mädchen, das nicht sprechen wollte. Sie war nur bereit, ihre Gedanken und Gefühle und die Situation vor Ort zu malen, jedoch nur unter der Bedingung, dass beide Beraterinnen ebenfalls malen. In den nächsten Minuten wurde angeregt gemalt. Ich selber habe ein Bild gemalt: das Meer, die Hälfte des Blattes war blau, hellblau, ... eher so ein stilles Meer. Eine Sonne, ... die ganz warm war, ... und ein Boot. Als das Bild fertig war, wurde gedeutet: Die deutsche Kollegin sagte: „Du bist urlaubsreif!". Ja das stimmte. Wir lachten herzlich. Das Mädchen sagte dann: ‚Nee, nee', sie nahm das Bild und schaute auf das kleine Figürchen auf dem Bild, welches mir meine Kollegin während ich noch malte auf mein Bild gekritzelt hatte (eher als Zeichen ihrer Spiellust mit mir), und sagte zu mir ‚Du bist tot'! Sie erläuterte ihre Deutung: ‚Pass mal auf, Du bist jetzt in diesem Boot. Du wünschst Dir Ruhe und so weiter. Es geht Dir gut. Deine Kollegin hat aber ein Skorpion gemalt ... Der frißt jetzt das Holz auf von dem Boot, und dann gehst du unter und stirbst'. Alle im Raum waren über diese Worte betroffen.

Die Folge war nach langen, unermüdlichen Diskussionen eine Kurskorrektur: „Hilfesuchende wurden nach Altersgruppen zugeteilt, die Sündenbock-Zuweisungen durch strukturelle Bedingungen untergraben, der parallel laufende Fahrplan gemeinsam besprochen und der jeweilige Ist-Stand von Zeit zu Zeit im Verbund überprüft" (TREPPTE, C., 1996).

Das aus der Not entstandenes Modell bewährt sich. Die Hilfesuchenden fühlen sich insgesamt wohler, die Kolleginnen müssen keine Kriege mehr führen, die immer nur Verletzte auf beiden Seiten hervorgebracht haben. In der Zusammenarbeit können die vorhandenen Ressourcen und Energien für konstruktives Handeln, beispielsweise für innovative interkulturelle Projekte, genutzt werden. Das auseinander Dividieren hört bis auf weiteres auf. Es begann die Zeit des einander Ergänzen und Unterstützen. Neugier erwachte. Es wurde möglich, ohne Angst vor Stigma und negativen Zuschreibungen kulturelle Eigenarten von MigrantInnen in die Lösungsvorschläge einzuarbeiten und in den Teamsitzungen zu referieren.

An dieser Stelle soll ein Fallbeispiel aus der Praxis vorgestellt werden, das sich dieser Form niemals so ergeben hätte, wenn nicht vorher ausländische und deutsche KollegInnen gemeinsame Erfahrungen gemacht und sich gegenseitig wertzuschätzen gelernt hätten. Lernen ist in der interkulturellen Begegnung Mut zu haben, Courage zu zeigen!
Die Interpretation der Geschichte wird dem Leser überlassen.

Eine junge Türkin betrat den Beratungsraum. Sie war erst 19 und war vor ca. zwei Jahren während ihrer Ausbildung mit einem Jungen Mann aus Ihrer Heimatstadt verheiratet worden.

Die junge Frau entstammte einer traditionellen, aber keinesfalls einer religiösen Familie. Der Familie war es wichtig, den traditionellen Rahmen zu wahren. Die Partnerschaft der jungen Frau wollte nicht glücken, sie war eher innovativ, der junge Ehemann eher traditionsbewußt. Sie wollte sich weiter fortbilden, er wollte Kinder. Sie wollte zu Urlaubszeiten in andere Länder reisen, er wollte mit ihr zusammen in sein Dorf und seinen Eltern bei der Ernte helfen. Es klappte nicht. Sie wehrte sich, er schimpfte, wurde hilflos und schlug. Sie suchte Hilfe außerhalb der Familie und ihren Instanzen, in der Hoffnung dass man sie besser verstehen werde. Sie kam in die Beratungsstelle und wollte unbedingt mit der türkischen Psychologin sprechen, da diese ihren kulturellen Hintergrund kenne und deswegen besser auf sie eingehen könne.

Sie hatte massive Ängste sich aus der Tradition auszuklinken und ausgestoßen zu werden. Trotzdem beschloss sie nach mehreren Monaten, sich von ihrem Ehemann zu trennen und teilte ihre Entscheidung etappenweise zunächst ihren Familienangehörigen mit. Die Eltern, insbesondere die Mutter war gänzlich davon überzeugt, dass das Glück der jungen Familie aus Neid von möglichen bösen Zaubern beschattet würde. Die Familie willigte der Trennung unter einer Bedingung ein, dass die junge Frau zuvor mit ihrem Ehemann zusammen zu einem Hoca (islamischer Geistlicher) gehen und sich entzaubern lassen würde. Wenn sich nach der Entzauberung immer noch keine Liebesgefühle einstellen sollten, dann stünde einer Trennung Nichts mehr im Wege.

Meine Klientin wurde mißtrauisch, sie wollte nicht zum Hoca gehen, und stand der Einwirkung eines religiösen Zaubers relativ ambivalent gegenüber. Sie hatte die Befürchtung, dass der Zauber gegen ihren Willen die Partnerschaft kitten könnte. Bei Ablehnung des Angebots jedoch stand ihr der Verlust ihrer Familie bevor, was sie unter allen Umständen vermeiden wollte. Sie war verzweifelt. Es war ihr peinlich, mit deutschen Kolleginnen bzw. Freundinnen darüber zu sprechen, weil sie ein abendländisches Stigma ihrer Person befürchtete. Nachdem sie sich soviel Mühe gegeben hatte, sich vom heimatlichen Dorf und seinen Traditionen zu distanzieren, hatte sie nicht ertragen können, mit ihren Eltern immer noch die gleichen Glaubenssätze zu teilen.

Nach vielen Gesprächen beschloß sie, den Gang zum Hoca zu wagen. Der Hoca war in einer anderen Großstadt Deutschlands zu Hause. Es wurde ein Termin vereinbart. Die Eheleute sowie die Mutter und eine Vertrauensperson des Ehemannes traten eines Morgens in aller Frühe die Reise an. Der Hoca ließ sie zunächst warten. Die Spannung stieg. Meine Klientin erlebte nach ihren Erzählungen alle Symptome einer Panickattacke, bis sie schließlich einzeln in einen Raum gebeten wurde. Und der Hoca sprach zu Ihr: „Du bist von einem bösen Zauber einer neidischen Person aus Deinem näheren Umfeld getroffen worden. So kannst Du natürlich keine Nähe für Deinen Ehemann empfinden und provozierst Streit. Ich kann den Zauber lösen, aber Du mußt machen, was ich Dir sage. Ich werde auf kleine Papiere Gebete aussprechen, einen Teil wirst verbrennen und den Rauch einatmen, den anderen teil wirst Du in klarem Wasser kochen und an sieben Tagen morgens jeweils ein Glas trinken, die letzten Gebete wirst Du in Dein Badewasser tun und damit den ganzen Körper waschen, dann wirst Du mit Deinem Mann schlafen. Wenn Du alles tust, was ich Dir sage, wird Deinem Glück nichts mehr im Wege stehen." Mit diesen Worten hat der Hoca die junge Frau entlassen.

Er hat zur Sicherheit den Ehemann und die Mutter der jungen Frau in das Procedere eingeweiht und anschließend für seine Bemühungen 500 DM eingenommen. Die Familie sollte ca. in drei Monaten wieder kommen, wenn es nicht klappen sollte – schließlich sei es ein starker Zauber – dann wolle er noch einmal nachschauen.

Meine deutsche Kollegin sagte dazu: „So ein Schmarn, er hat Euch auf den Arm genommen, hättet Ihr mir das Geld gegeben, hätte ich Euch auch entzaubert!" Meine Klientin zitterte vor Angst, dass es eventuell klappen könnte. Also wurde beschlossen, so zu tun als ob sie die Ratschläge des Hocas befolgen würde und trotzdem keine Liebesgefühle für den Ehemann empfinden könne. Nach ca. 10 Tagen wurde der Familienrat zu einem Gespräch in die Beratungsstelle gebeten, bei diesem Gespräch wurde gemeinsam heraus gearbeitet, dass der Erhalt dieser Verbindung nicht Gotteswille entspräche. Gott wurde mittels Gebete angerufen, hat aber die Unterstützung eindeutig verweigert und damit seinen Willen kund getan. Wir sollten dies um Gottes Willen nicht mehr länger verweigern. Noch in dieser Sitzung wurde die Trennung der Eheleute beschlossen – ohne Sanktionen für die Beteiligten. Die junge Frau war glücklich, endlich konnte sie in Freiheit und Frieden leben!

Nun obliegt es Ihnen, liebe Leserinnen und Leser zu entscheiden, ob sie solch eine Reise begleiten wollen oder nicht!

Ich reise gern, jede Reise birgt unendlich viele Schätze des menschlichen Daseins!

Reisen Sie mit, wenn Sie eingeladen werden nach Afrika Asien oder auch in andere Kontinente, genießen Sie die Vielfalt!

Suchtentwicklung – eine Form von Migration? [1]

MIGUEL MAČEK

Vuelvo al sur/ como se vuelve siempre al amor/
Vuelvo a vos/ con mi deseo, con mi temor/
Llego al sur/ como un destino del corazón/
Soy del sur/ como los aires del bandoneón/
Sueño el sur/ inmensa luna, cielo al revés/
Busco el sur/ el tiempo abierto y su después/
Quiero el sur/ su buena gente, su dignidad/
Siento el sur/ como tu cuerpo en la intimidad/
Vuelvo al sur/ llego al sur/ te quiero.[2]
(Astor Piazzola)

Bevor ich mich auf dieses Thema einlasse, erscheint es mir wichtig, mich mit meinem biographischen Hintergrund vorzustellen: Ich bin in Slowenien geboren. Als ich neun Jahre alt war, wanderte meine Mutter mit mir und zwei meiner sieben Geschwister nach Argentinien zu meinem Vater aus. Dies geschah in Rahmen der Familienzusammenführung. Diese erste Migration hatte für mich die gleiche Bedeutung wie für viele Kinder der zweiten Migrantengeneration hier in Deutschland. Fünfzehn Jahren später kam ich als Erwachsener nach Deutschland. Diese zweite Migration habe ich so erlebt, wie viele Migranten der ersten Generation hier. Meine Migrationserfahrungen ermöglichen mir, sowohl die erste wie auch die zweite Generation der Migranten gut zu verstehen. Bei meinem Werdegang waren die unterschiedlichen Erfahrungen mit den verschiedenen Sozialisationsprozessen nicht unbedeutend. Aus ihnen bildet sich das Mosaik meiner (kulturellen) Identität. Die angestrebte Synthese, die der Migrant sich zu schaffen versucht in der Hoffnung, eine neue soziale und kulturelle Identität zu gewinnen, nennt KEUPP (1999) „Patchwork-Identität".

Der Vergleich mit der aus verschiedenen Stoffflicken zusammengenähten Decke stimmt für mich nicht ganz. Sie müsste erst noch durch die „Waschmaschine" des Prozesses der Synthese gehen, wo die einzelnen Farben nicht so bleiben, wie sie ursprüng-

---

1. Überarbeitung eines Vortrags gehalten bei der Fachtagung „Migration und Sucht" am 22.10.99 anläßlich seines 20-jährigen Dienstjubiläums bei Condrobs München e.V.
2. Ich kehre zurück in den Süden,/ so wie man immer zur Liebe zurückkehrt/ ich kehre zurück zu dir/ mit meiner Sehnsucht, mit meiner Furcht/ich erreiche den Süden/ so wie eine Bestimmung des Herzens/ ich bin aus dem Süden,/ so wie die Töne des Bandoneons/ ich träume vom Süden/ riesiger Mond, verdrehter Himmel/ ich suche den Süden,/ die offene Zeit und sein danach/ ich liebe den Süden, seine guten Menschen, seine Würde,/ ich spüre den Süden,/ wie deinen Körper in der Intimität/ ich kehre zurück in den Süden,/ ich komme in den Süden,/ ich liebe dich (Übersetzung: M. Maček)

lich waren. Meine bunte Batikkrawatte scheint mir ein besseres Bild: da fließen die Farben ineinander und verändern sich dadurch gegenseitig.

Ich will hier nichts darüber schreiben, was bezüglich migrationsspezifischer Aspekte in der Beratung in anderen deutschen Städten oder gar in anderen EU-Staaten alles möglich ist:
- So will ich Sie als Leser nicht mit der Selbstverständlichkeit belästigen, dass Migranten als Kolleginnen und Kollegen in der Drogenhilfe eingestellt werden müssten, und warum dies so wichtig wäre. Das ist Ihnen bestimmt bekannt.
- Ich will hier auch nicht zur Diskussion stellen, ob wir bei der Beratung ausländischer Klienten, die Deutsch sprechen, Migranten als Mitarbeiter brauchen oder nicht, nach dem Motto – „Wozu? Er/sie versteht mich ja".
Eine ähnlich mühsame Diskussion haben die Frauen (die ja auch deutsch sprechen) geführt und damit etwas erreicht: frauenspezifische Angebote oder zumindest frauensensible Drogenarbeit nach dem Motto Frauen beraten Frauen Und warum nicht auch: „Migranten beraten Migranten"?
- Auch will ich der Münchner Drogenhilfe nicht Rückständigkeit vorwerfen mit der Feststellung, dass ich fast zwei Jahrzehnte als einziger Migrant in der Drogenhilfe dieser Stadt tätig war. Was sind in Bayern schon 20 Jahre? Ich war lange Jahre ein kulturbunter Vogel ohne Konkurrenz. Inzwischen sind noch weitere *Exoten* aufgetaucht; es besteht also Hoffnung, dass es besser wird. Es gab ja auch in den Einrichtungen immer schon ausländisches Personal – als Reinigungskräfte zum Beispiel ...
- In München sind schätzungsweise ca. 20 bis 30 % der Drogenkonsumenten ausländischer Herkunft. Davon werden viele ja mobil (gemacht) im Rahmen des Repatrierungsprogrammes des Ausländergesetzes. Nein, auch darüber will ich hier nicht weiter berichten. Mit zwei Staatsangehörigkeiten muss ich *froh sein*, nicht als potentieller Terrorist (gemäß bayerischem landespolitischen Sprachgebrauch) verdächtigt und repatriiert worden zu sein.

Suchtentwicklung als Migration

Viel mehr möchte ich hier die Verbindung aufzeigen zwischen der Dynamik eines Migrationsprozesses und der Entwicklung von Drogenabhängigkeit, also eine phänomenologische Betrachtung beider Prozesse vorstellen.

Gehen wir davon aus, wir würden die Entwicklung eines Drogenkonsumenten verstehen wollen an Hand eines Erklärungsmodelles des Migrationsprozesses, so könnten wir vielleicht aus der Migrationsbetrachtung besser den Konsumenten verstehen und umgekehrt. Hilfreich scheint mir das folgende Erklärungsmodell von Carlos SLUZKI (2001), einem Argentinier, der besonders die in die USA migrierten Latinos studiert hat.

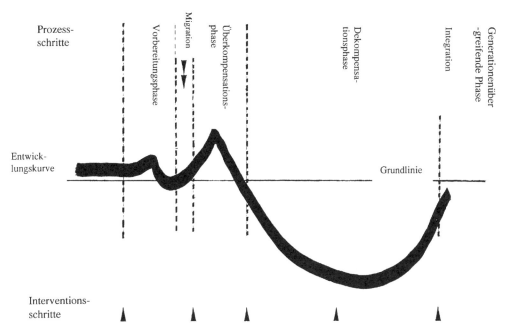

Grafik 1: *Migration und Stress* (nach SLUZKI, 2001)

1. Vorbereitung/ Aufbruch

Migration ist das Auswandern aus einem Bezugssystem mit seiner gesamten Kultur des Fühlens, Denkens und Handelns in ein anderes Bezugssystem mit eigenen Ideen, Ritualen und seiner Kultur des Seins, der Übergang also von einem Orientierungssystem in ein anderes, von einer kulturell prägenden Matrix in eine andere Matrix. Die Migration ist eine „Wanderschaft ohne sichere Rückkehr oder gewisse Ankunft". (CHAMBERS, 1996)

Beim Drogenkonsumenten vollzieht sich zu Beginn eine Auswanderung aus der Familie, ihren Normen, Sichtweisen, ihrem Fühlen und Denken, ihren Fantasien und Ritualen des Zusammenlebens in eine andere Welt des Fühlens, Denkens, des Handelns und sogar der Sprache, (nach dem Motto: hier endet das bisherige Leben). Er imigriert in eine andere Welt mit einem eigenen Orientierungssystem.

Wann migriert man oder Frau? Fachleute sprechen von der Emigrabilität (CROPLEY & LÜTHKE, 1993; GRINBERG & GRINBERG, 1990): d.h. eine hohe oder niedrige Neigung oder Fähigkeit (*oder Anfälligkeit*) zur Migration:
- um aus Lebensumständen zu entrinnen, die als unerträglich oder zu eng empfunden werden,
- um Befreiung zu erlangen;
- um der Faszination des Neuen, des Fremden zu folgen,

- um neue Welten zu entdecken,
- aus Eroberungsdrang (BION, 1963). [3]

Genauso könnte man die „Auswanderung" des Drogenkonsumenten aus der Familie betrachten und sie unter dem Aspekt der Emigrabilität anschauen, als hohe oder niedrige Anfälligkeit für das Verlassen der Heimat Familie mit ihrem Orientierungssystem und dem hohen oder niedrigen Drang zur Entdeckung der neuen Welt der Erkenntnis und des Erlebens der Drogenkultur oder Subkultur.

2. Migrationsakt

Obwohl die Entscheidung zur Migration eher vom Einzelnen getroffen wird, vollzieht sich der Migrationsakt meistens in Gruppen. Alleine ist es einsam und riskant. Die Migrationsgruppe bildet ein „Wir-Gefühl" eine „Bootsbrüderschaft" mit den anderen Insassen des Bootes. Zugehörigkeitsgefühl und eine eigene Subkultur entsteht: Die Bootsbrüder bleiben zusammen, weil sie Riskantes überleben wollen!

Ähnliches geschieht mit dem Drogenkonsumenten. Er beginnt „diese Wanderschaft ohne sichere Rückkehr oder gewisse Ankunft" mit anderen zusammen, um der Einsamkeit zu entgehen. Es entsteht ein starkes Wir-Gefühl und eine eigene Subkultur. Sie erfinden und vollziehen in der Peer-Group Rituale des Zusammenseins; sie sind wie transitorische Rituale von der Adoleszenz zum Erwachsenwerden. Familie und Gesellschaft haben, so scheint es, hierfür keine brauchbaren Rituale mehr anzubieten.

3. Phase der Überkompensation

Das Motto lautet jetzt: „Hier beginnt das Leben". In dieser Phase versucht der Migrant die Trauer über den Verlust der zurückgelassenen (verlassenen) Heimat und allem was damit verbunden ist zu verdrängen. Fast manisch stürzt er sich in das Neue; Entdeckungsfantasien, Eroberungsdrang und die Faszination des Risikos treiben ihn in die Verleugnung der Gefahren. Er muß aktiv bleiben, denn es geht um die Abwehr der Depression. Warnende Stimmen muß er zurückweisen oder überhören. Dies gilt auch für die neu entdeckte Welt der Droge: die Szene mit ihrer eigenen Kultur, ihrer eigener Sprache und ihrer anderen Welt des Empfindens ergreifen den Konsumenten und versetzen ihn in einen Zustand in dem er Realität nicht mehr wahrnimmt und Gefahren verkennt.

---

3. BION (1963) stellt diesen Drang auf die gleiche Stufe wie die Triebe der Libido und des Todes. (Ich finde das nicht verwunderlich, er war ja ein Engländer. Diese waren ja bekanntlich Kollonisatoren, Eroberer der Welt: Migranten eben.).

4. Phase der Dekompensation:

Der Migrant wird nach manischer Hektik müde und erlebt zusätzlich etwas, was er bisher nicht wahrgenommen hat (nicht wahrnehmen wollte): Marginalisierung, eine offene oder unterschwellige Diskriminierung, ethnische Bedrohung oder das ständige Gefühl, abgelehnt zu werden. Vieles kann ihm das Gefühl vermitteln, nicht dazu gehören zu dürfen. So entsteht eine neue Bewertung seiner Situation: die neue Heimat wird abgelehnt und die frühere (das „zu Hause") idealisiert, nach dem Motto: „Hier endet das Leben, dort war das Leben". Er kehrt aber nicht zurück. So schnell könnte er sich sein Versagen nicht eingestehen, um nicht vor Verwandten und Freunden sein Gesicht zu verlieren. Mühsam versucht er jahrelang alles, um wieder Stabilität zu bekommen.

Der Drogenkonsument in dieser Phase verliert z.B. seinen Arbeitsplatz oder seine Wohnung, wird ausgegrenzt, marginalisiert, sogar diskriminiert; die Justiz greift ein, es folgen Haft etc. Die Eroberungsträume sind dahin, er wird heimatlos und fühlt sich verlassen. Diese Phase kann Jahre dauern.

5. Phase der Integration

In den meisten Fällen folgt dann die *Phase der Integration*. Grundlage und Bedingung für Integration ist, dass der Migrant einen Platz innerhalb der neuen Gesellschaft findet; d.h. eine soziale Stellung und den beruflichen Status mindestens in dem Maße, wie er ihn im Herkunftsland hätte erreichen können. Was aber dem Migranten immer bleiben wird, ist die *Ambivalenz*: eine Spannung in der Frage der Zugehörigkeit und der Loyalitäten.

Eine gelungene Integration schwächt diese Ambivalenz ab, lässt sie jedoch nie ganz verschwinden. Es ist vergleichbar mit einem Kind, bei dem die Eltern getrennt leben. Beide Eltern bleiben Eltern; und es ist gut für das Kind zu beiden eine Beziehung haben und pflegen zu dürfen. Jedoch bleibt in der Tiefe des Kindes eine Trauer, dass sie beide nicht zu vereinen sind. Schlecht ist es für das Kind, wenn die Eltern (ein Elternteil oder beide) die Botschaft senden „Den anderen darfst Du nicht lieben". Wird das Kind erwachsen, lernt es mit diesen Loyalitäten zu balancieren. Es integriert beide Eltern in sich und formt so seine eigene Identität.

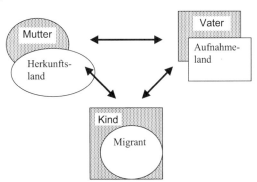

Grafik 2

Übertragen auf den Migranten bedeutet dies im positiven Fall: er darf und soll von beiden Kulturen/ Länder nehmen, was er braucht und so den Loyalitätskonflikt überwinden. In seinem migratorischen Erwachsensein integriert er beide Kulturen und formt durch einen Prozess der Synthese seine neue kulturelle Identität (GRINBERG & GRINBERG, 1993). Und wenn er aus zwei Kulturen schöpfen kann, ist das eine Bereicherung. Hier ist es auch wichtig, wie beide Länder zueinander stehen.

Beim ehemaligen Drogenkonsumenten bleibt, trotz seiner Reintegration in die Gesellschaft, eine grundlegende Ambivalenz zu den Normen und zur Lebensform der Familie/Gesellschaft. Das Gefühl der Heimatlosigkeit bleibt so lange bestehen, bis er eigene Wurzeln geschlagen hat, in einer Partnerschaft, in einer eigenen Familie, im Beruf und wenn er für sich eigene Normen und Perspektiven entwickeln kann. Eine stabile Integration erweist sich in der Fähigkeit, die Marginalisierung, Diskriminierung, das Unverständnis der Gesellschaft, der Justiz ertragen zu können und trotzdem gesund bleiben. Die Erfahrungen seiner Abhängigkeit bleiben. Seine Chance besteht darin, diese Erfahrung zu integrieren.

Hier noch zwei Anmerkungen:
- Was geschieht, wenn der Drogenkonsument selbst Migrant ist oder aus einer Migrantenfamilie stammt? Vielleicht besteht eine Neigung, die Migration auf verschiedenen Weisen in seinem Leben zu wiederholen.
- Wie erleben Eltern diese Thematik? Nicht nur ausländische, sondern auch deutsche Eltern verstehen und begreifen sehr wohl das Experimentieren ihrer Kinder mit Drogen als Migration aus der Heimat Familie. Auch sind Eltern ansprechbar für diesbezügliche Fragestellungen: wie müsste wohl die Kultur der Familie sein, damit die Kinder in der Zeit ihrer Pubertät und Adoleszenz dort bleiben und gut wachsen können. Heimat ist ja überall dort, wo man wachsen kann. Manchmal gibt es aber im Land Familie Enge, Unterdrückung oder emotionale Armut, die jemanden dazu bewegen können zu flüchten. Eltern sind oft bereit über ihre Auswanderung aus der eigenen Herkunftsfamilie zu sprechen. Hier könnte sich ein Dialog zwischen Eltern und Kindern über die gegenseitigen Migrationserfahrungen ergeben.

Interkulturelle und migrationsbedingte Kommunikation

Zwei Touristen, nehmen wir an, ein Argentinier und ein Slowene, treffen sich irgendwo in München und kommen ins Gespräch: hier geschieht interkulturelle Kommunikation. Oder ein Slowene (Tourist) spricht mit einem Bayern, einem „Eingeborenen", auch hier kann man von interkultureller Kommunikation sprechen. Wenn aber der Slowene schon Jahre lang in München lebt, ist er nicht Tourist, sondern Migrant. Dann geschieht diese Kommunikation mit dem Bayern im Rahmen einer Migrationsgeschichte.

Der kulturelle Hintergrund der Familie, Slowenien, als ehemaliges Gebiet der *austrohungarischen Monarchie* wurde genauso von „Sissi" beeinflusst wie der des Münchners. Er spricht gut deutsch, vom Aussehen her ist er nicht auffällig. Er könnte für einen Bayern gehalten werden. Auch seine Vorliebe für Bier könnte für eine „gelungene Integration" sprechen. Für die echte Verständigung spielen nicht nur Sprache und Denkweise, sondern andere Faktoren eine gewichtige Rolle: So wird z.B. die Kommunikation bessere Chancen haben, wenn der Slowene Arbeit und auch sonst einen guten Status hat, integriert ist, wenig oder keine Ausländerfeindlichkeit erleben musste, sich wegen seiner Familie oder seiner Herkunft nicht zu schämen brauchte; wenn er seine Trauer über den Verlust der Heimat zulassen konnte, d.h. die Phase der Integration erreicht hat.

Wenn mehrere der beschriebenen Umstände jedoch belastend erlebt wurden und er sich also noch in der Phase der Dekompensation befindet, wird sich das Gespräch mit den Bayern schwieriger gestalten, auch dann, wenn dieser sich sichtlich Mühe gibt. Am Schluss mag sich der Bayer fragen, warum das Gespräch so reserviert, distanziert, oberflächlich, oder einfach „schief" gelaufen ist.

Die Grenzen des Verstehens resultieren nicht aus den *kulturellen Unterschieden*, sondern aus den Migrationserfahrungen. Sie sind oft unbegreiflich, schwer zugänglich, weil sie eine Biografie bedeuten, weil sie *mit Sehnsucht nach der verlorenen Heimat*, mit Trauer, vielleicht mit Trauma zu tun haben. Diese Gefühle bleiben Außenstehenden häufig verborgen, da der Migrant meint, von Menschen, die Vergleichbares nicht kennen, nicht verstanden zu werden. Unzugänglichkeit in der Beratung liegt daher nicht nur an kulturellen Unterschieden, sondern an der *Fremdheit* bezüglich der Migrationserfahrung.

Die Begegnung mit dem Fremden gehört zu unserem Alltag in Beratung oder Therapie, weil alle Klienten zu Beginn – und manchmal auch länger – für uns Fremde sind. Je weiter entfernt sie sich von unserer eigenen Erlebniswelt befinden, desto fremder werden sie erlebt. So versteht z.B. der Mann nur schwer die Frau oder die Frau den Mann oder der Nicht-Drogenkonsument den Konsumenten. Manchmal hat aber das Gefühl von Fremdheit eine andere Qualität, wenn das Unbekannte in uns Verunsicherung auslöst.

Da ich dieses Gefühl der Fremdheit, der Verunsicherung als Kind in Argentinien und als Erwachsener in Deutschland intensiv erlebt habe, kann ich es leichter nachvollziehen.

Wo liegen die Unterschiede zu deutschen Beratern oder Therapeuten?

Vordergründig bin ich in meiner Beratungsarbeit auch ein Fremder, ein Gast, der die deutsche Sprache mit Akzent spricht. Was ist aber die Motivation meiner Klienten, mich als Berater zu wählen, bewusst oder unbewusst?
- Es gibt etwas, das sie mit meinem „Anderssein" verbinden:
  Dies wird erst deutlich in der Übertragung und Gegenübertragung. So geht es z. B. um eine Verbindung im Gefühl der Fremdheit, in der Hoffnung, die Integration auch zu schaffen, und verstanden zu werden im Gefühl von Sehnsucht nach der Heimat, der Beschämung, der Erfahrung der Diskriminierung etc. Die Klienten merken, dass es gemeinsame Erfahrungen gibt, worüber aber man nicht zu sprechen braucht. Als meine Eltern in Argentinien in schlechtem Spanisch mit meinem Lehrer sprachen,

schämte auch ich mich für sie und litt darunter, dass sie belächelt oder ausgelacht werden könnten. Alle ausländischen Kinder haben diese Scham als Belastung schon erlebt. Kinder sorgen sich um die Würde der Eltern. Ohne es auszusprechen, wissen wir beide im Gespräch um viele solche Situationen.

- Eine weitere Verbindung besteht im Bereich der Sprache:
Alle Worte, die ich als Kind gehört habe, tragen einen *affektiven, emotionalen Gehalt* in sich. Wenn diese Worte in einer fremden Sprache gesprochen werden, scheinen sie wie leere Hülsen, die zuerst nur die objektive Realität ausdrücken. So zum Beispiel *miza (slowenisch)* oder *mesa (spanisch)* oder *Tisch (deusch)*. *Miza* ist für mich verbunden mit Wärme und es riecht nach Suppe. Geschwister und Mutter sitzen da, es ist der Tisch in der großen Wohnküche, in der sich das ganze Leben abspielte. Auch mit *mesa* kann ich Ähnliches verbinden. Mit dem Wort *Tisch* habe ich keine emotionale Verbindung, es könnte genauso *Fisch* oder *frisch* heißen. Über Gefühle redet es sich am besten in der Muttersprache; bei starken Emotionen wechselt man häufig zum Dialekt.

- Ein anderer Aspekt ist die *Loyalität* – mit der Sippe und in einer analoger Weise mit dem eigenen Volk:
Kriege wie in Ex-Jugoslawien wären ohne diese Loyalität gar nicht zu verstehen. Loyalität ist bedeutsam, um das Zugehörigkeitsgefühl von Menschen zum eigenen Volk begreifen zu können. Die Familientherapie spricht bei der Loyalität innerhalb der Sippe (HELLINGER, 1994) von „unsichtbaren Bindungen". BOSZORMENYI-NAGY & SPARK (1995) sprechen vom „Balancieren mit den Loyalitäten". Dazu ein Beispiel aus der Praxis:

Eine Mutter kam zur Beratung in Begleitung ihres 17-jährigen Sohnes und ihres Mannes, der aber nicht der Vater dieses jungen Mannes war. In dem emotional sehr geladenen Gespräch fragte ich nach dem leiblichen Vater, der bis dahin noch nicht zur Sprache gekommen war. Die Mutter sagte: „Er ist an Drogen gestorben, das habe ich meinem Sohn erst heute früh gesagt". Daraufhin verließ dieser weinend den Raum. Die Mutter erzählte weiter, das sie sich damals geschworen hat ihr Sohn solle nie so werden wie sein Vater. Sie verhinderte, nach der Trennung (der Sohn war damals zwei Jahre alt), jeglichen Kontakt zwischen Vater und Sohn. Ich arbeitete dann ca. vier Monate nur mit der Mutter. Ich gab ihr viele Aufgaben, die alle dahin zielten diesen Mann, den Vater des Kindes zu würdigen und für den Sohn wieder präsent zu machen. Sie reiste ins Land des Vaters, sprach auch mit seiner noch lebenden Mutter und ging zu seinem Grab. Dort experimentierte sie auf meinen Vorschlag hin mit Sätzen, gegen die sie sich lange gewehrt hatte: „Dein Sohn liebt dich so sehr, dass er so werden will wie Du" und „Wenn Dein Sohn aus Liebe zu Dir so werden wird wie Du, dann stimme ich dem zu".

Wieder zu Hause suchte sie auf dem Speicher und im Keller nach alten Postkarten und Briefen, die der Vater zu Lebzeiten seinem Sohn geschrieben hatte, und die sie alle abgefangen hatte, und sie freute sich, sie zu finden.

Sie lud ihren Sohn (der bereits nicht mehr zu Hause wohnte), zu einem Essen ein und übergab ihm die Post vom Vater als Geschenk verpackt. Unter Tränen sagte sie ihm: „Verzeihe mir, es war Unrecht". Beide weinten. Sie erzählte ihm viel von seinem Vater. So wurde der Vater integriert und der Sohn muß ihn jetzt – vielleicht – nicht mehr aus Liebe nachahmen.

Sie, liebe Leserinnen und Leser, könnten jetzt fragen: was ist das besondere migrantenspezifische an dieser Geschichte? Es war mein Blick: der Blick des Fremden für den Fremden (BOSSE, 1994). Denn bei vielen Migrantengruppen ist „die gestörte Beziehung zum Vater und die besondere affektive Bindung zur Mutter" ein zentrales Thema.

- Zum Abschluss scheint mir noch ein Aspekt wichtig: *die Sehnsucht nach der Heimat*. „Doma se peče naj bolšji kruh" („zu Hause backt man das beste Brot"), sagen die Slowenen. Oder nehmen Sie die Nostalgie des Aussiedlers nach den „russischen Birken und Wodka". Man sehnt sich nach dem, was man gerade nicht hat, aber hatte; das „Alte" wird nachträglich stark idealisiert, das „Neue" wird schlecht gemacht. Diesen Prozess durchlaufen alle Migranten. Dies betrifft sicherlich besonders die erste Generation der Migranten, kann aber den Kindern als Auftrag oder Last weitergegeben werden. Ein Beispiel aus einer Ausbildungsgruppe: Ein Deutscher erzählte, er kenne das Gefühl der Sehnsucht nach der Heimat (nach dem Zuhause) nicht. Darauf reagierte ein Migrant sehr betroffen und fragte ihn: *„Wie kannst Du denn dann Migranten beraten, wenn Du dieses Gefühl nicht kennst?"*

Ähnliches geschieht in Drogentherapieeinrichtungen, wo oft die Muttersprache untereinander verboten wird, mit der Begründung, „damit Migranten sich nicht ausgrenzen". Dies halte ich für unsensibel und für eine billige Vertuschung der eigenen Ängste.

Schlussfolgerungen für die Drogenhilfe

Die interkulturelle und migrationssensible Kompetenz der Drogeneinrichtungen muß drei Aspekte einbeziehen: Klienten, Personal, Organisation (siehe Grafik 3).

Hier mögen zusammenfassend ein paar Hinweise als Anregung zum Nachdenken genügen:

Migrationssensible Beratung und Therapie erfordern das Verstehen des Migrationsprozesses (Phasen der Migration nach SLUZKI, 2001) und seine Auswirkung auf den Migranten, auch für die zweite und dritte Generation. Hier sind migrationsbedingte Aufträge zu berücksichtigen. Aus ihrer Loyalität heraus wollen Kinder für die Eltern etwas besonderes leisten oder übernehmen; vielleicht auch deshalb, weil die Eltern durch die Belastung der Migration und des Integrationsprozesses auf einiges verzichtet haben oder gescheitert sind.

- Der Migrant hofft, verstanden zu werden in seiner Sehnsucht nach der Heimat, dem Schmerz aufgrund des Heimatverlustes und in seiner Anstrengung, sich zu integrieren.
- Die Sprache – Basis der Kommunikation – versetzt ihn in eine Position der Unterlegenheit. Das Erlernen der deutschen Sprache ist wie eine Regression, die Wiederho-

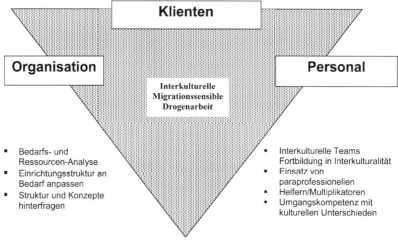

Grafik 3

lung einer kindlichen Aufgabe. Wenn es gut gelingt, bekommt er Lob, wenn nicht, begleitet ihn ein Gefühl der Beschämung.
- Jeder Mensch hat ein grundlegendes Bedürfnis sich zu einer Gruppe zugehörig zu fühlen. Deshalb ist die Bindung zur Heimat so stark.
- Migranten brauchen, wie alle Menschen, Gelegenheiten auf sich stolz zu sein. Wenn dieses Bedürfnis nicht erfüllt wird, verstärkt sich ein Gefühl für das „Nationale".
- Das Geltungsbedürfnis ist dann höher ausgeprägt, wenn das Selbstwertgefühl durch eigenes Erleben oder durch Zuschreibung der Umgebung niedrig ist.
- Berater/Therapeuten gehören zur Mehrheitsgesellschaft; Migranten zur Minderheit (mit weniger Rechten). Das Machtgefälle muss in der Beratung angesprochen werden.
- In der Beratung sollte man von der Annahme ausgehen, dass ein Migrant sich schämt, Hilfe in Anspruch zu nehmen.
- Beide Seiten müssen akzeptieren: es gibt Grenzen des Verstehens; gerade deshalb wird die Arbeit mit Migranten und ihren Kindern als anstrengend empfunden.

Interkulturelle Aspekte zu berücksichtigen, bedeutet auch, eigene Vorstellungen von Salutogenese, von Gesundheit oder Krankheit zu hinterfragen. Wann ist eine Frau oder ein Mann gesund? Was denkt darüber eine südslawische Frau oder ein türkischer Mann? Und wie definiert es die deutsche Mitarbeiterin oder der deutsche Therapeut? Welche Vorstellungen haben ausländische Klienten vom Sozialarbeiter, Psychologen oder von Therapie? Wie geht eine stationäre Einrichtung mit Familienehre um? Vielen Migranten fällt es schwer, in Gruppensitzungen über Probleme in der Familie zu berichten und empfinden diesbezügliche Erzählungen anderer als respektlos oder taktlos. Sie könnten sich fragen, welche Autorität haben Therapeuten, die zulassen, dass über Eltern und Familienangehörige so respektlos gesprochen wird. Und wenn die Therapeuten selber Eltern sind, mögen Gruppenteilnehmer aus anderen Kulturen sich fragen, welche Erziehungskonzepte sie wohl haben. *Negative kulturelle Übertragungen* können die Folge sein.

Beraterische wie therapeutische Teams können sich aber auch über die Relativität der eigenen kulturellen, therapeutischen Konstruktionen und Heilungskonzepte Gedanken machen, und darüber nachdenken, wie der Polarisierung zwischen „Deutschen" und „Fremden" begegnet werden könnte. Gegenseitiger Austausch von kultureigenen Ressourcen und Bewältigungsstrategien wären Beispiele dafür. So könnte sich ein lebendiger, bereichernder Prozess entwickeln, der geprägt ist von Offenheit, Neugierde und Bereitschaft, voneinander zu lernen, was die in unserer Gesellschaft dringend nötige Kultur der Anerkennung (TAYLOR, 1997) fördern würde.

Diese und andere Aspekte der interkulturellen, beraterischen und therapeutischen Kompetenz sind leichter zu erreichen durch Einbeziehung von interkulturell erfahrenen Kollegen. Dies bietet die Möglichkeit, durch Austausch und Fallbesprechungen Hypothesen und selbstverständliche Grundannahmen in Beratung und Therapie zu hinterfragen und neu zu definieren. Kollegen mit Migrationerfahrung bieten sich in einer besonders wertvollen Weise für das Geschehen einer positiven *„kulturellen und migratorischen Übertragung"* nicht nur für die Klienten, sondern auch für die deutschen Kollegen an. Schließen möchte ich mit Kurt Tucholsky, der sagte: „Alle Menschen sind Ausländer, fast überall …"

Einverständnis zur Behandlung
Kulturelle Fragen zur Einwilligung nach Aufklärung *(informed consent)*

RAINER WOLF [1]

> *Eiris sâzun idisi, sâzun hera duoder.*
> *suma hapt heptidun, suma heri lezidun,*
> *suma clûbôdun umbi cuoniouuidi:*
> *insprinc haptbandun, invar vîgandum!*
> *(Merseburger Zaubersprüche[2])*

Einführung

In den Institutionen des Gesundheitswesens arbeiten in den verschiedenen Berufsgruppen in zunehmenden Maße Menschen mit unterschiedlicher kultureller Prägung. Dieser heterogenen Gruppe der Behandelnden stehen immer häufiger Patienten gegenüber, die ihrerseits verschiedene kulturelle Sozialisationen erfahren haben. Als modernes Gesundheitssystem müssen wir auf diese multikulturelle Herausforderung antworten: die demographische Entwicklung unseres Landes und der eigene Anspruch und Auftrag einer universellen medizinischen Kompetenz legen dies nahe. Ein zentrales Problem während des Behandlungsprozesses ist es, wie trotz der kulturellen Verschiedenheit gegenseitiges Vertrauen, Respektieren und gemeinsam akzeptiertes (Be-)Handeln erreicht werden können. In dieser Arbeit soll ein Problembereich aus der klinischen Praxis vorgestellt werden: die Einwilligung eines Patienten nach dessen Aufklärung durch den behandelnden Arzt *(informed consent)* bei unterschiedlichem kulturellen Hintergrund von Arzt und Patient.

Der Begriff *Einwilligung nach Aufklärung* oder der entsprechende angloamerikanische Terminus *informed consent* beschreiben die rechtswirksame Einwilligung eines Patienten in diagnostische oder therapeutische Maßnahmen, nachdem er vom zuständigen Arzt hinsichtlich deren Notwendigkeit und Risiken umfassend aufgeklärt worden ist. Nur eine umfassende Aufklärung bietet ihm die erforderlichen Voraussetzungen, das Für und Wider dieser Maßnahmen abzuschätzen. Die Begriffe *Ablehnung nach Aufklärung* oder *informed refusal* sind zwar nicht gebräuchlich, gehören aber zu den möglichen Alternativen einer freien Entscheidung, die zu respektieren bleibt. Das Thema der Einwilli-

---

1. Dank an Herrn PD Dr. F.J. Illhardt, Zentrum für Ethik und Recht in der Medizin, Freiburg i.Br., für die gemeinsame klinische Arbeit an dem hier dargestellten Fall und die darauf folgenden Diskussionen sowie an Frau E. Hauck, Logopädin, Frankfurt a.M., für die Diskussionen über Aspekte der Sprache.
2. Bei dem einleitenden Vers handelt es sich um den ersten Spruch der *Merseburger Zaubersprüche*, entstanden um 750, erstmalig herausgegeben von Jakob Grimm 1842. Die Sprüche gelten als „literarische Denkmäler aus germanischer Zeit", einer Epoche, als die damalige germanische Kultur durch antikchristliche Bildungseinflüsse umgestaltet wurde

gung nach Aufklärung ist in der Regel im Bereich der rechtsmedizinischen oder psychiatrischen Fachliteratur zu finden. Dort wird es meistens unter dem Thema *Forensische Psychiatrie* abgehandelt.

Die Begriffe *Kultur* und *Multikulturalität* werden derzeit nicht übereinstimmend definiert. Kultur kann aus soziologisch-philosophischer Sicht als das Symbolsystem einer Gesellschaft bezeichnet werden, das die grundlegenden Werte und Normen, Verfahrens- und Verhaltensregeln beinhaltet. Diese sind Teil eines Wissens, das bei der symbolischen „Konstruktion von Welt" (HABERMAS, 1981) und der Bewältigung von deren Problemen Anwendung findet. Unterschiedliche Kulturen bedeuten deshalb für ihre Angehörigen unterschiedliche „Welten" und unterschiedliche Strategien bei der Problemlösung. Der Begriff Kultur wird für die Gesamtheit der Lebensformen einer Bevölkerung in einem historisch und regional abgrenzbaren (Zeit-)Raum verwendet (HARTFIEL, 1976). Elemente der Abgrenzung sind häufig die Sprache, moralische Anschauungen und Wertvorstellungen, Religion, Lebensgewohnheiten, soziale Gebildeformen, aber auch Zeitepoche und Lebensalter.

Die Wechselbeziehung zwischen Einwilligung nach Aufklärung und Kultur, also das unterschiedliche Entscheidungsverhalten von Patienten aufgrund deren kultureller Zugehörigkeit, ist bislang nur selten zum Thema der medizinischen Fachliteratur geworden. Es ist zwar in medizinischen Lehrbüchern durchaus zu lesen, dass ein Arzt die gesellschaftlichen, kulturellen und individuellen Lebenserfahrungen eines Patienten zu beachten habe. In der täglichen Praxis gelten aber häufig, insbesondere in einem somatisch orientierten Kontext, andere Schwerpunkte. Biografie und sozialer Status scheinen hier einen eher geringen diagnostischen oder therapeutischen Wert zu besitzen. In der Psychiatrie und Psychotherapie sind jedoch biografische und soziokulturelle Aspekte essenziell für die diagnostische Einschätzung eines Patienten, die Wahl der therapeutischen Maßnahmen und schließlich für die prognostische Einschätzung der aktuellen Symptomatik der Grunderkrankung im gegenwärtigen Lebenszusammenhang. Gleichwohl fanden Erkenntnisse der Transkulturellen Psychiatrie *(cross-cultural psychiatry)* erst in den 90er Jahren Eingang in die internationalen psychiatrischen Klassifikationssysteme von ICD-10 (WORLD HEALTH ORGANISATION, 1993) und DSM IV (AMERICAN PSYCHIATRIC ASSOCIATION, 1994). Die systematische Bewertung des soziokulturellen Kontextes einer Person wurde jedoch schon Anfang des 20 Jh. mit der Vergleichenden Psychiatrie begründet (KRAEPELIN, 1904).

Bei der Erhebung der Anamnese, der Krankengeschichte, unterscheidet man – bezogen auf den Patienten – Eigen- und Fremdanamnese, bei denen jeweils u.a. die in Tabelle 1 dargestellten Themenbereiche zur Sprache kommen. Diesem Schritt folgen die Erhebung eines Untersuchungsbefundes, die Beobachtung des Verlaufs und die Ausführung technischer Zusatzuntersuchungen.

> **Tabelle 1: Psychiatrisch-psychotherapeutische Anamnese und Befund**
> - Vorstellungs-/Aufnahmemodus
> - Ersteindruck und Gesprächsverlauf
> - Aktueller psychischer Befund
> - Psychiatrische unddasssomatische Vorerkrankungen
> - Familienanamnese
> - Aktuelle soziale Situation
> - Biografie
>
> - Aktueller psychometrischer und somatischer Befund
> - Technische Zusatzuntersuchungen

Während eines Anamnesegesprächs werden auch Fragen nach der kulturellen Prägung aufgeworfen. Ihre Bedeutung für die aktuelle Situation des Patienten und für seine weiteren Perspektiven erschließt sich häufig nicht unmittelbar aus dem anamnestischen Dialog, sondern kann eine Reflexion über das aktuelle Lehrbuchwissen hinaus erfordern. Im Umgang mit Menschen aus einem anderen Kulturkreis oder aus einer anderen Generation ist eine hohe *anamnestische Sensitivität* im Sinne von kommunikativer Kompetenz gefragt, denn die Patienten haben sehr wahrscheinlich eine andere kulturelle Prägung als der Untersucher: sie stammen aus einem anderen „historisch und regional abgrenzbaren (Zeit-) Raum". Transkulturelle Psychiatrie (PFEIFFER, 1994) und Gerontopsychiatrie (WOLF, 1997; 1999) haben also in der Reflexion des Einflusses von soziokulturellen Lebenserfahrungen auf die Arzt-Patient-Beziehung eine wesentliche Gemeinsamkeit.

Arzt-Patient-Beziehung

Charakterisierung der Arbeitsbeziehung

Die *Arzt-Patient-Beziehung* dient zum einen der Informationserhebung für Diagnostik und Therapie und zum anderen dem Aufbau einer therapeutischen Beziehung. Wesentliche Elemente dieser therapeutischen Beziehung sind:
- die *Compliance* des Patienten, also die Bereitschaft zur Mitwirkung an diagnostischen und therapeutischen Maßnahmen,
- die beiderseitige Fähigkeit zu einem *Arbeitsbündnis*,
- Entwicklung und Aufrechterhalten eines *Vertrauensverhältnisses*,
- der *Therapieerfolg*, der unmittelbar für den Patienten wahrnehmbar ist bzw. für ihn erreichbar erscheint.

Ein weiteres Merkmal der Arzt-Patient-Beziehung ist in den letzten Jahren in den Mittelpunkt der Therapieforschung gerückt, und zwar die Tatsache, dass die Art und Weise der individuellen Arzt-Patient-Beziehung im Sinne eines unspezifischen Therapiefaktors wirksam ist (GRAVE, DONATI, BERNAUER, 1994). Es geht hierbei um den Aufbau von Vertrauen und – eng damit verknüpft – von Selbstvertrauen, Hoffnung und Perspektiven für die Zukunft.

Diese Arbeitsbeziehung ist asymmetrisch. Auf der Seite des Patienten sind zu nennen: die Bereitschaft sich berühren zu lassen, die Bereitschaft intime Körperbereiche zu entblößen und einer Untersuchung zugänglich zu machen und das Recht auf Information über die Befunde. Auf der Seite des Arztes: der Behandlungsauftrag und gegebenenfalls die Behandlungspflicht, den Patienten zu berühren, intime Körperbereiche zu untersuchen und falls erforderlich die körperliche Integrität zu verletzen, welche ein hohes Rechtsgut ist. Jeder nach den Regeln der ärztlichen Kunst vorgenommene Eingriff in die körperliche Integrität einer Person – auch der zu Heilzwecken – erfüllt juristisch den Tatbestand der Körperverletzung und bedarf grundsätzlich einer doppelten Rechtfertigung: der medizinischen Indikation und der Einwilligung des Patienten nach dessen Aufklärung (§ 823, Abs. 1 BGB (Bürgerliches Gesetzbuch); § 223 StGB (Strafgesetzbuch)).

Vertragsrechtlich handelt es sich bei der Übernahme von Diagnostik und Therapie (Behandlungsvertrag) um „Leistungen höherer Art" (§ 611 BGB), nach den zu diesem Zeitpunkt anerkannten Regeln des ärztlichen Fachgebietes. Diese Vertragssituation entsteht allein durch das Aufsuchen eines Arztes, ohne dass es dazu eines schriftlichen Vertrages bedarf. Aus diesem Grund müssen auf der ärztlichen Seite bestimmte Voraussetzungen erfüllt sein: 1. Regelmäßige qualitätssichernde Maßnahmen, 2. der Schutz von Rechtsgütern wie der Selbstbestimmung des Patienten, 3. der Geheimhaltung (Schweigepflicht) von Patientendaten und 4. die Dokumentationspflicht. In einem Notfall kommt der Rechtsbegriff der Geschäftsführung ohne Auftrag im Sinne eines rechtfertigenden Notstandes (§ 34 StGB) zum tragen (VENZLAFF & FOERSTER, 1994).

Einwilligung nach Aufklärung

Die Einwilligungsfähigkeit in medizinische Maßnahmen ist nicht gleichzusetzen mit der Geschäftsfähigkeit (§§ 104ff. BGB), das heißt, die Einwilligungsfähigkeit kann aufgehoben sein, ohne dass die Geschäftsfähigkeit aufgehoben ist. Es gibt keine generelle Einwilligungsfähigkeit für ärztlich indizierte Maßnahmen, sondern nur eine Einwilligungsfähigkeit in Bezug auf eine konkrete Situation und die daraus abzuleitenden Konsequenzen. Für eine rechtswirksame Einwilligung nach Aufklärung – *informed consent* – sind mindestens vier Voraussetzungen zu überprüfen (s. Tab. 2):

> **Tabelle 2: Einwilligung nach Aufklärung** *(informed consent)*
>
> Alle vier Voraussetzungen müssen erfüllt sein:
> - *Einwilligungsfähigkeit*dassdes Patienten (*competence, capacity*)
> - *Informationsvermittlung* über die ärztliche Einschätzung seiner klinischen Situation, inklusive der durchzuführenden Interventionen und deren Risikendass(*disclosure of information*)
> - *Sprach- und Informationsverständnis* des Patienten (*understanding*)
> - *Freiwilligkeit* der Entscheidung des Patienten ohne Zwang und äußeren Druck (*voluntariness*)

Bei der Einschätzung der *Einwilligungsfähigkeit* eines Patienten, zum Beispiel wie in der unten beschriebenen Kasuistik im Rahmen eines psychiatrischen Konsils, werden folgende Funktionen und Fähigkeiten überprüft (s. Tab. 3).

> **Tabelle 3: Biologisch-psychische Voraussetzungen für die Einwilligungsfähigkeit**
>
> *Unabdingbar ist:*
> - eine Bewusstseinsklarheit des Patienten und seine Fähigkeit, sich zeitlich, räumlich, zur Person und situativ zu orientieren
>
> *Zu prüfen sind die Fähigkeiten des Patienten:*
> - relevante Informationen in diesem speziellen Zusammenhang zu verstehen
> - zu rationalem und schlussfolgerndem Umgang mit diesen Informationen
> - die Situation als spezifische Einwilligungssituation zu erkennen und ihre Konsequenzen zu reflektieren
> - eine Entscheidung zu treffen und das Pro und Kontra sowie den Entscheidungsweg anderen zu vermitteln

Bei der Bewertung von *Informationsvermittlung*, *Informationsverständnis* und *Freiwilligkeit* ist ihre starke Abhängigkeit von kulturellen und sprachlichen Voraussetzungen zu berücksichtigen (s.u.).

In diesem Zusammenhang ist dafür Sorge zu tragen, dass der Patient eine schriftliche Einverständniserklärung gibt und/oder, dass Zeugen sein Einverständnis schriftlich belegen bzw. später belegen können. Zu den ärztlichen Aufgaben gehört es, diese Schritte ausreichend zu dokumentieren.

Medizin-ethische Prinzipien

Unvorhersehbarkeit und Komplexität menschlicher Verhaltensweise führen dazu, dass in jedem Rechtssystem ein Entscheidungsbereich verbleibt, der ausschließlich zwischen den beteiligten Personen zu gestalten ist. Außerdem entbindet kein Rechtssystem die Beteiligten davor, ihr eigenes und fremdes Handeln zu bewerten. Recht ist ein System von Regeln, das die normativen Verbindlichkeiten einer konkreten politischen Gemeinschaft zu einer bestimmten Zeit festlegt. Ethik dagegen bezeichnet die Disziplinen von Philosophie und Theologie, die sich mit Bewertung „gut" oder „schlecht" hinsichtlich Verhalten und Charakter befassen. Die medizinische Ethik oder Bioethik beschäftigt sich mit ethischen Problemen in Medizin, Pflege und Biowissenschaften. Die ethischen Grundlagen ärztlichen Handelns – auch in der biomedizinischen Forschung am Menschen – sind in den sogenannten ethischen Kodizes niedergelegt, die jedoch nicht den Status eines Gesetzes haben: u.a. dem Nürnberger Kodex (1947), der Deklaration von Helsinki des Weltärztebundes (1964), ergänzt in den Versionen von Tokio (1975), Venedig (1983), Hongkong (1989) und Somerset West, Republik Südafrika (1996) und der Erklärung von Hawaii (1977) des Weltbundes der Psychiatrie.

In der Ethik werden Konflikte zwischen ethischen Prinzipien und zwischen den Interessen verschiedener Parteien unterschieden. In der großen Gruppe ethischer Konflikte zwischen Parteien (wie Patient, Arzt, Angehörige, Krankenhaus, pharmazeutischer Industrie, wissenschaftlicher Gemeinschaft, Regierung, Krankenversicherung) treffen sehr verschiedene Interessen aufeinander. Wichtig für die Bewertung medizinischen Handelns sind nach BEAUCHAMP AND CHILDRESS (1994) folgende vier medizin-ethischen Prinzipien (Tab. 4):

Tabelle 4: Medizin-ethische Prinzipien

- Patientenselbstbestimmung *(autonomy)*
- Nichtschaden-Gebot *(nonmaleficence)*
- Handeln zum Wohl des Kranken *(beneficence)*
- Fairness *(justice)*

Ein Konflikt zwischen dem Prinzip der Selbstbestimmung des Patienten *(autonomy)* und dem Prinzip des Handelns zum Wohl des Kranken *(beneficence)* entsteht beispielsweise, wenn ein Patient eine für ihn lebenswichtige Therapie ablehnt und die Frage aufgeworfen wird, ob es ethisch zulässig ist, die Therapie zu erzwingen.

Multikulturelle Strukturen als Herausforderung der Medizin

Demographie

Im Jahre 1998 lebten etwa 7,3 Millionen Menschen mit einer ausländischen Staatsangehörigkeit in der Bundesrepublik Deutschland. Dies entspricht einem Anteil von ca. 9% an der Gesamtbevölkerung. Hierbei gibt es regionale Unterschiede zwischen den Bundesländern. Allein in den vier Flächenländern Baden-Württemberg, Hessen, Nordrhein-Westfalen und Bayern lebten 1998 etwa 70% aller Ausländer. In Großstädten wie Frankfurt a.M. erreicht der Ausländeranteil ca. 30%, in Stadtteilen von Großstädten bis zu etwa 40 %. In den neuen Bundesländern lagen die Ausländeranteile selbst in den Großstädten wie Leipzig unter 3%. Zusammen mit über 2 Millionen Spätaussiedlern leben damit über 9 Millionen Migranten, d.h., Menschen aus anderen Kulturen, in Deutschland (BEAUFTRAGTE DER BUNDESREGIERUNG FÜR AUSLÄNDERFRAGEN, 1999).

Multikulturelle Struktur der Krankenhäuser und komplementären Einrichtungen

Krankenhäuser und andere Institutionen des Gesundheitswesens sind keine homogenen Einrichtungen mehr bezüglich der Sozialisation ihrer Mitglieder. Beispielsweise ist ein Stationsteam häufig aus Angehörigen verschiedener Länder und Kulturen zusammengesetzt und ein Patient kann keineswegs mehr damit rechnen, dass die Behandelnden die gleichen Wert- und Moralvorstellungen teilen wie er selber. Dies bedeutet eine Erhöhung der Perspektivenvielfalt, das heißt, ein und dieselbe Situation, wie körperliche Untersuchung, Blutabnahme, Bluttransfusion, Operation etc., kann vor dem Hintergrund der individuellen Geschichte zu unterschiedlichen Bewertungen und damit zu unterschiedlichen Handlungsmaximen führen. Diese Entwicklung bedeutet, dass ein Wertekonsens immer unwahrscheinlicher wird. Für die interpersonellen Beziehungen wird es entscheidend sein, ob die einzelnen Beteiligten ihre jeweiligen Wertvorstellungen als relative (Werterelativismus) oder absolute Größen (Wertefundamentalismus) einschätzen (ILLHARDT, 1994).

Universalität der Medizin: Anspruch und Auftrag

Das herausragende Charakteristikum der Medizin ist nach PARSONS (1968) ihr Versprechen, für alle Menschen ohne jede Einschränkung ihre Behandlungskompetenz bereit zu halten. Es handelt sich also um den Anspruch der Medizin, dass ihre Behandlungskompetenz Universalität besitzt. Unter dem Begriff der *stranger medicine* wurde dieser Anspruch neu formuliert: Beziehung, Nähe, Kultur, Überzeugung, etc. dürfen danach die Behandlung in der Medizin nicht verändern (VEATCH, 1985). Dies wurde als Reduktion auf einen minimalen Anspruch der medizinischen Kompetenz missverstanden. Universalität darf jedoch nicht bedeuten, dass Unterschiede zwischen Kulturen geleugnet werden, sondern dass diese Unterschiede gerade wahrgenommen werden sollen, um Bevorzugung oder Benachteiligung vermeiden zu können (TOULMIN, 1991).

Eine universelle Behandlungskompetenz trotz soziokultureller Verschiedenheiten zu vertreten, ist nicht nur ein innermedizinischer Anspruch, sondern auch ein Auftrag, der von staatlichen und überstaatlichen Institutionen an die Medizin vergeben wird. In epidemiologischen Studien der Weltgesundheitsorganisation (WHO) wurden zum Beispiel im internationalen Vergleich die genetischen und soziokulturellen Einflüsse auf die Krankheitsentwicklung von Schizophrenien untersucht. Die Ergebnisse belegen eine *pathopla-*

stische, d.h. das Krankheitsbild formende Wirkung soziokultureller Faktoren (SARTORIUS, 1986). Eine universelle Kompetenz, diese Erkrankungen zu diagnostizieren und wirksam zu behandeln, wird dadurch nicht grundsätzlich in Frage gestellt.

Kulturübergreifende und kulturspezifische Anteile der Medizin

Die Unterscheidungsfähigkeit zwischen kulturübergreifenden und kulturspezifischen Anteilen (PFEIFFER, 1994) der Medizin sollte als Grundvoraussetzung einer interkulturellen Arbeitsbeziehung zwischen Arzt und Patient angesehen werden. Wenn Menschen aus verschiedenen Kulturen, aber auch aus verschiedenen medizinischen Disziplinen, die Phänomene von Gesundheit, Krankheit und Medizin betrachten und unterschiedliche Perspektiven feststellen, taucht die Frage nach dem Zusammenhang von „Lebenswelt und Medizin" auf (ILLHARDT, 1994; 1998). In der folgenden Kasuistik soll die Bedeutung der Differenzierung zwischen kulturübergreifenden und kulturspezifischen Faktoren für den Verlauf einer Behandlung untersucht werden.

Kasuistik

Herr A., ein 74-jähriger Patient, geboren in Weißrussland, deutscher Abstammung, wurde von einem niedergelassenen Neurologen in die Neurochirurgische Klinik einer süddeutschen Stadt eingewiesen. Der Grund waren „persistierende Ruhe- und Belastungsschmerzen und Parästhesien in beiden Beinen, strumpfförmig und links betont". Die klinischen Untersuchungen ergaben die Verdachtsdiagnose einer lumbalen Enge des Spinalkanals. Die Neurochirurgen planten einen operativen Eingriff.

Dem behandelnden Arzt kamen jedoch Bedenken, ob der Patient die Aufklärung über die Operation ausreichend verstanden hatte, da er einerseits im Gespräch mehrfach den Wunsch nach einer Operation ausgesprochen hatte und andererseits die Einwilligungserklärung dafür nicht unterschreiben wollte. In den darauffolgenden Gesprächen war es dem Arzt nicht möglich gewesen, die Ursache für diesen Widerspruch herauszufinden. Es blieb die Frage offen, ob es sich um:
- sprachliche Schwierigkeiten (auditives Sprachverständnis, Lesesinnverständnis, Schriftsprache und Sprechen),
- interpersonelle und soziale Probleme oder
- psychische Probleme handelte.

Es war zu klären, ob sich der Mediziner auf den mündlich geäußerten Wunsch nach einer operativen Behandlung berufen und die Operation durchführen sollte?

Einverständnis zur Behandlung 85

Diskussion

In dieser Situation wurden zunächst die Ethikberatung des Klinikums und später der psychiatrische Konsiliardienst hinzugezogen. Die Ergebnisse des weiteren Verlaufs sind hier kurz dargestellt:
- *Sprache*: Der Patient besaß mäßige expressive Fähigkeiten und schwer zu beurteilende rezeptive Fähigkeiten in der deutschen Sprache; die schriftlichen Verständigungsmöglichkeiten waren nicht zu beurteilen. Sein Sohn verfügte ebenfalls über mittelgradige deutsche Sprachkenntnisse, seine Schwiegertochter hingegen sprach ausgezeichnet deutsch. Herr A. war einverstanden, dass seine Schwiegertochter zeitweise übersetzte, da ein professioneller Dolmetscher nicht sofort verfügbar war.
- *Interpersonelle und soziale Situation*: Herr A. lebte als Rentner seit zwei Jahren in Deutschland. Sein Sohn, der seit drei Jahren in Folge eines Arbeitsunfalls erblindet war, lebte mit seiner Frau seit zehn Jahren in Deutschland. Herr A. äußerte während mehrerer Gespräche wiederholt, dass seine Schwiegertochter entscheiden und unterschreiben solle, er könne das Problem der anstehenden Operation nicht richtig begreifen. Die Schwiegertochter äußerte später in einem Einzelgespräch, mit dem der Patient einverstanden war, dass ihr Schwiegervater sich nicht entscheiden wolle – so ihre Überzeugung – weil er die Verantwortung nicht tragen wolle. Wenn die Operation schlecht ausgehe, könne er ihr sagen: „Du hast falsch entschieden, jetzt musst du mich auch pflegen." Sie selbst sei jedoch durch die Versorgung ihres behinderten Mannes „bis an die Grenzen belastet" und wolle und könne ihren Schwiegervater nicht, wenn die Operation schlecht ausginge, in dem zu erwartenden Ausmaß versorgen. Die Schwiegertochter berichtete außerdem, dass ein Freund des Patienten vor mehreren Monaten verstorben sei. Herr A. habe die Witwe dieses Freundes heiraten wollen, um jemanden zu haben, der ihn wegen seiner Schmerzen versorge.
- *Psychischer Befund*: bei der psychiatrischen Untersuchung, bei der die Schwiegertochter nur teilweise als Übersetzerin anwesend war, ergab sich kein Anhalt für eine psychiatrische Erkrankung. Insbesondere gab es keinen Hinweis auf eine Einschränkung der *Einwilligungsfähigkeit*. Die *Informationsvermittlung* durch den Neurochirurgen war offensichtlich ausreichend gewesen und das *Sprach- und Informationsverständnis* des Patienten ausreichend gewesen, da er gedanklich seine augenblickliche gesundheitliche Lage einschätzen und die Folgen einer konservativen Behandlung und das Risiko einer Operation mit seinen Worten abwägen konnte. Allerdings wollte er die erforderliche Unterschrift und damit die Verantwortung für seine Entscheidung nicht übernehmen. Die *Freiwilligkeit* war nicht gegeben – und damit keine Einwilligung nach Aufklärung.

Die Situation von Patient und Arzt in dem geschilderten Fall lässt sich folgendermaßen charakterisieren:
Herr A. machte seine Entscheidung von der Unterstützung durch sein soziales Umfeld abhängig. Es stellte sich die Frage, ob er damit eine angemessene oder unangemessene

Forderung nach Unterstützung und/oder Versorgung artikulierte. In den Gesprächen äußerte er das Gefühl, niemanden zu haben, mit dem er gemeinsam die Entscheidung überlegen könne und der ihn unterstützen würde, wenn seine Entscheidung nicht den gewünschten Erfolg brächte. Der Wunsch nach Unterstützung richtete sich offensichtlich nicht an eine Einrichtung des Gesundheitswesen, sondern an seine Familie. Solche Konfliktsituationen sind nicht ungewöhnlich. Aus der Rehabilitationsmedizin ist bekannt, dass gerade bei Wirbelsäulensyndromen eine funktionierende soziale Unterstützung *(social support)* entscheidend für den Therapieverlauf ist (SENN, 1993).

Für den Arzt ergaben sich aus den medizinischen Befunden zwei Handlungsalternativen: eine konservative Behandlung oder ein operativer Eingriff, wobei keine der beiden Alternativen aufgrund der Erfolgswahrscheinlichkeit klar zu bevorzugen war. Dies erschwerte den Entscheidungsprozess.

Das zentrale Problem bestand jedoch darin, dass der Patient seine *Entscheidungsautonomie* nicht in Anspruch nehmen wollte und durch sein Verhalten eine widersprüchliche Doppelbotschaft vermittelte. Es handelte also nicht primär um einen Konflikt zwischen den ethischen Prinzipien *autonomy* und *beneficence*, sondern darum, dass zunächst der Patient in die Lage kommen musste, eine autonome Entscheidung zu treffen. Hierzu wurden ihm andere als bisher von ihm erwogene Perspektiven für soziale Unterstützung und Krankheitsbewältigung aufgezeigt. Im Verlauf der Gespräche äußerte er sich grundsätzlich bereit, individuelle Hilfsangebote auch von außerhalb der Familie anzunehmen.

Der dargestellte Fall zeigt, dass eine spezielle *kommunikative*, und zwar eine *interkulturelle Kompetenz* (KORAY, 2000) im diagnostischen und therapeutischen Prozess entscheidende Lösungsimpulse geben kann. Ethno-medizinische Befunde zeigen, dass es Unterschiede in der Wertorientierung zwischen den industrialisierten westlichen Gesellschaften und nicht-westlichen Kulturen gibt (SCHIER, 1994). Diese Unterschiede können sich z.B. auf die soziale Verpflichtung des Einzelnen, den Status der Kinder und auf Krankheitsmodelle beziehen. Allerdings kann es im Einzelfall schwierig sein, die Motivation eines Patienten auf kulturbedingte Faktoren sicher zurückzuführen. Hierbei ist die Gefahr einer Beeinflussung durch Vorurteile nicht zu unterschätzen. Deshalb sollte versucht werden, die Motivation umfassend aus der aktuellen somatischen und psychosozialen Situation des Patienten und aus seiner Biografie – wozu die Kultur als ein Faktor dazugehört – abzuleiten. Im vorliegenden Fall gelang es durch interdisziplinäre Zusammenarbeit, aus der biografischen Anamnese Unterschiede zwischen der Patienten- und der Gastkultur als zentrale Problembereiche zu identifizieren und mit dem Patienten und seiner Familie einen Kompromiss zu erarbeiten. Dieser bestand darin, eine neurologische Rehabilitation mit anschließender ambulanter somatischer und psychosozialer Unterstützung des Patienten durchzuführen, wodurch eine Entlastung der Schwiegertochter erreicht werden sollte.

Der ärztliche Beitrag zur Problemlösung beruhte auf:
- einer komplexen medizinischen Kompetenz, wozu einerseits die neurologisch-neurochirugische Indikationsstellung für eine operative oder konservative Behandlung gehörte und andererseits die psychiatrische Einschätzung der Entscheidungsfähigkeit des Patienten, sowie das Erkennen und die Bewältigung ethischer Konflikte;
- einer kommunikativen Kompetenz, die das Erkennen und Berücksichtigen des individuellen sprachlichen, psychosozialen und kulturellen Bedingungsgefüges, in dem der Patient lebte, ermöglichte.

Die Medizin kann ihrem Anspruch auf Universalität demnach nur dann gerecht werden, wenn es gelingt, die Individualität eines Patienten zu berücksichtigen und individuelle Wertvorstellungen und kulturspezifischen Faktoren in der Anamnese zu erkennen und daraufhin diagnostische und therapeutische Kompromisse zu erarbeiten und zu verhandeln.

Schlussfolgerung

Die oben beschriebene Kasuistik macht deutlich, dass für den Prozess der Einwilligung nach Aufklärung *(informed consent)* in einem multikulturellen Kontext folgende zusätzliche Bedingungen erforderlich sind:
- Professionelle Dolmetscher, um eine ausreichende sprachliche Verständigung zu gewährleisten und um eine Vermischung der Äußerungen eines Patienten mit subjektiven Vorstellungen eines Übersetzers zu vermeiden.
- Interkulturelle Kompetenz als Teil einer anamnestischen Sensitivität, um kulturspezifische Äußerungen, aber auch nicht geäußerte, implizite Entscheidungskomponenten, die sich aus der kulturell geprägten individuellen Lebensgeschichte ergeben, erkennen zu können.
- Selbstachtung und Achtung des Fremden, um die subjektiven und möglicherweise schwer nachvollziehbaren Vorstellungen eines Patienten sowie seine Entscheidung nach der medizinischen Aufklärung respektieren zu können.

Public Health für Migranten
Konzepte für die Gesundheitsfürsorge auf kommunaler Ebene

DAWIT MENGISTU

Die Dinge zu BETRACHTEN ist eine Sache,
Die Dinge, die wir sehen, zu ERKENNEN eine andere,
Und das, was wir wahrnehmen, zu VERSTEHEN, eine dritte Sache.
Das, was wir verstehen, zu LERNEN ist noch etwas anderes.
Doch der Erkenntnis gemäß zu HANDELN, ist, was zählt.
(Australian Women's Weekly)

Rahmenbedingungen

In der Bundesrepublik leben derzeit 7,2 Mio. ausländische BürgerInnen; 25% von ihnen sind als Flüchtlinge registriert, weitere 25% kommen aus EU-Ländern; 1995 waren 1,43 Mio. „Ausländer" (20,5%) bereits in Deutschland geboren (BEAUFTRAGTE DER BUNDESREGIERUNG, 1997). Auch für sie gilt die Feststellung der WHO, dass Gesundheit sowohl ein grundlegendes Menschenrecht als auch eine bedeutsame soziale Investition ist.

Am 30. Mai 1977 verabschiedete die Vollversammlung der WHO die Resolution „Alle Bürger sollen bis zum Jahr 2000 ein gesundheitliches Niveau erreicht haben, das es ihnen erlaubt, ein gesellschaftlich und wirtschaftlich produktives Leben zu führen". Dieses übergeordnete sozialpolitische Ziel wurde eingebunden in die Einzelziele „Gesundheit für alle" der WHO-Region Europa im Jahre 1984, zu deren Umsetzung sich alle europäischen Regierungen grundsätzlich verpflichteten. „Eine gesundheitsfördernde Gesamtpolitik berücksichtigt die je eigenständigen Kulturen traditioneller Bevölkerungsgruppen, ethnischer Minderheiten und Einwanderer. Gleichberechtigter Zugang zu Gesundheitsdiensten, besonders in der gemeindenahen Gesundheitsversorgung, ist ein entscheidender Bestandteil von Chancengleichheit zur Gesundheit." (GESUNDHEITSFÖRDERNDE GESAMTPOLITIK – DIE ADELAIDE-EMPFEHLUNGEN).

Demnach ist das erste und vornehmste Ziel Chancengleichheit im Gesundheitsbereich. Dieses Ziel bedeutet nicht, gleiche Gesundheit, sondern gleiche Gesundheitschancen zu schaffen. Soziale Ausgrenzung bedeutet keinesfalls bloß ein weniger an materiellen Gütern, sondern auch Benachteiligungen in anderen Lebensbereichen, zu denen zentral die Gesundheit gehört.

Seit ca. 12 Jahren gewinnt das Thema der sozialen Ungleichheit von Krankheit und Tod in Deutschland wieder an Bedeutung. So ist die Stadt München seit 1988 eine von rund 30 Städten, die sich dem „Gesunde Städte"-Projekt des europäischen Büros der WHO angeschlossen haben. Seitdem ist sie aktiv an dem bundesdeutschen „Gesunde Städte"-Netzwerk beteiligt. Der öffentliche Gesundheitsdienst beginnt in diesem Kontext, die Tradition der Sozialhygiene in ihrer kommunalpolitischen Dimension wiederzuentdecken (SCHMACKE, 1998); sozialkompensatorische Arbeitsansätze gehören zum festen Bestandteil der Arbeit des öffentlichen Gesundheitsdienstes, sie bleiben auch in den entwickelten Industrienationen auf der Tagesordnung kommunaler Gesundheitsdienste (BRAND & SCHMACKE 1998).

Was ist Public Health?

Wörtlich übersetzt bedeutet Public Health „öffentliche Gesundheit". Dieser Fachterminus umfasst alle analytischen und organisatorischen Anstrengungen, die sich mit der Erkennung von Gesundheitsproblemen in der Bevölkerung, ihre Verbesserung oder ihre Verhinderung befassen. Public Health bezieht sich auf Populationen und organisierte Systeme der Gesundheitsförderung, der Krankheitsverhütung (Prävention), der Krankheitsbekämpfung, der Rehabilitation und der Pflege" (WALTER & PARIS, 1996). Auf dem ersten Public Health-Kongreß der fünf deutschen Forschungsverbünde in Dresden 1995 hat Füllgraf als Zielgruppe des Handelns in Public Health vor allem sozial benachteiligte, ausgegrenzte, vulnerable Gruppen, Angehörige der unteren sozialen Schicht, Menschen in Armut, die nicht nur höhere Krankheits- und frühere Sterblichkeitserwartungen, sondern auch einen weniger guten Zugang zu den hochwertigen Leistungen des Versorgungssystems haben, angesprochen (FÜLLGRAF, 1995).

Die Public-Health-Relevanz des Themas „Gesundheitsfürsorge für MigrantInnen auf kommunaler Ebene" wird eindeutig sichtbar, wenn man die Zunahme der gesundheitsrelevanten Belastungen von Migranten in den letzten Jahren beobachtet. Deutlich wird dies beispielsweise an der Verringerung des "Healthy-Migrant-Effects". Hierunter ist zu verstehen, dass die Arbeitsmigranten zu Beginn ihres Aufenthaltes in der Bundesrepublik Deutschland zumeist gesünder sind als die Inländer im gleichen Alter. Aber mit zunehmender Aufenthaltsdauer der Migranten in der Bundesrepublik wird dieser "Healthy-Migrant-Effect" verringert. Das ist um so bemerkenswerter, wenn man bedenkt, dass es sich hier um einen Personenkreis mit besonders positiver gesundheitlicher Selektion handelt, was durch Untersuchung durch die Anwerbekommissionen gewährleistet werden sollte (LECHNER & MIELCK, 1998).

In der modernen Psychosomatik (UEXKÜLL, 1990) werden Gesundheit und Krankheit als Anpassungsleistung in biologischer, psychischer, sozialer und kultureller Dimension bechrieben. Diese Anpassungsleistungen können in einer oder mehreren dieser Dimensionen, falls sie unter besonders problematischen Bedingungen ablaufen, nicht gelingen oder zu gesundheitsgefährdenden Bewältigungsmustern führen. Dies kann dann die Möglichkeit einer Störung des „sozio-psycho-somatischen Kreises" beinhalten, und im Extremfall bis zur Selbstzerstörung führen.

Für Auswanderer sind die Lebensveränderungen einschneidend und von vielen unterschiedlichen Phasen der Anpassung geprägt. Theoretische Analysen zur Erklärung von Gesundheit und Krankheit von Migranten in Deutschland bezogen sich in der Vergangenheit vor allem auf die Situationen von Arbeitsmigranten und ihren Familienangehörigen (KENTENICH, REEG und WEHKAMP, 1984). Während bis in die siebziger Jahre vor allem psychoanalytische Ansätze zur Identität als Erklärungsmöglichkeiten für Krankheitsprozesse in der Migration herangezogen wurden, so sind später stresstheoretische Ansätze mit Modellen von Bewältigungsstrategien – coping – und sozialer Unterstützung – social support – benutzt worden (COLLATZ, 1989; NAUCK, 1993). In den letzten Jahren wurden stresstheoretische Forschungen vermehrt mit Ansätzen der biografischen Analyse verknüpft. Dieser Ansatz könnte sich für die Gesundheitsforschung für Migranten als besonders bedeutsam erweisen, da er die Untersuchung von Migrationsprozessen und die Entwicklung einer bikulturellen Identität und ihrer Auswirkungen ermöglicht (SALMAN, 1994). Neben den oben genannten beiden Ansätzen liefern medizinsoziologische und sozialpsychologische Modelle eine wesentliche Erklärung für die Varianz der Gesundheit und Krankheit bei Migranten (COLLATZ, 1994)

Nach den Ergebnissen der Stressforschung wirken sich vor allem plötzlich auftretende, überraschende, einschneidende Lebensereignisse und Verluste (life events) und chronische Stressoren in Zusammenhang mit alltäglichen Ereignissen und Freuden (daily hazzles) auf die Gesundheit der Menschen aus. Dass MigrantInnen gegenüber Deutschen erhöhte Erkrankungsrisiken besitzen, wurde durch mehreren Studien auf internationaler und nationaler Ebene belegt:
- Höhere Raten von Totgeburten, Säuglings- und Kleinkinder und Müttersterblichkeit (WEBER, 1990)
- Höhere Raten von Infektionskrankheiten, Störungen im Magen-Darm-Bereich (KLIEVER, 1992)
- Höhere Rate von Erkrankungen des Stütz- und Bewegungsapparates (WEBER, 1990)
- Höhere Raten von Arbeitsunfällen, Unfällen im häuslichen Bereich sowie von Verkehrsunfällen (SCHWARZE, 1991)
- Frühzeitiger auftretende chronische Krankheiten (KLIEVER, 1992)
- Häufigeres Aufsuchen gynäkologischer Notfallambulanzen (PETTE, 1998).
- Doppelt so häufiges Auftreten von Schmerzsymptomen bei Ausländerinnen als bei deutschen Patientinnen (ZENTRALINSTITUT FÜR DIE KASSENÄRZTLICHE VERSORGUNG IN DEUTSCHLAND, 1989)
- MigrantInnen sind besonders stark von Arbeitslosigkeit betroffen, bei ausländischen Arbeitslosen zeigt sich eine weit stärkere Konzentration von gesundheitlichen Belastungen als bei anderen Bevölkerungsgruppen (ELKELES, 1993), ausländische Arbeiter sind bereits im Alter von 40-50 (10 Jahre früher als ihre deutschen Kollegen) von Invalidität betroffen (REHFELD, 1991).

Die entscheidende Frage, die hier gestellt werden muss ist, wie kann den gesundheitlichen Auswirkungen sozialer Ungleichheit von MigrantInnen auf kommunaler Ebene begegnet werden?

Woraus besteht Public Health?

In Deutschland sind die Bundes-, die Landes- und die kommunale Ebene an der Gestaltung der öffentlichen Gesundheit beteiligt. Ein Kernstück des öffentlichen Gesundheitsdienstes (ÖGD) ist das Gesundheitsamt vor Ort. Hier kommt der Bürger direkt in Kontakt mit den Leistungen des ÖGD.

Trotz des in der Regel gesicherten formalen Zugangs zum Versorgungsystem zeigen auch internationale Erfahrungen, daß für Migranten Schwierigkeiten im Zugang sowie in der Interaktion mit den Gesundheitsdiensten bestehen, die vornehmlich aus ihrem von der einheimischen Bevölkerung abweichenden Krankheitsverhalten herrühren. Angesichts ihres demographischen Anteils und (auch) ihres Beitrages zum System sozialer Sicherung muß die Krankenversorgung der Migranten größeres Gewicht erhalten (SCHWARZ, 1998)

Es gehört zu den Aufgaben der Gesundheitsämter, sich stärker auf die sozialen Brennpunkte zu konzentrieren, gesundheitsbezogene Ungleichheiten aufzudecken (ein wichtiges Intrument ist die periodische Gesundheitsberichterstattung), auf sie hinzuweisen und im Interessse der Gesundheit der Benachteiligten sozialkompensatorisch zu handeln.

Zur Verbesserung der gesundheitlichen Versorgung der MigrantInnen auf kommunaler Ebene sollten die Art der Durchführung der Verbesserungsvorschläge und die wirkungsvollsten Organisationsformen zu Erreichung dieser Ziele klar dargestellt werden. Daneben müssen auch Wege zu Überprüfung der Wirksamkeit des Systems gefunden werden.

Gemeinwesenarbeit

Im internationalen Sprachgebrauch werden meist Begriffe wie *Community Development* und *Community Organization* benutzt. Hierunter wird verstanden, dass die Gemeinschaft Strategien zur Lösung der sozialen, psychischen, gesundheitlichen Probleme ihrer Mitglieder entwickelt. Ausgangspunkte sind die eigenen Ressourcen und die Suche nach Unterstützung aus anderen Ressourcen, unter anderen auch professionelle Hilfesysteme. *Social Community* Work gilt als dritte Methode der Sozialarbeit (neben Einzelhilfe und Gruppenarbeit). Dabei geht es um die Unterstützung der vorhandenen sozialen Netzwerke und gegebenfalls um ihre Verbesserung.

Transkulturelle kommunale Gesundheitspflege

Unter dem internationalen Begriff *transcultural community health nursing* versteht die Literatur eine lokale Gesundheitskooperation mit und für Menschen verschiedener geographischer und kultureller Herkunft (SPRADLEY, 1996). Wesentliches Merkmal einer so verstandenen transkulturellen und interkulturellen Gesundheitspflege ist der ständige, sensible, partnerschaftliche Erfahrungsaustausch bezüglich gesundheitsrelevanter Gegebenheiten, gesundheitsrelevanten Verhaltens und der jeweiligen kulturellen Rahmenbedingungen (UZAREWICZ & PIECHOTTA 1997).

Primäre Gesundheitsfürsorge

Hierzu gehört für MigrantInnen auf Gemeindeebene die Zusammenfassung aller Kräfte, die auf den Gesundheitszustand Einfluss nehmen können. Es gilt dazu einfache und wirkungsvolle Maßnahmen zu erforschen und zu mobilisieren, um die Lebensqualität der MigrantInnen besser zu gestalten. Aktuell besteht ein auffälliger Mangel an theoretischen Ansätzen in Bezug auf die sozialen, psychosozialen und gesundheitlichen Bedürfnisse der MigrantInnen, und die Praxis der Versorgungssysteme im Umgang mit ihnen ist stark defizitär.

Abbau von Zugangsbarrieren

Zu den bedeutsamsten Zugangsprobleme für MigrantInnen auf den unterschiedlichen Ebenen des Gesundheitssystems gehören:
- gesetzliche Rahmenbedingungen, die die den Zugang zur Gesundheitsversorgung einschränken, am extremsten durch das Asylbewerberleistungsgesetz (AsybwLG)
- Nicht-Beachtung der besonderen Lage und Bedürfnisse der MigrantInnen allgemein
- fehlende Orientierungshilfen für die Betroffenen auf allen Ebenen des Gesundheitssystems
- fehlende Beratungsdienste in den verschiedenen Einrichtungen des Gesundheitswesens
- Kommunikations- und Sprachschwierigkeiten.

Neben diesen allgemeinen Zugangsproblemen wirken sich strukturelle Eigenheiten des Gesundheitswesens für Migranten besonders nachteilig aus. Dazu gehören:
- das Fehlen einer systematisch organisierten, flächendeckenden Struktur zur medizinischen, psychologischen, psychiatrischen und psychosozialen Beratung und Betreuung
- das Fehlen von muttersprachlichen Fachkräften insbesondere im stationären Bereich, in der Pflege
- das Fehlen von Dolmetschersystemen, die auch in Notfällen telefonisch einsetzbar wären
- der Mangel an muttersprachlichem Informationsmaterial über bestehende Angebote
- das Fehlen von speziellen Angeboten für bestimmte Adressatengruppen wie Kinder, Frauen usw.

- die unzureichende Vernetzung von Selbsthilfegruppen, Betreuungsinstitutionen und Behörden
- unterdurchschnittliche Inanspruchnahme von Vorsorge- und Fördermaßnahmen
- unzureichende Abstimmung und Kooperation bei der Vermittlung von Fördermaßnahmen

Modelle

Die Stadt Bern hat beispielhaft gezeigt welche gezielten Maßnahmen sich bewährt haben, um die Rolle der kommunalen Gesundheitsdienste im Umgang mit sozialer Ungleichheit und Gesundheit zu verbessern (ABELIN & ACKERMANN, 1998):
1. Soziale Ungleichheiten werden primär außerhalb des Gesundheitswesens verursacht, sodass die Reduktion sozialer Ungleichheit vorwiegend außerhalb des Gesundheitswesens zu erfolgen hat.
2. Die Reduktion sozialer Ungleichheiten im Gesundheitsbereich erfolgt am effektivsten am Schnittpunkt von biomedizinischen und psychosozialen Problemen. Probleme im biomedizinischen und im psychosozialen Bereich lassen sich daher nicht voneinander trennen und erfordern gemeinsame Lösungen.
3. Der kommunale Gesundheitsdienst kann Katalysator von Problemlösungen im Bereich der sozialen Ungleichheiten sein. Je enger ein kommunaler Gesundheitsdienst mit anderen Sektoren wie Erziehung, Wohnungsbau, Arbeitsvermittlung und Sozialwesen zusammenarbeitet, desto wahrscheinlicher wird die Verminderung gesundheitsbezogener sozialer Ungleichheiten.
4. Konsequente Zielorientierung in Richtung Reduktion von Ungleichheiten erfordert eine Neuausrichtung der eigenen Arbeit.
5. Die Anpassung an die neuen Aufgaben erfordert eine längerfristige strategische Planung.

Die entscheidende Frage für den Theorie-Praxis Transfer bleibt daher, wie man eine Verbesserung der Gesundheitsfürsorge der MigrantInnen auf kommunaler Ebene erreichen kann und welche Rolle dabei der ÖGD vor allem in seiner Einbindung in den kommunalen Raum und die Migrantenbetreuungsorganisationen spielen soll.

Welche realistische Anforderungen können an den ÖGD gestellt werden?

Aus den bisherigen Darstellungen und den durch die Public Health Forschung vorgelegten Erkenntnisse ergeben sich eine ganze Reihe von Entwicklungsperspektiven.
- Freistellung von Ressourcen für eine umfassende Bearbeitung des Themas Migration und Gesundheit
- Angebot eines Erstuntersuchungs- und Beratungsprogramms für neuankommende Migranten

- Sicherstellung von notwendigen Schutzimpfungen, ärztlichen Vorsorgeuntersuchungen
- Entwicklung und Angebot spezieller Versorgungsangebote für benachteiligte Bevölkerungsgruppen. Konkrete Angebote wären Mütterberatungsstellen und Kinder-/Jugendgesundheitsdienste an Gesundheitsämtern, Frühförderstellen etc.
- Engere Zusammenarbeit kommunaler Gesundheitsdienst mit anderen Sektoren wie Sozialwesen, Erziehung, Wohnungsbau, Arbeitsvermittlung usw.
- Flankierung des derzeitigen medizinisches Versorgungssystem mit seinen „Kommstrukturen" durch eine Reaktivierung der „aufsuchenden Dienste", die beispielsweise Familien in sozial problematischen Lagen aufsuchen
- Beauftragung der Gesundheitsämter durch die Kommunalpolitik, sich stärker auf die sozialen Brennpunkte zu konzentrieren und sozialkompensatorisch zu handeln
- Weiterentwicklung der Gesundheitsberichterstattung (GBE) zum Handlungsprogramm in der Kommune und öffentliche Aktualisierung des Themas *Chancengleichheit* für Gesundheit innerhalb der Kommune

Konkrete Vorschläge zur Verbesserung der Gesundheitsfürsorge für MigrantInnen auf kommunaler Ebene

- Veröffentlichungen von muttersprachlichem Informationsmaterial über Selbsthilfe-Gruppen (Förderung von Selbsthilfenetzwerken) und muttersprachliche Gesundheitskampagne: muttersprachliche Informationsmedien (z.B. Broschüren) – um Partizipation der Betroffenen und Selbsthilfeförderung zu wecken. Um zielgerichtet Informationsmaterial in anderen Sprachen herausgeben zu können, müssen zuerst die MigrantInnen als bestimmte Zielgruppe innerhalb des ÖGD definiert werden.
- Einführung von Dolmetscherdiensten. Der Zugang zu den bestehenden Angeboten im Gesundheitsbereich wird durch Sprachprobleme erschwert. Die muttersprachliche Beratung hat nicht nur eine verständigungstechnische Funktion, sondern die Muttersprache hat auf mehreren Ebenen eine große Bedeutung: auf der Sachinformationsebene ermöglicht die Muttersprache die Durchführung einer differenzierten Anamnese; auf der Ebene der Selbstoffenbarung ermöglicht es nur die Muttersprache, Gefühle differenziert auszudrücken für die Herstellung einer Beziehung (Vertrautheit).
- Einsatz von interkulturellen Mitarbeiterteams und Bereitstellung von Qualifizierungsmaßnahmen zur interkulturellen Kompetenz für Medizinalfachkräfte. Für das Verständnis des Gesundheitsverhaltens und den Umgang mit Krankheiten sind Kenntnisse über die Wertsysteme, Phantasieen, Vorurteile und (sub-) kulturelle Kommunikationseigenarten grundlegend. Dies trifft insbesondere für den Umgang mit psychosomatischen oder psychischen Erkrankungen zu (COLLATZ, 1994). Bei der Beurteilung der Gesundheitssituation der MigrantInnen sollen einige bedeutende Faktoren berücksichtigt werden: die kulturellen Hintergründe der Einwanderer, die

Gesundheitssysteme der Herkunftsländer und das traditiongebundene Verständnis von Gesundheit und Krankheit, die Umstände der Migration, der rechtliche bzw. soziale Status im Aufnahmeland und die im Aufnahmeland angetroffenen Lebensbedingungen. Die Nicht-Berücksichtigung aller dieser Punkte führt dazu, daß eine Unter- und Fehlversorgung der MigrantInnen im medizinischen Bereich besteht.
- Die Sichtweise der betroffenen Gruppen selber in Erfahrung bringen und im Rahmen der Betreuung auch die Selbstorganisation fördern. Partizipation der Betroffenen und Selbsthilfeförderung sind dabei ein eigenständiges Moment moderner Gesundheitspolitik. Menschen, die als sozial benachteiligt bezeichnet werden können, dürfen nicht ausschließlich als hilfsbedürftig und schon gar nicht als entscheidungsunfähig betrachtet werden: Selbstachtung und Engagement für die eigenen Belange sind wichtige gesundheitsfördernde Elemente, welche die Profis den Laien keinesfalls abnehmen oder absprechen dürfen. Nach KEUPP (1992) ist die Gesundheitsförderung unter der Empowerment perspektive ein wichtiger Ansatz, die speziell danach fragt, welche Möglichkeiten und Hilfen es gibt, gerade auch um Personen, deren soziale Lage durch Benachteiligung gekennzeichnet ist, ein höheres Maß an Selbstbestimmung über ihr Leben zu ermöglichen und damit ihre Lebensqualität und ihr Wohlbefinden zu unterstützen.
- Einen integrierten Untersuchungs- und Beratungsansatz fördern. Die Ressourcen, die zur Erreichung dieser Ziele genutzt werden können sind : Kommunale Gesundheitsämter, professionelle Hilfsysteme (Institutionen und Beratungsfirmen, die interkulturelle Aufgaben wahrnehmen, Beratung- und Behandlungsstellen für MigrantInnen: psychosoziale Beratungsstellen, Drogenberatung, Familien und Sexualberatungsstellen, multikulturelles und multidiziplinäres Team von Experten), Begegnungs- und Informationszentren (z.B. Das Eine-Welt-Haus in München), Verschiedene Migrantengruppe oder Vereine (z.B. ausländische Fürsorgevereine, Forum für interkulturelle und Völkerverständigung e.V. u.ä.)

Generell wird die Funktionsweise des Krankenversicherungssystems erst durch einen Krankheitsfall interessant. Die Existenz des „Selbsthilfesystems" und dessen Möglichkeiten könnten über weitere Institutionen z.B. Migrantenbetreuungsorganisationen, Begegnungs- und Informationszentren, bekannter gemacht werden.

Während Ansätze spezifischer Sozialberatung von MigrantInnen in Deutschland vorliegen, kennen wir kaum Bemühungen für eine spezifische Gesundheitsförderung und - Versorgung von Migranten. Um diese Probleme auf kommunaler Ebene besser lösen zu können, schlagen COLLATZ et al. (1994) folgende allgemeine Lösungen vor:
1. Sicherung einer flächendeckenden, dezentralen multikulturellen Sozialberatung für Migranten, insbesondere auch für Flüchtlinge.
2. Einrichtung von ethnomedizinischen, multikulturellen Zentren in Ballungsräumen.
3. Ausbau eines interkulturellen, interdiziplinären gemeindenahen sozialpsychiatrischen Dienstes, der mit muttersprachlich und ethnomedizinischen qualifizierten TherapeutInnen besetzt ist.

4. Qualitätssicherung dieser Einrichtugen über Evaluationsansätze und Supervision. Sicherung der Funktionalität und Optimierung durch Einbindung in die sozialen und medizinischen Versorgungsangebote der Region.

Zusammenfassung

Dieser Beitrag hat zum Ziel, realisierbare Verbesserungsvorschläge für einige Bereiche des gesundheitlichen Versorgungssystems auf kommunaler Ebene zu verdeutlichen. Zusammenfassend sollen dazu folgende Anregungen vorgeschlagen werden.
- Vorschläge für die Strategie der Gesundheitsfürsorge in den Einrichtungen der Versorgung für Migranten nutzbar zu machen,
- dort erarbeitete und überprüfte Vorschläge in die kommunalen Gesundheitskonferenzen einzubringen,
- Förderung unterschiedlicher Qualitätsanalysen zur medizinischen Versorgung von MigrantInnen,
- Betonung einer ethnomedizinischer Orientierung des Gesundheitswesens,
- Verstärkte Zusammenarbeit zwischen Public Health Konzepten in Forschung und Lehre und dem ÖGD.

Soziale Beratung in der Muttersprache
Unverzichtbarer Bestandteil der Integrationsarbeit

NORMA MATTAREI

Lass deine Gedanken nicht verstummen
oder deine Finger
Schreie aus der Seele heraus
den anderen Alltag
oder deine andere Sprache
Lass dich nicht sprachlos fangen
(Claudina Marques Coelho)

Einleitung

Die Versorgungslandschaft für Migranten in Deutschland ist im Umbruch. Übereinstimmung besteht darin, dass Ausländer in diesem Land nicht ausreichend sozialberaterisch betreut werden (GAITANIDES, 1995; STÜWE, 1996) – ein sozialer Prozess, den Deutschland mit den meisten westlichen Ländern teilt (LORENZ, 1998). Sprach-Probleme, kulturelle Hemmungen und Ängste sowohl von Seiten der ausländischen Klienten wie von Seiten der deutschen Mitarbeiter der Regeldienste sind die am häufigsten vorgebrachten Gründe dafür, dass die vorhandenen Angebote nicht in Anspruch genommen werden (EBERDING, 1994; JOHN, 1996).

Vielfach wurde belegt, dass die Lebensbedingungen für die Mehrheit der hier lebenden Ausländer härter sind als die der Mehrheitsbevölkerung. Sie gehören eher zu den niedrigeren Sozialschichten, sind relativ wenig qualifiziert und häufiger als un- oder angelernte Arbeitskräfte beschäftigt. Daher ist ihr physischer und psychischer Gesundheitszustand stärker beeinträchtigt, als bei der Mehrheitsbevölkerung (GAITANIDES, 1995). Unsicherer rechtlicher Aufenthaltsstatus und eine Zunahme von Ausländerfeindlichkeit und Rassismus kommen noch hinzu. Nichtdeutsche Kinder schließen häufiger mit schlechteren Abschlüssen oder gar ohne Abschluss die Schule ab; sie absolvieren weniger als die deutschen Gleichaltrigen eine berufliche Ausbildung und sind an den Hochschulen unterrepräsentiert. Aufgrund dieses geringen Qualifikationsniveaus sind Ausländer stärker als Deutsche von Arbeitslosigkeit betroffen. Sie werden als erste entlassen und als letzte eingestellt. Sie sind von hohen Mieten und Wohnungsnot stärker als Deutsche betroffen. Folglich sind Armut und Verschuldung häufiger anzutreffen. Durch die Ausländergesetzgebung wird ihre Situation dann noch zusätzlich eingeschränkt.

Zusammengefasst kann gesagt werden, dass aufgrund von Verständigungsschwierigkeiten, kulturellen Unterschieden und anderen persönlichen Hemmungen trotz der hohen

Problembelastung soziale Beratungs- und Betreuungsangebote von den Betroffenen im Verhältnis zur deutschen Bevölkerung weniger in Anspruch genommen werden.

Zur Bewältigung dieser Problemlage werden unterschiedliche Vorschläge gemacht (FILTZINGER, 1995; KRUMMACHER & WALTZ, 1996). Die „Öffnung der Dienste" wird sicherlich das vordringlichste Ziel bleiben. Dieser Beitrag versteht sich jedoch als Plädoyer für einen muttersprachlichen psychosozialen Service, wie er bisher vor allem in den „Ausländerberatungsstellen" der Verbände der freien Wohlfahrtpflege angeboten wurde. Seit Beginn der Anwerbung der ersten ausländischer Arbeitnehmer ab Mitte der 50er Jahre wurde von diesen Beratungsstellen im Auftrag der Bundesregierung ein muttersprachlicher Beratungsdienst angeboten. Die Zuteilung der Ausländergruppen erfolgte nach sprachlichen und konfessionellen Kriterien. Die Caritas übernahm die Italiener, Spanier, Portugiesen, Griechen und Jugoslawen, die Arbeiterwohlfahrt die Türken, Jugoslawen, Marokkaner und Tunesier und die Diakonie die Griechen. Übereinstimmendes Ziel der Verbände war es, neu eingereisten Ausländer eine erste Hilfe anzubieten, um ihnen den Zugang zur deutschen Gesellschaft zu erleichtern und ihre Lebensbedingungen zu verbessern. Die Verbände setzten aber auch spezifische Schwerpunkte. Für die Caritas war es notwendig, dass Ausländer sich in ihrer neuen Umwelt zurechtfanden, und als Gleichberechtigte mit den Deutschen zusammenlebten. Die Arbeiterwohlfahrt sah die Stärkung der individuellen und kollektiven Handlungsfähigkeit der betreuten Ausländer als vordergründig, während die Diakonie sich vornahm, strukturelle, gesetzliche und administrative Ungerechtigkeiten abzubauen, um dadurch die Chancen für eine vollgesellschaftliche Beteiligung der Ausländer zu erreichen (BUNDESMINISTER FÜR ARBEIT UND SOZIALORDNUNG, 1987). Am Beispiel des Sozialdienstes für Ausländer des Caritasverbandes München und Freising werden im Folgenden die Grenzen aber vor allem die Vorteile eines muttersprachlichen Servicedienstes vorgestellt, der unter den gegebenen sozialpolitischen Bedingungen von keinem anderen Servicedienst ohne Qualitätsverlust für die Klienten übernommen werden könnte.

Hauptaufgabe dieses Sozialdienstes ist es, die Integration der betreuten Ausländer zu fördern. Durch die muttersprachliche Beratung helfen die Mitarbeiter Ausländern ihre Probleme zu lösen und ihre Lebenssituation zu verbessern (z.B. mehr Bildungs- und Beschäftigungschancen). Der Sozialdienst ermöglicht darüber hinaus Ausländern, die sonst aufgrund mangelnder sprachlicher und sozialer Kompetenz von vielen Angeboten ausgeschlossen wären, den Zugang zu den öffentlichen Einrichtungen und deren Dienste.

Grenzen der herkömmlichen Regeldienste

Für viele Ausländer bildet die Sprache das größte Hindernis für die Verständigung in Einrichtungen und Ämtern (EBERDING, 1994). Besonders offensichtlich wird dies in stark besuchten Ämtern und Einrichtungen, deren Mitarbeiter entsprechend belastet sind. Vieles wird nicht verstanden, die erhaltenen Informationen sind unvollständig und mangelhaft. Dies ist umso gravierender, wenn es sich um existenzwichtige Fragen handelt. Die

Betroffenen befinden sich in einer prekären Lebenslage, was ihre Unsicherheit erhöht. Ausländer kennen oft die geltenden Gesetze, ihre Rechte und Pflichten nicht. In Folge dessen werden viele Situationen nicht richtig eingeschätzt, was wiederum dazu führt, dass unwichtige Dinge zu Problemen gemacht werden und schwerwiegende Probleme nicht angemessen erkannt werden. Über die rein sprachlichen Verständigungsprobleme hinaus führt eine fremde Art und Weise sich zu äußern und auszudrücken –, Werte und Gewohnheiten und die sich daraus ergebenden anderer Verhaltensmuster – zu Missverständnissen, die die Kommunikation beeinträchtigen können.

Form und Stil des Umgangs einiger Mitarbeiter und Mitarbeiterinnen öffentlicher Einrichtungen werden von vielen Ausländern als Vorwürfe, Bedrohungen und Einschüchterungen und Ungerechtigkeit erlebt. Werden derartige Unachtsamkeiten zur Regel, verstärken sie noch die formal-rechtliche Diskriminierung. Die Angst, die viele Ausländer in Behörden erleben, wird so leicht erklärbar. Auch kann nicht immer zwischen den verschiedenen Ämtern, ihren Aufgabenstellungen und ihren Kontrollfunktionen unterschieden werden. Ein dadurch entstehendes Misstrauen wird noch verstärkt, wenn immer mehr öffentliche Stellen, beispielsweise Sozialämter, zur Weitergabe von Auskünften an die Ausländerämter verpflichtet werden. Ängste vor aufenthaltseinschränkenden Maßnahmen und Sanktionen, die aufgrund des Besuches eines Amts befürchtet werden, stellen daher häufig ein Hindernis dar, sich an die zuständigen Einrichtungen zu wenden, erst recht aber wenn es darum geht, Rechte in Anspruch zu nehmen. Generell muss festgestellt werden, dass der größere Teil der herkömmlichen Regeldienste, durchaus nicht nur Ämter, Ausländern keine auf ihre besondere rechtlichen, sozialen und kulturellen Lage zugeschnittene fachliche Beratung anbieten.

Funktion der muttersprachlichen Sozialdienste

Die Sozialdienste für Ausländer versuchen diese Mängel zu kompensieren, indem sie eine muttersprachliche Beratung für unterschiedliche Lebensbereiche anbieten. Sie haben die Funktion, eine Brücke zwischen den ausländischen Bürgern und der sozialen Infrastruktur der Stadt herzustellen. Ihr Service orientiert sich an dem langfristigen Ziel, die Situation der hier lebenden Ausländer zu verbessern und ihre Integration in die deutsche Gesellschaft zu fördern. Schon bei ihrer Gründung zu Beginn der 60er Jahre wurden diese Defizite festgestellt. Im Laufe der darauffolgenden Jahre haben sich die ursprünglich für die Betreuung junger Männer eingerichteten muttersprachlichen Sozialdienste weiterentwickeln müssen, um sich an die sich immer rascher verändernden Verhältnisse anpassen zu können. Der zu betreuende Personenkreis und damit ihre Probleme, ist vielfältiger geworden. Durch den gesellschaftlichen Wandel und die damit einhergehenden Strukturveränderungen sind neue Probleme wie Arbeitslosigkeit, Wohnungsnot oder Verschuldung entstanden. Daher wenden sich heute auch Frauen, Jugendliche und ältere Menschen an diese Dienste mit Problemen der Schule, Ausbildung, Gesundheit und Alterssicherung. Rassismus und Fremdenfeindlichkeit, deren spezifische Opfer Ausländer werden, kommen hinzu.

An den Sozialdienst für Ausländer der Münchner Caritas, der hier modellhaft vorgestellt werden soll, wenden sich im Jahresdurchschnitt 4000 Personen aus Italien, Ex-Jugoslawien, Griechenland, Spanien, Portugal und Korea. Die meisten von ihnen kommen aus eigener Initiative, die anderen werden von anderen Institutionen vermittelt. Aufgrund ihrer Struktur und ihrer Geschichte können die muttersprachlichen Sozialdienste als eine Anlaufstelle bezeichnet werden, die grundsätzlich für alle Probleme offen ist.

Im Folgenden werden die häufigsten Aufgaben zusammengefasst.

Beratung nach der Ankunft

Neueingereisten wird geholfen, in der Stadt Fuß zu fassen und ihr Leben hier zu organisieren. Es wird geholfen, sich hier zu orientieren und den durch die Einwanderung erlebten Bruch zu bewältigen. Mit den Familien werden zunächst existenzwichtige Aufgaben, wie die Beschaffung von Unterkunft und Arbeit, angegangen. Danach kommt die Einschulung der Kinder. Die Besucher des Sozialdienstes werden motiviert, Deutsch zu lernen und entsprechende Sprachkurse zu besuchen. Persönliche Kontakte, Ermunterungen und bei Bedarf auch anfängliche Begleitung erleichtern dies.

Ausländer sind aufgrund ihrer sozialen und rechtlichen Lage auf deutsche Ämter angewiesen, was sie jedoch häufig vor beträchtliche Probleme stellt. Um den Umgang mit der deutschen Bürokratie zu erleichtern, werden Sachverhalte mit den zuständigen Stellen vorgeklärt und schwierige Angelegenheiten schriftlich dargelegt. Dies hilft den Betroffenen, mittels konkreter Anhaltspunkte ihre Angelegenheiten schrittweise selber zu erledigen. Die Lösung der eigenen Probleme fördert dann bei den Betroffenen Sicherheit und Selbstbewusstsein.

Von rechtlichen Fragen bis zu psychosozialen Problemen

Gesundheitliche, persönliche, finanzielle oder rechtliche Fragestellungen können weitere Probleme aufwerfen, wozu eine Hilfestellung des Sozialdienstes nötig werden kann. Rechtliche Problemen mit dem Aufenthaltsstatus machen nicht selten die persönliche Begleitung des Hilfesuchenden zu den Ausländerbehörden erforderlich oder die Abfassung von Stellungnahmen oder Widersprüchen. Bei anderen Personen liegen die Probleme eher im psychosozialen Bereich. Diese Betroffen sind nicht gewöhnt, sich in solchen Fällen an Psychologen zu wenden. Die Art der Probleme ist häufig nicht leicht zu erkennen und psychische und soziale Gegebenheiten können nur schwer auseinander gehalten werden. Der Sozialdienst bietet in solchen Fällen einen Rahmen an, in dem über Befindlichkeiten, existenzielle Sorgen, Krisen, Zweifel und Ängste gesprochen werden kann. Einheimische verfügen üblicherweise über einen größeren Kreis von Vertrauenspersonen – Familie, Verwandte, Bekannte, Nachbarschaft, Selbsthilfegruppen, die Ausländer durch ihre Migration verloren haben. Viele von ihnen sind dann rasch mit ihren Problemen isoliert und überfordert. Der Sozialdienst bietet gerade in solchen Fällen ein Stück Vertrautheit und erleichtert so die Möglichkeit, persönliche Probleme anzugehen.

Gründe für die Inanspruchnahme

Durch die Herkunft aus dem selben Sprach- und Kulturraum sind die Mitarbeiter mit den persönlichen und sozialen Hintergründen der Migrantensituation vertraut und können deshalb Hilfe anbieten. Gewöhnlich ist es so, dass die Hilfesuchenden sich unmittelbar nach ihrer Ankunft häufig an den Sozialdienst wenden, um ihn im weiteren Verlauf nur für bestimmte Fragen in Anspruch zu nehmen. Es entwickeln sich langfristigen Bindungen, die nicht selten über Jahre hinaus bestehen. Gerade wenn sich Ausländer durch die deutschen Institutionen ungerecht behandelt fühlen, wenden sie sich an den Sozialdienst, da die Berater sich für die Rechte der Betroffenen durch Verhandlungen, Widersprüche, Stellungnahmen, etc. einsetzen. So kommt es, dass auch der Personenkreis, der hier aufgewachsen ist und mit der Sprache keine Probleme hat, die fachliche Beratung in Anspruch nimmt.

Ansatz des Sozialdienstes

Zielführend für die Mitarbeiter der Sozialdienste für Ausländer ist es, die Selbständigkeit der Hilfesuchenden zu fördern (EBERDING, 1994) und ihnen zu helfen, ihre Probleme besser zu erkennen und entsprechend handeln zu können. Eine Haltung, die durch Strukturen und Gewohnheiten aus der Heimat sowie durch den geringen Bildungsstand bedingt, dazu neigt, den Anforderungen an das Leben in einem fremden Land eher passiv zu begegnen, soll schrittweise überwunden werden. Dies gelingt am ehesten, wenn Ausländern mit dem passenden Wissen und den angemessenen Hilfsmitteln ausgestattet werden, um ihre Interessen effektiver selbst vertreten zu können. Hierzu gehört beispielsweise das Angebot relevanter Adressen für muttersprachliche Dienstleistungen von Fachleuten wie Rechtsanwälten, Ärzten, nationalen Vereinen, Ausländerinitiativen, etc.. Eine Zugriffsmöglichkeit auf derartige Netze psychosozialer Einrichtungen erhöht die Fähigkeiten, Probleme selbständig in die Hand nehmen zu können. Durch Kontakte während der Besuche beim Sozialdienst – in den Wartezeiten, in den Sprachkursen, oder in den Freizeitaktivitäten – können Ausländer ihren Kreis von Bekannten erweitern und dadurch ihre Ressourcen erhöhen.

Eine solche Förderung setzt jedoch eine vertrauensvolle Beziehung zwischen Mitarbeiter und Hilfesuchendem voraus. *Gemeinsame Sprache und gemeinsamer Aufenthalt in einem fremden Land fördern diese Vertrautheit* (BARAN et al., 1993). Ziel ist daher für die meisten Mitarbeiter, soweit wie möglich die Probleme selber zu lösen und auf die eigene Spezialisierung in verschiedenen Fachbereichen wie Erziehung, Sucht, Frauen, Senioren, zurückzugreifen. Die Vermittlung an andere Stellen erfolgt in der Regel nur wenn die eigene Mittel und Möglichkeiten erschöpft sind. Dies ermöglicht, Probleme in ihrem Kontext und in ihrer Komplexität anzugehen. Die Tendenz deutscher Fachdienste, Probleme vereinzelt und isoliert zu betrachten und zu bearbeiten, ist einer der Gründe dafür, dass Ausländer sich ungerne an die herkömmlichen Einrichtungen wenden, und dass Beratungen und Therapien in deutschen Fachdiensten leichter scheitern.

Das integrative Konzept

Der Service eines nach dem oben genannten Konzept arbeitenden Sozialdienstes für Ausländer geht von einem ganzheitlichen Ansatz aus. Danach werden nicht nur die Einzelprobleme angegangen, sondern es wird die Migrantensituation in ihren gesamten Bezügen berücksichtigt.

Dazu gehören die sozialen und kulturellen wie auch die persönlichen Dimensionen des Lebens. Es gehört zu den Aufgaben der dort Tätigen, Hilfesuchenden sowohl im beruflichen als auch im persönlichen Bereich den Anschluss im Aufnahmeland zu erleichtern. Die Anforderungen an den Wissensumfang in einer modernen Informationsgesellschaft steigen in jedem Lebensbereich ständig. Die Mehrzahl der hier lebenden Ausländer ist vor allem aus sozialen und sprachlichen Gründen von zahlreichen wichtigen Informationsquellen abgeschnitten. Sie haben Kontakte vorwiegend innerhalb der eigenen ethnischen Gruppe, wo sie viele nützliche Informationen erhalten. Innerhalb der ethnischen Mittelschicht werden präzise und zuverlässige Informationen ausgetauscht über Jobangebote, Qualifikation und Weiterbildung, Steuerregelung, Kultur und Freizeit. In den schlechter gestellten Schichten, in denen entsprechende Kompetenzen aus Erziehung, Bildung und Sozialisation fehlen, ist der Informationsbedarf deutlich größer, der ihnen aber zur Verfügung stehende Informationsfluss eher unvollständig und widersprüchlich.

Gesellschaftliche Veränderungen der letzten Jahre, die zu einer Prekarisierung und Fragmentierung der Lebensverhältnisse mit Auflösung von festen Bindungen und Arbeitsverhältnissen geführt haben, haben diesen Prozess noch weiter verstärkt. Die Situation auf dem Arbeitsmarkt stellt sich heute ganz anders als vor 20 bis 30 Jahren dar. Schon immer mussten sich Migranten an neue Lebens- und Arbeitsbedingungen gewöhnen. Diese Umstellung fand meistens in der ersten Phase der Einwanderung statt. Früher konnten sie sich jedoch langsam eingewöhnen und ihre Sprachkenntnisse allmählich verbessern. Heute dagegen sind die Arbeitsverhältnisse, besonders für unqualifiziert Arbeitnehmer, äußerst prekär. Wechsel und Fluktuation, kurzfristige Arbeitsverträge und Entlassungen sind die Regel. Die Arbeitnehmer müssen sich ständig an neue Situationen anpassen. Wer aus dem Arbeitsprozess herausfällt, kommt gleichzeitig mit einer Reihe von Ämtern – Arbeitsamt, dem Sozialamt und anderen Beratungseinrichtungen – in Berührung. Hier müssen Fragen beantwortet werden, Informationen weitergegeben und umgesetzt werden. Aufgrund der sprachlichen Defizite und geringerer Kompetenzen sind die Betroffenen oft mit diesen bürokratischen Vorgängen überfordert.

All dies stellt die Beraterinnen und Berater der muttersprachlichen Sozialdienste für Ausländer vor eine große Breite von Aufgaben. Sie sind aufgerufen, eine alternative Informationsquelle anzubieten, bei der sich Ausländer vergewissern können. Sie helfen Ausländern und vertreten sie dort, wo sie alleine nicht weiter kommen. Ausländer erfahren dort ihre Rechte und ihre Pflichten. Das hilft ihnen, sich einen besseren Einblick in die neue Situation zu verschaffen und schwierige Zeiten durch Gespräche und Pläne leichter zu bewältigen.

Zusammenfassende Betrachtungen

Dank der muttersprachlichen Beratung können die Sozialdienste eine adäquate Antwort auf die Probleme der Ausländer anbieten. Sprachliche Verständigung ist umso notwendiger, wenn man bedenkt, dass viele Ausländer keine Gelegenheit hatten, die deutsche Sprache zu erlernen. Muttersprachliche Sozialdienste sind darüber hinaus für Ausländer, die im Rahmen der EU-Freizügigkeit sowie des Familiennachzuges weiter nach Deutschland einreisen, unerlässlich. Fest steht, dass die kulturelle Gemeinsamkeit die Lösung von psycho-sozialen Problemen erleichtert. Durch ihr Fachwissen können die Berater ausländerspezifische Anliegen angehen. Mit ihrer Mittlerfunktion helfen sie, die Angebote der Regeldienste besser zu nutzen. Die interkulturelle Öffnung der Regeldienste kann bei aller Notwendigkeit die Vorteile der gemeinsamen Sprache und Kultur sowie das vorhandene Fachwissen zu Fragen der Migration, Integration und des Ausländerrechts nicht in gleichem Maße und in derselben Qualität gewährleisten. Die Muttersprachlichen Sozialdienste sind vielmehr als Ergänzung zu den Angeboten der öffentlichen Einrichtungen zu verstehen. Als Vermittler zwischen Sprachen und Kulturen können die Berater die Mitarbeiter der Regeldienste unterstützen und ihnen im Umgang mit Ausländern konkret helfen. Themen dazu sind finanzielle und soziale Probleme, Diskriminierung und Benachteiligung, Entwurzelung und Entfremdung als typische Erscheinungen der Migration.

Muttersprachliche Sozialdienste für Ausländer, wie sie derzeit von den Verbänden der freien Wohlfahrt betrieben werden, bieten einen Service an, an dem fachliche Beratung in einer Umgebung in Form eines „zu Hause", also einem Ort, an dem man sich verstanden und akzeptiert fühlt, zur Verfügung gestellt wird. Dieser Sozialdienst ist für viele Menschen ein wichtiges Mittel, um mit dem Stress sowie mit den materiellen und persönlichen Problemen des Alltags zurecht zu kommen. Die Mitarbeiter der Dienste bieten Ausländern fachliche Hilfe, persönliche Unterstützung und Solidarität. Da sie selber zum großen Teil als Migranten ähnliche Erfahrungen als „Fremde" gemacht haben, bieten sie gute Voraussetzungen, sich in die Situation der Hilfesuchenden hineinzuversetzen und deren Fragen, Wünsche und Erwartungen leichter zu entschlüsseln. Auch unbewusste Problem und Krisensituationen, die nicht leicht zu artikulieren und darzustellen sind, können so leichter dekodiert und bewältigt werden. Die konkrete Hilfestellung und das Verständnis, das Ausländer in den Muttersprachlichen Sozialdiensten empfangen, hilft ihnen die immer größer werdenden Anforderungen, die die Gesellschaft an sie stellt, zu erfüllen. Die Verbesserung ihrer Lebensverhältnisse, die der Sozialdienst anstrebt ist gleichzeitig ein konkreter Beitrag zu ihrer Integration in der Stadt.

Migrantinnen im Frauenhaus
Entwicklungen, Probleme, Perspektiven

KATRIN FLIEß

Gezi
Anlamak bir gezdir bir başkasinin ülksinde
Reise
Verstehen ist eine Reise im Land des Anderen
(Fazil Hüsnü Dağlarca)

Welche Migrantinnen kommen ins Frauenhaus?

Anfang des Jahres 1999 veröffentlichte die bundesweite FRAUENHAUSKOORDINIERUNGSSTELLE (1999) eine Pressemeldung über neue Anforderungen in der Frauenhausarbeit. Sie informierte darüber, dass eine wesentliche Ursache für diese neuen Herausforderungen der wachsende Anteil von hilfesuchenden Migrantinnen mit ihren oft hochkomplexen – rechtlichen, kulturellen und sprachlichen – Problemen ist. „In Großstädten wie Berlin, Hamburg und München stammten etwas 50 bis 80 Prozent der Frauenhausbewohnerinnen aus anderen Ländern. Der ungewisse rechtliche Status mache es den Frauen enorm schwer, sich von ihren gewalttätigen Männern zu trennen. Sprachprobleme und unterschiedliche sozio-kulturelle Vorstellungen erschweren ihre Lage zusätzlich. Diese Frauen fielen oft in besonders gravierende Krisen" – wenn sie schließlich unter dem Druck der häuslichen Gewaltverhältnisse trotzdem Schutz im Frauenhaus suchten.

Diese Beschreibung spiegelt auch im Jahre 2001 die Verhältnisse in der Frauenhilfe München wieder (FRAUENHILFE, 2000). In den über 20 Jahren des Bestehens ist der Anteil ausländischer Frauen in unserem Haus von ca. 18% (1979) auf 70,55% im Jahr 1999 gestiegen. Zu unser aller Überraschung – weil in der Alltagsarbeit nicht wahrgenommen – zeigt die Statistik von 2000 allerdings zum ersten Mal einen nicht unerheblichen Rückgang des Migrantinnenanteils auf 66,1%. Erklärungen dafür gibt es noch nicht; offen ist, ob sich da eine längerfristige Veränderung abzeichnet. Anzumerken ist jedoch, dass die Aussiedlerinnen, deren Zahl zunimmt, der Gruppe der deutschen Bewohnerin zugeschlagen wurden, obwohl ihre Lebensumstände in mancher Hinsicht denen der Migrantinnen vergleichbar sind.

Es herrscht eine große und ständig wachsende Nationalitätenvielfalt: Wie in der Vergangenheit stellen die Türkinnen die größte Gruppe (18,88 %, bezogen auf die Gruppe der Migrantinnen und Aussiedlerinnen.); in den letzten Jahren sinkt ihr Anteil jedoch konstant. Ebenso groß ist inzwischen die Gruppe der Frauen aus den Ländern des ehemaligen Ostblocks, die immer häufiger Zuflucht in der Frauenhilfe suchen und die jahrelang zweitgrößte Gruppierung der Frauen aus dem ehemaligen Jugoslawien (16,53%) überrundet haben – ein deutlicher Hinweis, wie (welt)-politische Verhältnisse sich direkt in der Arbeit des Frauenhauses niederschlagen.

Unter dem Dach der Frauenhilfe lebten im Jahr 2000 auf engem Raum Frauen aus 42 Nationen: Sogenannte „Heiratsmigrantinnen" aus Asien, Afrika, Südamerika und dem Ostblock, Flüchtlingsfrauen aus Bürgerkriegsgebieten wie Kosovo-Albanien und Afghanistan, Aussiedlerinnen, Frauen aus der EU – und eben deutsche Frauen. Viele dieser Frauen bringen Kinder mit, die in der Regel schwer traumatisiert sind. Im Rahmen dieses Beitrags kann ich auf deren Lebenssituation und die interkulturellen Arbeitsansätze der Erzieherinnen und Heilpädagogin nicht weiter eingehen.

Der Frauenhausalltag in der Frauenhilfe ist also inzwischen bestimmt von Sprachenvielfalt und sprachlichen Verständigungsproblemen, von kultureller und ethnischer Vielfalt und daraus sich ergebenden Problemen der Kommunikation und des Zusammenlebens. Selbstverständlich reproduzieren sich Vorurteile in der Gesellschaft auch im Zusammenleben von Frauen und Kindern im Frauenhaus und nicht immer reicht die Klammer der von allen erlittenen Gewalt, trotzdem Verständnis und Toleranz für ganz unterschiedliche Mentalitäten und Prägungen aufzubringen.

Auf welchen Theorien basiert unsere Arbeit mit Migratinnen?

Nachdem in den 80er Jahren der sogenannte Ausländerinnenanteil in einem Teil der Frauenhäuser kontinuierlich auf schließlich 50% der Bewohnerinnen anstieg, entwickelten sich auch dort Alltagstheorien multikulturellen Miteinanders im Sinne friedlicher Koexistenz, durchaus verbunden mit positiven Gefühlen der Bereicherung durch das „Fremde" – man denke nur an den beliebten Bauchtanz bei Sommerfesten –, die, wie sich aber bald zeigen sollte, nicht hinreichend reflektiert und zur Bewältigung der zunehmend massiv auftauchenden Probleme nicht geeignet waren. So tauchten zum Beispiel unvereinbare Erwartungen in der Beratungsarbeit auf: Versorgungsansprüche versus Verselbständigung; die Konflikte zwischen den Bewohnerinnen nahmen zu und eskalierten vereinzelt bis zu offener Gewalt. Eine unterschwellige, aber durchaus wirksame Hierarchie der Ethnien scheint im Zusammenleben immer wieder auf: Deutsch, Deutsch sprechend, EU-westlich, östlich, asiatisch, weiß, farbig …

Wir müssen zugeben, dass zu dieser Zeit angemessene Konzepte und wirksame Interventionsmöglichkeiten nicht zur Verfügung standen. Interkulturalität als Folge weltweiter Entwicklungsdynamiken trat als neue Dimension des Alltags erst allmählich in Erscheinung. Ebenso wie die Gesellschaft als Ganzes waren auch die Frauenhäuser konzeptionell auf Migration und MigrantInnen nicht vorbereitet. Sie sind insofern ein Spiegel gesamtgesellschaftlicher Entwicklungen und Defizite. Die Stadien des Migrationsprozesses in der Bundesrepublik sind gekennzeichnet durch typische Begriffe: vom Gastarbeiter der Anwerbejahre mit dem Mythos der späteren Rückkehr über den/die AusländerIn mit dem Beiklang der Ausgrenzung zur Migrantin, zum Migranten, eine Bezeichnung, die Zugehörigkeit assoziiert und zunächst als Selbstdefinition der Betroffenen eingeführt wurde.

Welche Suchprozesse haben sich bewährt?

Der Focus der Frauenhausbewegung war jahrzehntelang gerichtet auf Männergewalt gegen Frauen – gleich welcher Nationalität. Das Ausmaß dieser Gewalt deutlich zu machen und ihre Ächtung gesellschaftlich zu verankern, stand auch konzeptionell im Vordergrund. Die Positionierung der Frauenhausbewegung insgesamt, der einzelnen Frauenhäuser wie die der Mitarbeiterinnen in der Arbeit mit Migrantinnen ist schwierig und teilweise bestimmt von großer Ratlosigkeit, denn dabei geht es stets auch um den Umgang mit eigenen Vorurteilen und der eigenen Hilflosigkeit. Die Frauenhausbewegung war und ist in Deutschland wie die überwiegende Mehrheit ihrer Mitarbeiterinnen orientiert an weißen, deutschen, christlichen Mittelschichtnormen. Entsprechend war und ist de facto oft noch Ziel der Frauenhausarbeit die soziale Anpassung von Migrantinnen an diese Normen – und sei es auch nur unter dem Druck von Ämtern und Behörden.

Erschwert wird die Standortbestimmung dadurch, dass auch die Gruppe der Migrantinnen keineswegs homogen ist, was ihre ideologischen Standpunkte betrifft. So vertraten auf einem bundesweiten Frauenhaus-Kongreß im November 1998 zwei muslimische Frauen völlig kontroverse Positionen: Die türkische Leiterin einer großstädtischen Beratungsstelle warnte eindringlich vor Zuschreibungen und Vereinfachungen dahingehend, dass islamische Frauen per se unterdrückt seien, und sie betonte, dass es Diskriminierung von Frauen in allen Gesellschaften gebe und eine diesbezügliche Trennung in West- und Ostkultur nicht zulässig sei. Gewalt gegenüber Migrantinnen entstehe vielmehr auch dadurch, dass es in der Migration eine Häufung von Problemen gebe, die sich überlagern und Gewalt auslösen könnten. Dagegen forderte eine iranische Frau, die im irakisch-kurdischen Kampfgebiet ein Frauenhaus aufgebaut hatte und deshalb unter Morddrohung ihrer eigenen Landsleute stand, engagiert Menschenrechte auch für islamische Frauen, denn diese seien keine Vorrechte für westliche Frauen.

Die Kritik an der Arbeit mit Migrantinnen in Frauenhäusern reklamiert, dass die Konzepte der Arbeit, da sie meistens ohne die Mitwirkung der Betroffenen entstanden seien, deren Bedürfnisse oft ignoriert und diese festhielten im Objektstatus und in der (doppelten) Opferrolle. Sie seien immer noch eher auf Assimilation, d. h. Anpassung unter Aufgabe eigener Wurzeln, gerichtet als auf interkulturelles Miteinanderleben im intensiven Austausch bei Wahrung und Stärkung der eigenen Identität ohne Wertigkeit. Dieser Vorwurf wird gelegentlich von Frauenprojekten erhoben, für die von vornherein die Arbeit mit Migrantinnen schon von der Aufgabenstellung her im Vordergrund steht. In diesen Projekten arbeiten dann auch in der Regel ganz selbstverständlich seit ihrer Gründung interkulturelle Teams.

Der Reflektionsprozeß ist jedoch inzwischen in allen Frauenhäusern intensiv in Gang gekommen. Entsprechend lautete eines der zentralen Themen des bereits erwähnten

Frauenhaus-Kongresses im Jahr 1998: „Schutz und Rechte von Migrantinnen". Dabei wurde deutlich, dass die inhaltliche Arbeit mit Migrantinnen in Frauenhäusern sich verändert durch die Notwendigkeit, genau zu differenzieren nach der jeweiligen Problemlage der hilfesuchenden Frau: Ehemigrantinnen, Migrantinnen der zweiten oder gar schon der dritten Generation, Frauen aus dem privaten oder dem organisierten Menschenhandel oder Flüchtlingsfrauen ... Sie alle haben höchst unterschiedliche Probleme, die maßgeschneiderte Lösungen erfordern, die nicht vorrangig über den Kamm der ethnischen Herkunft zu scheren sind.

Welche Bedeutung haben politische und rechtliche Rahmenbedingungen?

Das Ausländerrecht

Migrantinnen als Gewaltopfer sind doppelt diskriminiert: als Frauen durch die patriarchalen Strukturen im Herkunfts- und im Aufnahmeland und als Migrantinnen durch restriktive politische und gesetzliche Rahmenbedingungen. Von Gesetzgebern und Behörden geht immer wieder ein enormer Druck aus, der die Hilfe für von Gewalt betroffene Migrantinnen erschwert und manchmal fast unmöglich macht. Durch das Fehlen eines eigenständigen Aufenthaltsrechts für nachgezogene Ehefrauen wird Gewalt, rassistische und sexuelle Ausbeutung gefördert. Die ausländerrechtliche Situation brachte jahrzehntelang Migrantinnen in völlige Abhängigkeit zum Partner. War dieser gewalttätig und flüchteten die Betroffenen ins Frauenhaus, so standen sie dort häufig unter dem Damoklesschwert der Abschiebung, vor allem dann, wenn sie die für einen eigenständigen Aufenthalt nötige Ehebestandsdauer von vier Jahren nicht erfüllten. Dies führte häufig dazu, dass Frauen Gewaltverhältnisse jahrelang erdulden mußten und auch nach einer eventuellen Flucht schließlich in Gewaltbeziehungen zurückkehrten, um ihr Aufenthaltsrecht nicht zu verlieren.

Auf dem Hintergrund veränderter politischer Mehrheitsverhältnisse kam es im Jahr 1997 zu einer Änderung des Ausländergesetzes. Von der Reform des § 19 erhofften sich gerade Frauenhausmitarbeiterinnen durch den Wegfall der Mindestehebestandsdauer in Härtefällen eine Verbesserung der Lage ausländischer Frauen, die mit gewalttätigen Männern zusammenlebten. Bald aber wurde deutlich, dass auch der geänderte §19 entgegen der ursprünglichen Intention des Gesetzgebers die verzweifelte Lage der beschriebenen Frauen kaum verbesserte. Im Gegenteil, wenn die Abschaffung der Härtefrist zusammentraf mit einer restriktiven Auslegung des Härtebegriffs, wie es besonders in konservativ regierten Bundesländern häufig praktiziert wurde, kam es sogar zu Verschlechterungen. Verhängnisvoll wirkte sich ein ungesicherter Aufenthaltstatus der ausländischen Ehepartnerin immer wieder in familienrechtlichen Verfahren aus und führte häufig zu Ungleichbehandlung und Ungerechtigkeiten bei Entscheidungen zu Sorgerecht, Umgangsrecht und Zuweisung der Ehewohnung. Bei Entscheidungen zum Sorgerecht wurde ein längerer Aufenthalt im Frauenhaus dann zu Ungunsten der Frau ausgelegt, ebenso wie immer wieder Zweifel an der Erziehungskompetenz der ausländischen Mutter angemeldet wurden, wenn das Kind einen deutschen Vater hatte, bei dem es noch dazu in der Regel materiell ungleich besser gestellt wäre.

Die Forderungen nach Nachbesserung des Ausländergesetzes – besonders durch Fachfrauen aus der Frauenhausarbeit – waren vehement und führten schließlich im Juni 2000 zu der gesetzlichen Neuregelung des § 19 AuslG. Diese brachte eine erhebliche Verbesserung für misshandelte und von Gewalt bedrohte Migrantinnen: Im Fall der Trennung erhalten Frauen als ausländische Ehepartnerinnen nun schon nach 2 Jahren statt wie bisher 4 Jahren ein eigenständiges Aufenthaltsrecht. Zudem ist mit der neu geregelten Härtefallklausel für in der Ehe misshandelte Frauen die Erteilung eines Aufenthaltsrechts schon vor Ablauf der Ehebestandsdauer erleichtert worden. Damit wurde ein bedeutender Schritt hin zum Schutz von Frauen und zur Verwirklichung ihrer Rechte getan, der die Unterstützung der im Frauenhaus lebenden Frauen erheblich erleichtert.

Trotzdem sollte über eine weitere Humanisierung des Ausländergesetzes durch ein eigenständiges Aufenthaltsrecht ab Eheschließung nachgedacht werden. Allzu oft werden Männer sehr bald nach der Eheschließung gewalttätig, wenn z.B. eine aus dem Ausland geholte Ehefrau ihre Erwartungen an Fügsamkeit und Unterwerfung nicht erfüllt. Auch ein zweijähriges Aushalten in einer solchen Ehe kann zum Martyrium werden und Gesundheit und Leben der Migrantin gefährden, wenn sie nicht in ihre Heimat zurückkehren kann oder will.

Das Kindschaftsrecht

Im Juni 1998 trat das neue Kindschaftsrecht in Kraft (DÜRMEIER, 1999). Das Recht des Kindes auf Umgang mit beiden Eltern auch nach der Trennung ist nun gesetzlich verankert, denn, so formuliert der Gesetzgeber in § 1626 Abs.3 BGB: „Zum Wohle des Kindes gehört in der Regel der Umgang mit beiden Elternteilen." Für Migrantinnen, die ein Kind mit einem deutschen Mann haben, folgt aus dieser Gesetzesänderung ein Bleiberecht. Die Position dieser Mütter ist wesentlich gestärkt. Das gilt auch bei nichtehelichen Kindern, da nun, eine weitere wesentliche Änderung, nichteheliche Kinder rechtlich den ehelichen gleichgestellt sind.

Eine weitere zentrale Änderung ist, dass die gemeinsame elterliche Sorge nach der Scheidung fortbesteht und nicht wie vorher in jedem Fall im Scheidungsverfahren gerichtlich geklärt wird. Das führt zu neuen Belastungen für alle Frauen, die sich mit ihren Kindern aus Gewaltbeziehungen befreien, ungleich stärker aber wiederum für Migrantinnen. Der Gesetzgeber geht dabei von einer zentralen Bedeutung der gemeinsamen Elternschaft für das Kindeswohl aus und postuliert außerdem, dass die gemeinsame Verantwortung von Mutter und Vater für das Kind nach der Trennung wünschenswert und möglich ist. Dies erweist sich jedoch in der weit überwiegenden Zahl der Fälle, mit denen die Beraterinnen im Frauenhaus zu tun haben, als bloßes Wunschdenken. Dazu wäre nämlich ein partnerschaftliches und gleichberechtigtes Verhältnis des Elternpaares nötig.

Das entspricht nun gerade nicht der Lebensrealität in Gewaltbeziehungen: Das Verhältnis zwischen dem gewalttätigen Mann und der betroffenen Frau ist von einem massiven Macht-Ohnmacht-Verhältnis geprägt. Dies gilt noch einmal verschärft für Migrantinnen. Die Gewalt ist nach der Trennung nicht beendet, sondern wirkt fort. Ein gemeinsames Sorgerecht führt in diesen Fällen vorhersehbar zu andauernden Konflikten, wenn nicht gar zu anhaltender Bedrohung mit massiven Auswirkungen für Mütter und Kinder.

Frauen müssen deshalb nun in jedem Fall aktiv werden und ein familiengerichtliches Verfahren anstrengen, um die Übertragung der alleinigen elterlichen Sorge bzw. von Teilen des Sorgerechts zu erreichen und das Umgangsrechts des Vaters zu regeln. Viele Familienrichter interpretieren die Intention des Gesetzgebers fälschlich so, als sei das alleinige Sorgerecht ein Ausnahmerecht. Da nach unseren Erfahrungen in familiengerichtlichen Verfahren außerdem in der Regel die Gewalt des Mannes und ihre Folgen nicht nur für die jeweilige Frau, sondern auch für die beteiligten Kinder nicht hinreichend ernst genommen werden, sind diese Gerichtsverfahren besonders für ausländische Frauen noch schwieriger geworden. Ihre tiefe Verunsicherung und berechtigten Ängste vor den entsprechenden Gerichtsverhandlungen verlangen intensive Beratungen, die in der Regel mit Dolmetscherinnen geführt werden müssen.

Die Lage von Flüchtlingsfrauen

Praktisch ohne Perspektiven sind weiterhin Flüchtlingsfrauen nach ihrer Flucht aus Gewaltbeziehungen, selbst dann, wenn sie aufgrund der Verhältnisse im Heimatland auf absehbare Zeit nicht von Abschiebung bedroht sind. Sie leben von einem reduzierten Sozialhilfesatz, ohne Kinder- und Erziehungsgeld und gegebenenfalls Unterhaltsvorschuss, ohne Aussicht auf Arbeit und eine eigene Wohnung. Eine Arbeitserlaubnis ist immer, Sprach- und Qualifizierungsmaßnahmen sind in der Regel an einen gesicherten Aufenthaltsstatus gebunden, diesen wiederum können sie – wenn überhaupt – nur erlangen, wenn sie materiell auf eigenen Füßen stehen – ein Teufelskreis! Duldungen werden beispielsweise bisher vom Münchner Ausländeramt für Frauen, die im Frauenhaus leben, nur jeweils für drei Monate verlängert. Man stelle sich die seelische Lage der betroffenen Frau vor bei ihren regelmäßigen „Bittgängen" zu diesem und allen möglichen anderen Ämtern vor – von den Mitarbeiterinnen in Frauenhäusern inzwischen als „Ämterwahnsinn" apostrophiert! Der Druck des Sozialamts, ihren Aufenthalt im Frauenhaus so kurz wie irgend möglich zu halten, ist gerade bei diesen Frauen besonders groß, obwohl sie, in der Regel mehrfach traumatisiert, Ruhe und Zeit bräuchten, um sich psychisch zu stabilisieren. Besonders diese Frauen erleben ständig, dass ihnen die Kosten, die ihre Flucht ins Frauenhaus verursacht, angerechnet werden, ohne Berücksichtigung der eigentlichen Verursacher der erlittenen Gewalt.

Finanzierung

Zusätzliche Probleme entstehen für Migrantinnen dann, wenn das Frauenhaus, in dem sie Schutz suchen, über BSHG finanziert wird. Die Betroffenen werden dann automatisch, selbst wenn sie sich und ihre Kinder durch eigene Erwerbsarbeit unterhalten können, zu Sozialhilfeempfängerinnen, wovon dem Ausländeramt regelmäßig Mitteilung gemacht wird. Auch das neue Ausländergesetz erlaubt, die Verlängerung der Aufenthaltserlaubnis zur Vermeidung von Missbrauch zu versagen. Selbst wenn Missbrauch kaum je praktisch in Betracht kommt, wirken sich diese Zusammenhänge zumindest psychologisch verheerend aus.

Welche Standards gilt es für die Arbeit mit Migrantinnnen im Frauenhaus zu entwicklen?

Was bedeuten nun all diese Restriktionen für die Arbeit mit Migrantinnen, die Opfer von Männergewalt wurden?

Eine Gefahr für alle Fraueneinrichtungen und -projekte sehe ich darin, die hier nur mit wenigen ausgewählten Beispielen belegten gesellschaftliche Defizite ausgleichen zu wollen. Das ist nicht zu leisten. Ein realistischer Blick auf das jeweils Mögliche ist nötig. Dazu gehört der professionelle Umgang mit dem gültigen Rechtsrahmen, den ökonomischen Grenzen, den Grenzen der eigenen Institution und den persönlichen Grenzen in der Sozialen Arbeit. Interkulturelle Arbeit im Frauenhaus bewegt sich immer in dem Spannungsfeld: Was wäre nötig – was ist möglich? Zur Resignation gibt es dennoch keinen Grund. Die Angebote von Frauenhäusern werden von Migrantinnen, wie die Zahlen zeigen, sehr gut angenommen, im Unterschied zu denen vieler anderer sozialer Einrichtungen, die häufig vergeblich gegen die Schwellenangst von MigrantInnen zu kämpfen haben. Das Leben in einer Frauengemeinschaft mit Kindern, verbunden mit einem ganzheitlichen Hilfsangebot und existentieller Versorgung an einem Ort, sowie das Vorhandensein eines gemeinsamen Erfahrungsraumes erweisen sich als migrantinnenfreundlich. In ihrer existentiellen Lebenskrise fühlen sich viele Migrantinnen gut in Frauenhäusern aufgehoben. Ihre vielfältigen Ressourcen für das Leben in einer Gemeinschaft kommen hier zum Tragen, so dass es – gemessen an dem vorhandenen Krisenpotential – letztlich relativ selten zu schwerwiegenden Konflikten im Zusammenleben kommt.

Ansatzpunkte für eine Verbesserung der Arbeit mit Migrantinnen in Frauenhäusern gibt es dennoch auf verschiedenen Ebenen:
- intern an Konzept, Struktur und Organisation
- extern an ihrer politischen und Vernetzungsarbeit.

Dazu einige weiterführende Überlegungen.

Konzeptarbeit

Das Konzept von Frauenhäusern muss kontinuierlich antidiskriminierend und antirassistisch bewertet und fortgeschrieben werden. Die Grundlage der Beratung von Opfern von Gewalt ist gleich für Deutsche und Migrantinnen: Parteilichkeit und die Offenheit, an einer individuellen Lösung zu arbeiten. Dabei ist es eine beraterische Ressource, den eigenen Bezugsrahmen immer wieder zu relativieren und die eigenen Vorurteile ständig neu zu reflektieren. Das ist immer wieder mit Irritationen und gelegentlich verstörenden Gefühlen der Verunsicherung verbunden. Kulturell bedeutsame Kategorien wie Zeit, Macht, Geschlecht, Nähe und Distanz, Kommunikation, Krankheit und Gesundheit u. a. dienen als Analyseinstrument der Beschreibung und Reflexion von ethnischen Unterschieden.

Beratungsqualität

Bei der Beratung von Migrantinnen gilt wie für jede Beratung, sehr aufmerksam zu sein, wenn die Klientin von ihren Gefühlen spricht, genau hinzuhören, weiterzufragen, nicht zu urteilen. Anteilnehmende Neugier wird Fragen nach Tabus, nach Ritualen, nach Traditionen aufwerfen, um sich kundig zu machen in der Erlebniswelt der Klientin. Es wird nicht möglich sein, ein präzises Wissen über alle Kulturen zu erwerben, denen wir im Frauenhaus begegnen. Immer jedoch können und müssen Fragen gestellt werden: „Wie machen Sie denn das?" und ein Austausch kann stattfinden: „Wir machen das anders – oder ähnlich." Erzählen lassen ist eine Möglichkeit, Anteilnahme und Respekt zu zeigen. Langsam, deutlich, verständlich in kurzen Sätzen zu sprechen eine Technik der Verständigung (HEGEMANN, 2001).

Abbau von Sprachbarrieren

Sprachbarrieren werden auf Dauer eine schwierige Bedingung interkultureller Arbeit bleiben. So wünschenswert die Mehrsprachigkeit der Mitarbeiterinnen ist, so wird sie angesichts der Sprachenvielfalt der Bewohnerinnen immer unzulänglich bleiben. Deshalb und wegen der Entscheidung der Mehrzahl der Frauen, auf Dauer in Deutschland leben zu wollen, wird der Besuch von Deutschkursen in der Frauenhilfe im Rahmen der Möglichkeiten durch Spenden gefördert. Dass die Hausordnung als wichtiger Orientierungsrahmen für das Zusammenleben inzwischen in den am häufigsten vorkommenden Sprachen vorliegt, ist selbstverständlich.

Für den Einsatz von Dolmetscherinnen in der Frauenhilfe wurden Standards übernommen, die die Qualität der Beratung und die Beziehung zwischen Klientin und Beraterin fördern. Weitgehend wird außerdem auf den Einsatz von Familienmitgliedern, Freundinnen oder anderen Bewohnerinnen als Übersetzerinnen in der Beratungsarbeit verzichtet. Durch den verstärkten Einsatz gut qualifizierter Dolmetscherinnen wird so vor allem die Überforderung der Kinder verhindert, die durch Kindergarten oder Schulbesuch oft erheblich besser Deutsch sprechen als ihre Mütter. Diese Überforderung grenzte früher gelegentlich an Mißbrauch, zum Beispiel wenn sie selbst Opfer der in der Beratung von den Müttern berichteten Gewalt waren oder Tabus und Intimitäten zur Sprache kamen, denen sie als Kinder und altersmäßig nicht gewachsen waren (SALMAN, 2001).

Anzumerken ist, dass im interkulturellen Kontext Sprache als Medium an Bedeutung verliert. Im gemeinsamen (Beratungs-) Alltag werden alternative Verständigungsmöglichkeiten ständig gesucht und gefunden. Neue Konzepte nichtsprachlicher kreativer Gruppenarbeit müssen entwickelt werden, um den Migrantinnen mehr Ausdrucksmöglichkeiten und Gewicht in der Gruppe einzuräumen und veränderte Kontaktmöglichkeiten zwischen allen Bewohnerinnen und den Beraterinnen zu schaffen. So verändert sich Soziale Arbeit, in der bisher Sprache das Hauptmedium war.

Umgang mit Konflikten

Für die Probleme des Zusammenlebens von vielen Menschen in einer existentiellen Krisensituation sind in der Frauenhilfe Konfliktregelungsstrategien entwickelt worden. Diese greifen auch bei Konflikten, die durch ethnische Vielfalt bedingt sind. Sehr oft sind Konflikte allerdings nur vordergründig ethnisch bedingt. Deshalb ist es sehr wichtig, genau hinzuschauen, ob vermeintlich ethnische Konflikte letztlich nicht solche zwischen Menschen mit unterschiedlicher Persönlichkeit und verschiedenen Interessen sind. In diesem Zusammenhang soll darauf hingewiesen werden, dass wie an anderen sozialen Brennpunkten auch im Frauenhaus Konflikte häufig dadurch entstehen, dass in unserem Land gerade den sozial schwachen und benachteiligten MitbürgerInnen die Hauptlasten des Migrationsprozesses aufgebürdet werden. Deshalb werden Ausländerfeindlichkeit in der Gesellschaft und ethnische Konflikte in der Zukunft auch die Frauenhausarbeit vor große Herausforderungen stellen.

Qualifizierung der Mitarbeiterinnnen

Zur Bewältigung der anstehenden Aufgaben sind für die Mitarbeiterinnen Supervision, regelmäßige interne Schulungen und externe Fortbildungen zur interkulturellen Arbeit unverzichtbar, um „interkulturelle Phänomene entziffern zu können, interkulturelle Irritationen ertragen und als Lernsituation für alle Beteiligten begreifen zu können und in interkulturellen Konflikten vermitteln können" (KRUSE, 1999).

Solide rechtliche Kenntnisse sind eine unverzichtbare Voraussetzung qualifizierter Beratung besonders von Migrantinnen. In dem Maße, wie interkulturelles Bewußtsein wächst und die formale Qualifikation von Migrantinnen sich der deutscher Frauen angleicht, werden in Zukunft auch die Teams zunehmend interkulturell zusammengesetzt sein. Das bedeutet selbstverständlich nicht, dass interkulturelle Arbeit delegiert werden soll. Die Teams selbst, ihre Arbeit und ihr Selbstverständnis werden sich ändern und für die ausländischen Bewohnerinnen wird das eine positive Signalwirkung haben (KALPAKA, 1998).

Vernetzung und Öffentlichkeitsarbeit

Ohne Kooperation und intensiven Austausch mit anderen Projekten und Institutionen, die für Migrantinnen arbeiten, ist interkulturelle Arbeit im Frauenhaus nicht mehr denkbar. Vernetzung ist auch hier das Schlagwort. Pragmatische, zielorientierte Bündnisse zugunsten der Klientinnen über ideologisch unterschiedliche Positionen hinweg sollten möglich sein. Neue Formen von Austausch und Zusammenarbeit wurden in München am „Runden Tisch" im Anschluß an die Kampagne „Aktiv gegen Männergewalt gegen Frauen, Mädchen und Jungen" möglich (MÜNCHNER BÜNDNIS, 2001) .

Seit 1999 besteht in München eine Arbeitsgruppe mit dem Ziel „Schutz für gewaltbedrohte Ausländerinnen und ihre Kinder", in der MitarbeiterInnen des Ausländeramtes, Verteterinnen der Frauenhäuser und des Opferschutzkommissariats die besonderen rechtlichen Schwierigkeiten der von Partnergewalt bedrohten Migrantinnen besprechen. Lösungen in Einzelfällen konnten realisiert werden. Die Termine der Bewohnerinnen beim Ausländeramt verlaufen inzwischen in entspannterer und konstruktiverer Atmosphäre. Diese Arbeitsgruppe hat sich bewährt und wird fortgesetzt.

Frauenhausarbeit, die sich politisch versteht, wird sich mit dem besonderen Engagement und der spezifischen Fachlichkeit in Öffentlichkeits- und Gremienarbeit für die Verbesserung der Lebenssituation von Migrantinnen und ihren Kindern einbringen.

Ausblick

In der Sozialen Arbeit mit Migrantinnen im Frauenhaus bilden sich gesellschaftliche Entwicklungen ebenso wie internationale und globale Probleme überdeutlich ab. STAUB-BERNASCONI (1995) spricht von einer ‚Internationalisierung sozialer Probleme': „Drogen, Aids, Arbeitslosigkeit, Armut, Migration, Flucht und die Folgen für Individuum, Familie, das Herkunfts-und Aufnahmeland; Probleme binationaler Ehen und Familien; inner- und interkulturelle Konflikte; Fremdenangst und Rassismus; organisierter Frauen- und Kinderhandel u.v.m. sind in den letzten zwei Jahrzehnten zum sozialarbeiterischen und sozialpädagogischen Alltag geworden". Das herkömmliche Handwerkszeug sozialer Arbeit erweist sich angesichts immer komplexerer Probleme als zunehmend unzulänglich. THÜRMER-ROHR (1997) konstatiert, dass im Widerspruch dazu die Tatsache stehe, dass der Berufsstand sich mehr oder weniger auf die individuelle, oft therapeutische Hilfeleistung ausgerichtet habe. „Soziale Arbeit wird immer wieder als ein relativ bescheidener Versuch praktiziert, im unmittelbaren sozialen und psychischen Nahraum Hilfe zu leisten." Da gleichzeitig die Einwirkung auf die globalen Bedingungen der Probleme außerhalb des Einflußbereiches Sozialer Arbeit liege, verstärke sich das Gefühl der „Hilflosigkeit der Helfer".

Diese Gefühle der Hilflosigkeit und Überforderung sind den Mitarbeiterinnen von Frauenhäusern aus ihrem Arbeitsalltag wohlbekannt. Einen Ausweg aus dem Dilemma erblicken die zitierten Autorinnen in einer veränderten Sozialen Arbeit, die sich explizit als Menschenrechtsprofession versteht, welche sich lokal, national und international für soziale Gerechtigkeit einsetzt und auf diese Weise zu gesellschaftlichen Veränderungen beitragen will. Dazu gehört, Unrecht, das geschieht, öffentlich zu machen, Menschen ohne Stimme mit institutioneller Macht eine Stimme zu geben. Beide fordern ein „Ende der Bescheidenheit": Respekt und gesellschaftliche Wertschätzung für eine fortentwickelte Profession und ihre TrägerInnen.

„Deutsch – türkisch?"
Lebenspraxis und Identität von Kindern und Jugendlichen
in der multikulturellen Gesellschaft

Elly Geiger

*Nachdem eine Journalistin in Rwanda einen alten Mann stundenlang
über die Massaker in seinem Land interviewt hatte, wollte sie noch wissen:
„Entschuldigen Sie bitte, ich hab' Sie gar nicht gefragt,
sind Sie nun ein Hutu oder ein Tutsi?"
Der Mann schwieg lange, bevor er der Journalistin entgegnete:
„Darauf werden Sie von mir nie eine Antwort bekommen.
Genau solche Fragen waren es, die dazu geführt haben,
dass wir uns wechselseitig abgeschlachtet haben."*

Einführung

Im gesellschaftlichen Diskurs, der die sogenannte multikulturelle Gesellschaft zum Gegenstand hat, sind die Begriffe der – ethnischen oder kulturellen – Identität und, damit zusammenhängend, der Kultur zentral.

„Multikulturelle Gesellschaft" war und ist immer zugleich Zustandsbeschreibung wie auch gesellschaftspolitische Programmatik. Es ist interessant nachzuvollziehen, wie das Paradigma der multikulturellen Gesellschaft, wissenschaftlich gestützt, im Bereich Politik, aber auch bei der Konzeptionierung sozialer Arbeit, zu einem zentralen Erklärungsmodell und zur handlungsleitenden Zielperspektive geworden ist. Das Paradigma der multikulturellen Gesellschaft hat das der Klassengesellschaft und jenes, das die Differenz männlich/weiblich als zentral für gesellschaftliche Zuweisungsprozesse definierte, abgelöst. Es stellte den Versuch dar, das Verhältnis von Aufnahme- bzw. Einwanderungsgesellschaften zu Migrantinnen und Migranten neu zu beschreiben und zu ordnen.

Noch bis Ende der 70er-Jahre wurde in der Bundesrepublik kulturelle Differenz und Fremdheit als Integrationshindernis im Hinblick auf die deutsche Aufnahmegesellschaft definiert. Als Voraussetzung für Integration galt die einseitige Anpassungsleistung von Migrantinnen und Migranten. Die hierfür konzipierte Pädagogik war mit Ausländerpädagogik überschrieben, ging von einem defizitären Verständnis der Zielgruppe aus und arbeitete demzufolge kompensatorisch.

Ein wichtiger Ausgangspunkt für die Kritik an diesem Integrationsmodus war die darin enthaltene Zumutung für die Identität der zu integrierenden Migrantinnen und Migranten. Die diesem Integrationsmodus unterworfene Ausländer wurden in ihrer Identität als ‚zerrissen', die Entwicklung zu einer bi- oder mehrkulturellen Identität als individuell schwierig, letztlich pathogen definiert. Ende der 70er/Anfang der 80er-Jahre wurde dann – im Rahmen des ‚Multi-Kulti-Diskurses' – der Perspektivenwechsel von der Gast- zur Aufnahmegesellschaft und von der Ausländerpädagogik zur interkulturellen Pädagogik vollzogen. Bei Aufrechterhaltung der Annahme, dass die Preisgabe der kulturellen Identität von Einwanderern eine Zumutung sei und bi- bzw. mehrkulturelle Identitäten hochgefährdete Identitäten sind, ging es nun nicht mehr um einseitige Anpassungsleistungen, sondern um das Postulat der wechselseitigen Akzeptanz und Toleranz, um die jeweilige kulturelle Identität bewahren zu können. Gesellschaft wurde durch die Vielfalt der in ihr lebenden ‚Kulturen' gekennzeichnet, die gleichberechtigt neben- und miteinander leben können sollten.

Die folkloristischen, vereinnahmenden und ungewollt an rassistische Vorstellungen sich anlehnenden Seiten dieses – sehr einfach dargestellten Konzeptes – werden deutlich an der Aussage auf einem Wahlplakat. „Vielfalt statt Einfalt" stand dort und sollte die Position einer Partei zu Ausländern in München kennzeichnen. Ohne Ausländer nur Einfalt, könnte man deuten, oder – nicht ganz so zugespitzt – Vielfalt im Gemeinwesen stellt sich her durch die Kultur, die die Ausländer ‚mitbringen'.

Die Handlungsziele, die für die multikulturelle Gesellschaft und eine interkulturelle Pädagogik formuliert wurden, werden bei NIEKE (1993) exemplarisch deutlich:
Hiernach ist Aufgabe interkultureller Erziehung:
- (Das) *Erkennen des eigenen, unvermeidlichen Ethnozentrismus*. Mit diesem Begriff ist die unvermeidliche Eingebundenheit des eigenen Denkens und Wertens in die selbstverständlichen Denkgrundlagen der eigenen Ethnie gemeint, wobei Ethnie nur ein anderer Zugang auf die Phänomene von Besonderheiten von Lebenswelt und Kultur ist. Dieser Ethnozentrismus kann überhaupt nur sichtbar werden in der Konfrontation mit anderen Sichtweisen auf die Welt. Wenn Angehörige verschiedener Ethnien, die auch verschiedene Deutungsmusterhorizonte, d.h. Kulturen haben, im Alltag, z.B. in der Schule, zusammenleben und miteinander auskommen müssen, können Verständnisprobleme entstehen, wenn jemand aus der einen Kultur seine Deutungen selbstverständlich für jedermann bekannt unterstellt, jemand aus einer anderen Kultur aber diese nicht kennt oder an ihrer Stelle andere hat. Aufgabe interkultureller Erziehung wäre demnach, solchen Verständnisproblemen im gemeinsamen Alltag nachzuspüren, sie in ihrer kulturellen Bedingtheit deutlich zu machen, um so Missverständnisse aufzuklären oder ihnen vorzubeugen.
- *Umgang mit der Befremdung*. Das Andere, Unbekannte, Fremde an einer anderen Kultur kann interessant sein; dann wirkt es exotisch. Im Alltag verunsichert es zumeist die eigenen Handlungsgewissheiten, Weltsichten und Wertüberzeugungen, weil es sich auf dieselben Alltagsbereiche richtet wie die eigenen Deutungen und Orientierungen. Dann ist es nicht nur fremd, sondern befremdlich und erzeugt unvermeidlich Irritation und zumeist Abwehr. Aus diesem Abwehrimpuls entsteht die direkte und indirekte Ablehnung des Andersartigen, wie sie sich hierzulande als Ausländerfeindlichkeit – oder genauer: Zuwandererfeindlichkeit – manifestiert.

- *Grundlegung von Toleranz* gegenüber den in einer anderen Kultur Lebenden und Denkenden, selbst wenn Teile dieser Kultur den eigenen Orientierungen und Wertüberzeugungen widersprechen.
- *Akzeptanz von Ethnizität*, also der Präsentation kulturell bedingter Andersartigkeiten durch Angehörige ethnischer Minoritäten; hierzu gehört auch die Einübung in einen reflektierten Umgang mit dem Fremdheitserlebnis, das durch die Auseinandersetzung mit der anderen befremdenden Kultur ausgelöst wird und das eigene kulturelle Selbstverständnis in Frage stellt; dabei wäre der eigene und unvermeidliche Ethno- oder Soziozentrismus ins Bewusstsein zu heben, um zu einer Haltung eines aufgeklärten Eurozentrismus zu gelangen. Eine solche Akzeptanz von Ethnizität kann sich auf den verschiedenen Institutionalisierungsebenen von Erziehung und Bildung realisieren: in der verständnisvollen Reaktion auf lebensweltlich, d.h. kulturell bedingte Äußerungsformen, Kleidungsgewohnheiten und -vorschriften oder religiös bestimmte Essensvorschriften im alltäglichen Umgang.

„Der Fremde lebt in Selbstverständlichkeiten, die mir alles andere als selbstverständlich sind, häufig nicht nur exotisch, sondern auch falsch vorkommen müssen, weil sie meinen eigenen Selbstverständlichkeiten widersprechen. Seine Selbstverständlichkeiten, d.h. seine Lebenswelt und Kultur, stellen meine Selbstverständlichkeiten, d.h. meine Lebenswelt und meine Kultur in Frage; denn beides kann nicht zugleich richtig sein. Jeder aber muß seine Überzeugungen für die richtigen halten; denn sonst hätte er andere." (NIEKE, 1993)

Diese Aussagen beinhalten eine ganze Reihe von Behauptungen, Gleichsetzungen, Definitionen und Postulaten, die näher anzuschauen lohnt. Vor allem anderen wird deutlich, dass in dieser Sichtweise von Wahrnehmungen, Deutungen, Reaktionen und Interaktionen das Individuum vollständig verschwunden ist. Es agieren nicht mehr Individuen, sondern Ethnien und Kulturen. Die agierenden Personen werden zu Medien, zu Trägerinnen und Trägern einer genau auszumachenden, abgrenzbaren Ethnie bzw. Kultur gemacht, die sie ohnmächtig exekutieren, was dann zum sogenannten ‚Kulturkonflikt' führt, in dem bekanntlich HUNTINGTON (1997) mögliche und wahrscheinliche Ursachen für künftige politische Konflikte und Auseinandersetzungen sieht. Die sogenannte Kulturkonflikthypothese ist einer der beliebtesten Mythen im „Multi-Kulti-Diskurs".

Schauen wir uns die oben vorgetragene Argumentationskette noch einmal an: Wir alle sind Angehörige einer bestimmten Ethnie, was Besonderheiten in Lebenswelt und Kultur meint; diese Besonderheiten werden als selbstverständliche Denkgrundlagen angenommen. Das unvermeidliche Eingebundensein in diese selbstverständlichen Denkgrundlagen führt dann wiederum zum unvermeidlichen Ethnozentrismus. Da sich begegnende ‚Ethnien' so unvermeidlich und selbstverständlich ihre Besonderheiten von Lebenswelt und Kultur für das einzig Richtige halten, kommt es zu Verständnisproblemen, die eben ethnisch-kulturell bedingt sind.

Der Umgang mit dem Unbekannten, Fremden verunsichert, erzeugt Irritation und Abwehr; die Ablehnung des Andersartigen manifestiert sich in Ausländerfeindlichkeit. Es muss also geübt werden: der reflektierte Umgang mit dem Fremdheitserlebnis; Akzeptanz ist das Ziel; weg vom Ethnozentrismus hin zum Eurozentrismus.

Fremdheit und Befremdung

Zunächst möchte ich anknüpfen an das Fremdheitserlebnis, die Befremdung durch die Begegnung mit der anderen Ethnie bzw. Kultur bzw. mit der fremden Person, die sich in Fremden- bzw. Ausländerfeindlichkeit manifestieren kann. In dieser Argumentation wird Fremdenangst, Fremdenfeindlichkeit zur anthropologischen Konstante, zum Bestandteil menschlichen Natur, die mit den konkreten gesellschaftlichen Bedingungen, innerhalb derer sie entsteht oder auch geschürt wird, nichts zu tun hat.
„Die Angst vor dem Fremden", ist aber, so Frank-Olaf Radtke, eben „keine Naturvariante. Sie stellt die nachträgliche subjektive Rechtfertigung für tief in der europäischen Tradition verwurzelte Praktiken der letztlich mörderischen Ausgrenzung dar. Sie kann offenbar in solchen Situationen auf Knopfdruck aktiviert werden, die durch Faktoren wie Wohnungsnot, Arbeitsplatzmangel oder -verlust gekennzeichnet sind." (RADTKE, 1993).
Und Gertrud Nunner-Winkler schreibt: „Die These einer spezifisch modernen Fremdenscheu (unterschlägt), daß aufgrund der Anonymität in modernen Massengesellschaften ‚der Fremde' eine erst neuerdings massenhaft auftretende und darum normalisierte Sozialkategorie darstellt: Im Straßenverkehr, in den Geschäften – stets begegnen wir uns Unbekannten, die wir – anders als dies etwa in geschlossenen Dorfgemeinschaften üblich oder möglich war – längst zu ignorieren gelernt haben bzw. mit denen wir problemlos in eingegrenzte Interaktionen (etwa Erteilen einer Auskunft, Abwicklung kleinerer Geschäfte) eintreten können." (NUNNER-WINKLER, 1997)
Der oder die Fremde, als, wie Nunner-Winkler sagt, normalisierte Sozialkategorie begegnet mir – und Ihnen – dauernd, ohne daß er oder sie mich im mindesten verunsichert oder sogar Ablehnung oder Aggression entstehen: Selbst habituell ausdrucksvolle Fremde, die häufig in Jugendkulturen oder -subkulturen sich bewegen oder auch als national anders abstammend oder zugehörig zu erkennen sind, irritieren mich nicht weiter. Mein Internist ist Inder, mein Gemüsehändler ist schwul, mein Zeitungshändler hat andere politische Auffassungen als ich, meine Nachbarin ist für autoritäre Erziehung –: so könnte ich fortfahren, meinen lebensweltlichen Kontext zu beschreiben als einen der bevölkert ist von Menschen, die anders sind als ich, anders denken als ich und anders handeln als ich, die mir fremd oder Fremde sind. Es irritiert mich nicht, es ärgert mich nicht, ich empfinde keine Abwehr.
Warum also die Rede von der unvermeidlichen Irritation und Abwehr?
Die Fremden, die im Multi-Kulti-Diskurs immer eigentlich gemeint sind, sind die ethnisch-kulturell Fremden, insbesondere jene, denen gewissermaßen ins Gesicht geschrieben ist, dass sie aus einer jener ‚Kulturen' kommen, die im zitierten Text als exotisch auf uns wirkend beschrieben sind. Sie und ihre ‚Kultur' sind uns fremd, erzeugen Abwehr, so heißt es. Meine selbstverständlichen Denkgrundlagen werden in Frage gestellt.

Eine kühne Behauptung, die voraussetzt, dass ich als Angehörige der ‚deutschen Kultur' ein unverrückbares Paket an selbstverständlichen Denkgrundlagen besitze und mein ethnisch-kulturell fremdes ‚Gegenüber' ebenfalls.

Kultur und Denken

Selbstverständliche Denkgrundlagen sind Kultur und gesellschaftliche Normalität, sie prägen Identität. Nur: was sind noch selbstverständliche Denkgrundlagen, was ist gesellschaftliche Normalität, was ist – um in Deutschland zu bleiben – ‚deutsche Kultur' und Kultur überhaupt?

Schauen wir uns um:

Prozesse der Globalisierung und Individualisierung lassen Traditionszusammenhänge und Deutungsgemeinschaften zerfallen, es ereignet sich eine, wie Ulrich BECK (1986) sagt, „Freisetzung aus lebensweltlichen Bindungen" nie gekannten Ausmaßes in rasantem Tempo. Es gibt eben keine selbstverständlichen Denkgrundlagen mehr, und aus gesellschaftlicher Normalität sind gesellschaftliche Normalitäten geworden. Das Fremde ist das Normale geworden. Es gibt keine geschlossene ‚deutsche Kultur', es gibt Kulturen, Teil- und Subkulturen und internationale Suprakulturen, die entstehen, auftauchen, sich verändern, verschwinden.

Es ist ja gerade Kennzeichen der Globalisierung, dass dieses Zerbröseln von Traditionszusammenhängen, dieses Zerbrechen der Selbstverständlichkeiten, der Zwang (und die Freiheit), sich sein eigenes, individuelles „Wertepaket" zu basteln, eben nicht nur die hochentwickelten Industrienationen und die in ihnen lebenden „Identitätsbastler" beschäftigen, sondern in zunehmender Tendenz auch jene ‚Kulturen', denen wir meinen hier tolerant begegnen zu wollen, weil sie so fremd, so exotisch und so unveränderlich anders sind.

„Warum", fragt Radtke, „werden die Neuankömmlinge" (und auch die hier seit Generationen lebenden MigrantInnen, könnte man ergänzen, E.G.) „die mit den Ansässigen den Wunsch nach Wohlstand, Anerkennung, Erfolg und sozialer Sicherheit teilen und mit denen sie angeblich oder tatsächlich um Wohnungen, Arbeitsplätze, Karrierechancen und Sozialleistungen konkurrieren, zu ‚Fremden' gemacht, die doch offenbar keineswegs unkundig oder unfähig sind, die Spielregeln der sozialen Marktwirtschaft erfolgreich zu beherrschen? Neid, Geiz, Missgunst und Eifersucht, ja Aggression mögen die Folge verschärfter Konkurrenz sein. Aber hier handelt es sich eigentlich gar nicht um ein speziell mit *Fremdheit* verbundenes Phänomen. Fast ist man versucht zu sagen: im Gegenteil" (RADTKE, 1997).

Die kulturelle Identität, die man diesen ‚Fremden' andichtet, wird im Multi-Kulti-Diskurs zum unveränderlichen Wesensmerkmal, das man den Fremden – tolerant, wie man ist, ‚lassen' will, damit sie keine Identitätsschwierigkeiten bekommen. In diesem Verständnis ist Kultur eine „klar abgegrenzte, unabhängige und isolierte Entität (...) Die Welt gleicht einem Mosaik, dessen Steinchen die Kulturen sind" (BREIDENBACH & ZUK-

RIGL, 1998). Es handelt sich hierbei um kulturdeterministische Zuschreibungen, die dem Rassismus nicht unähnlich sind. Das Individuum wird unter ein statisches Kulturverständnis subsummiert, in dem das Subjekt und sein Verhältnis zur Gesellschaft verschwindet mit seiner Fähigkeit, sich Gesellschaft und ihre Deutungssysteme anzueignen, sie zu verwerfen und zu verändern.

„Kultur" so formuliert es Heidrun Czock, „ist ein in Bewegung befindliches adaptionsfähiges System. Kultur stellt die symbolische Ordnung des sozialen Lebens dar und muß in diesem Bezug ein dynamisches Moment enthalten. Kultur ist danach kein statischer Block, sondern bleibt im Sinne einer Bewältigungsleistung auf praktische gesellschaftliche Probleme bezogen. Sie ist in einem wechselseitigen Transformationsprozeß an die sozialen Strukturen gebunden. Der Fundus kultureller Formen wird im Zuge der materiellen Umorganisation der Gesellschaft mit neuen Problemen konfrontiert, neue Formen kommen hinzu, andere, obsolet gewordene treten in den Hintergrund. Kulturelle Muster bzw. Kulturpraktiken enthalten, da auf die materiellen und sozialen Verhältnisse gesellschaftlicher Teilgruppen bezogen, keine einheitliche, territorial begrenzte Gültigkeit. Schon innerhalb einer nationalstaatlich begrenzten Gesellschaft ist daher mit unterschiedlichen Kulturen zu rechnen." (CZOCK, 1993)

Es war in einer ethnisch-national eingrenzbaren Gruppe von Menschen immer schon ein kultureller Unterschied, ob man dem Konstrukt Mann oder Frau zugeordnet wurde, ob man gebildet war oder nicht, welcher Klasse bzw. Schicht man angehörte, ob man vom Land kam oder in einer Großstadt lebte, welche sexuelle Identität, welchen Glauben man hatte und praktizierte, etc.

Das hat sich nicht geändert, es ist eigentlich nur komplexer geworden.

„Die Idee des ‚Volksgeistes', kritisiert Radtke, „oder der ‚völkischen Eigenart', die alle kulturellen Hervorbringungen bestimmt, bleibt auch nach dem Reinigungsbad in der modernen sozialwissenschaftlichen Theorie an dem Konzept ‚Ethnizität' erkennbar. (...) An die Stelle des Rassenkonflikts, dem die Absicht von Unterdrückung und Vernichtung anzusehen war, ist der ‚Kulturkonflikt' getreten, der das Individuum gegen seinen Willen in unüberwindbare Schwierigkeiten bringen kann. Ein ganzer Diskussionsstrang hat sich um diese Konstruktion gebildet und im Erziehungs- und Gesundheitsbereich verheerende Wirkungen erzeugt." (RADTKE, 1990).

Verheerende Wirkungen?

Ein starker Vorwurf. Verfolgt man aber die politischen Diskussionen über Integration und Einwanderung in Deutschland der letzten Jahre, ist augenfällig, dass das Konzept Ethnizität und die Kulturkonflikthypothese jenen politischen Akteuren die Munition geliefert haben, die Ausländer eben wegen ihres prinzipiellen, ethnisch-kulturell bedingten Andersseins für nicht integrierbar halten. Selbst der frühere Bundeskanzler Kohl bezog sich auf eine vermeindliche ‚Kulturdifferenz', um die Türkei im Hinblick auf den von der Türkei gewünschten EU-Beitritt hinzuhalten.

Konsequenzen für die Jugendhilfe

Den Sozialarbeiterinnen und Sozialarbeitern erleichterte die Ethnisierung ihrer Klientel eine Reduktion des komplexen Arbeitsfeldes und der darin auftretenden Konflikte zwischen verschiedenen Adressaten-Gruppen, aber auch zwischen den Professionellen und ihrer Klientel auf eine zentrale Perspektive: auf den Kulturkonflikt.

Alles erschien erklärbar durch den Kulturkonflikt; alles erschien pädagogisch bearbeitbar durch interkulturelle Pädagogik: Der Konflikt zwischen rivalisierenden Gruppen von Jugendlichen in einer Freizeitstätte z.B. war nun nicht mehr ein Kampf um das Territorium Freizeitstätte, um die Aufmerksamkeit der Mädchen in der Einrichtung usw., sondern mutierte zum Kampf der Kulturen im Mikrokosmos Jugendarbeit, dem mit interkultureller Toleranzpädagogik entgegengetreten wurde. Die Projekte und Maßnahmen der sogenannten interkulturellen Begegnung sind Legion: interkulturelle Friedensfeste, interkulturelles Fußballspielen, türkische Kochkurse, Einführung in die afrikanische Kultur durch Trommelkurse, kurdischer Volkstanz etc.

Diese pädagogische Konzeption und Praxis geht an der Lebenswirklichkeit der Mehrzahl der Jugendlichen vorbei. So findet man im Forschungsprojekt *Jugendliche in ethnisch heterogenen Milieus. Die Entwicklung multikultureller Lebenswelten als alltäglicher Prozeß* den Befund: „in der Jugendarbeit (hat sich) häufig eine Praxis durchgesetzt, wonach Jugendliche als Exponenten ihrer nationalen und ethnisch-kulturellen Herkunft zum Gegenstand sozialpädagogischen Handelns werden. Dies selbst dann, wenn sie in ihrem Verhalten längst deutlich machen, dass in ihrem Umgang mit ihresgleichen und anderen nicht einzig oder vornehmlich die ethnisch-kulturelle Karte sticht. Wohlgemerkt, es geht nicht um die generelle Zurückweisung eines kulturellen Blicks auf Jugendliche, wohl aber um Einlassungen und Widerständigkeit gegen seinen hegemonialen Erklärungsanspruch im Alltag von Jugendlichen." (LÖSCH, H. et al., 1998).

Wenn ich morgens mit der U-Bahn zu meiner Arbeitsstelle fahre, habe ich Gelegenheit eine größere Anzahl von Schülerinnen und Schülern einer ganz in der Nähe liegenden Berufsschule zu beobachten. Die Schule wird erkennbar von einer großen Anzahl von Schülerinnen und Schülern besucht, die nach ihrem äußeren Aussehen nicht so ohne weiteres als Deutsche durchgehen würden.

Diese Jugendlichen erstaunen mich, sie befremden mich auch: aber nicht, weil sie erkennbar ethnisch-kulturell zuzuordnen und mir also ethnisch-kulturell fremd sind, sondern weil sie geeignet sind, sämtliche Klischees und Kulturstereotype auszuhebeln: Ich sehe (vermutlich) türkische, vielleicht auch arabische, wahrscheinlich moslemische Mädchen mit einem Kopftuch; ich sehe (vermutlich) türkische, vielleicht auch arabische Mädchen, die kein Kopftuch tragen und eigentlich so ohne weiteres gar nicht mehr als Mädchen erkennbar sind, weil sie – mit superweiten Schlabberhosen und riesigen Daunenjacken – habituell als sich zugehörig zur Hip-Hop-Subkultur, zumindest temporär, sich outen. Das kann sich ändern: das Hip-Hop-Mädchen, türkisch oder deutsch, das heute mit Sackhosen daherkommt, nutzt morgen die Symbole einer anderen Konstruktion von Weiblichkeit und vielleicht auch Ethnizität und trägt hautenge Röcke mit oder ohne Kopftuch.

Manchmal umarmen sich die Mädchen, manchmal die Mädchen und Jungen, manchmal die Jungen die Jungen; die Jugendlichen sprechen deutsch, dazwischen Brocken Türkisch, es werden Sprach- und kulturelle Codes getauscht, die ich nicht verstehe. Ihr Verhalten lässt eben keine ethnisch-kulturelle Sortierung zu; habituell ist selbst eine Sortierung Mädchen/Junge manchmal schwierig. Vermutlich könnte ich über das eine oder andere Mädchen sagen: sie ist türkischer Herkunft. Aber was sagte mir das?

Nicht einmal der selbstverständliche und kompetente Umgang mit der türkischen Sprache kann mit dieser Zuschreibung verbunden werden. Es gibt unterdessen massenhaft Heranwachsende aus z.B. türkischen Familien, die besser Deutsch als Türkisch sprechen und die eine Identität, auch sprachliche Identität besitzen, die in keines unserer Denkmuster mehr hineinpasst. Sprache ist ein bedeutender Teil persönlicher Identität. Und da wir uns in Deutschland, in diesem oben geschilderten Fall der Jugendlichen im Umfeld einer Münchener, also deutschen Schule befinden, könnte man meinen, dass Deutsch die sprachliche Interaktion der Jugendlichen dominiert, dass überhaupt ‚das Deutsche', soll heißen: die „deutsche Kultur" die Interaktion dominiert. Dies ist nicht nach meiner Wahrnehmung nicht der Fall.

AUER & HIERONYMUS (1997) haben in einer soziolinguistischen Untersuchung von Jugendlichen einer Schule in Hamburg festgestellt, dass die türkische Sprache, die – neben dem Deutschen in Deutschland unterdessen bei weitem wichtigste Sprache – in Teilen auch von nicht-türkischen Jugendlichen angeeignet und verwendet wird und daraus ein neues, drittes Idiom entsteht, das situativ von den Jugendlichen verwendet wird und nur ihnen verständlich ist.

Jugend und Identität

Haben diese Jugendlichen Identitätskonflikte?
Identität ist, so heißt es, die als „Selbst" erlebte innere Einheit der Person. Identitätsentwicklung und -bildung ist zentral für die Entwicklungsphase Jugend. Und am Ende dieses Entwicklungsprozesses steht ein (erwachsener) Mensch, der eine besondere Person ist und eine klar umrissene Identität hat. Eine Identität als Mann oder Frau zu entwickeln z.B., gehört zum Entwicklungsprogramm junger Menschen. Die Zugehörigkeit zu einem Geschlecht, die soziale Abkunft, die ethnisch-kulturelle Abkunft, das Leben in der Metropole oder auf dem Land etc. prägen Identität.

Kein Zweifel!

Aber auch hier ist es so, dass Identität kein einmal gepackter Rucksack ist, den ich mein Leben lang mit mir herumschleppe. Identität ist kontextgebunden, eingebettet in konkrete gesellschaftliche Verhältnisse. Individuen – und auch Gruppen – haben ein reflexives Verhältnis zur Gesellschaft, in der sie leben, deren Normen und Werten.

Die Lebenspraxis von Individuen und deren individuelle und kollektive Identität erfahren ihre Sinnhaftigkeit und Brauchbarkeit nur und ausschließlich im ambivalenten und widersprüchlichen Prozess der Aneignung und Auseinandersetzung mit den sie umgebenden materiellen und immateriellen gesellschaftlichen Bedingungen. Und auch diese, nämlich die gesellschaftlichen Verhältnisse, befinden sich in einem ständigen Änderungs- und Verwandlungsprozeß. Die Individuen sind gezwungen, damit umzugehen.

Ich plädiere hier für ein Verständnis von Identität als eine Art lebendigen Organismus, der aus verschiedenen Teilidentitäten sich zusammensetzt, die in ihrer Existenz und Bedeutung immer wieder sich wandeln, neu entstehen, vergehen, stärker oder schwächer betont, mal hervorgekehrt, mal verborgen werden – je nach individuellem Bedürfnis, sozialem Kontext, gesellschaftlichen Vorgaben und Zwängen, vorhandenen Ressourcen, biographischen Ereignissen usw.. Identität ist also – teilt man diese Beschreibung – etwas, was in Zeit und Raum in ständiger Veränderung sich befindet, immer wieder konstruiert wird und keinen Abschluss erfährt.

Dieses Verständnis von Identität steht in einem Widerspruch zu den teils expliziten, teils impliziten Annahmen über ethnisch-kulturelle Identität bei MigrantInnen, die nachhaltig ihre Wirksamkeit in der Praxis sozialer Arbeit entfaltet haben. Gerade in diesem Bereich wird jener Rucksack angedichtet, ich möchte fast sagen: ihnen gegen ihren Willen aufgeschultert, der sie festschreibt auf eine erkennbare, klar abgrenzbare und ethnisch-kulturelle determinierte, unveränderbare Identität, die – egal in welchen Verhältnissen sie leben – ihr Denken und Handeln bestimmt.

MECHERIL (1997), der in Bielefeld über Migranten, „andere Deutsche", wie er sie nennt, forscht, kritisiert an der oben skizzierten Ansicht über kulturelle Identität und Kultur- und Identitätskonflikte bei den anderen Deutschen hauptsächlich zwei Aspekte:
- daß die von Migrantinnen und Migranten erlebten Konflikte primär als Kulturkonflikte definiert werden;
- daß die Erfahrung kultureller Inkonsistenz immer nur ein Handikap ist. Bikulturelle Identität wird als eine spannungsreiche und bedrohte Identität gesehen, weil die personale Identität in ihrer gelungenen Variante nur einwertig ist.

Gegen den Mythos, dass die von MigrantInnen erlebten Konflikte immer als Kultur-Konflikte erlebt werden, wendet er ein, „daß es eine Reihe weiterer Themen gibt, die neben und gegebenenfalls vor dem „Kulturthema" für Andere Deutsche vordergründig und grundlegend sind. Anzuführen ist hier das Thema ‚Rassismus', aber auch das Thema ‚Verwehrte Möglichkeiten der gesellschaftlichen Partizipation' usw. (…) Neben diesen Themen, die aus der spezifischen Lebenssituation Anderer Deutscher resultieren, müssen wir aber – so profan es klingen mag – davon ausgehen, daß auch allgemein, geschlechts- oder schicht- bzw. klassenspezifisch bedeutsame Themen wie Berufswahl, Arbeitslosigkeit, Zukunftsgestaltung und materielle Zukunftssicherung, eigene Kinder, Partnerschaft, Krankheit und Gesundheit usw. für Andere Deutsche im Vordergrund stehen. Der Mythos, daß sich die Lebenssituation Anderer Deutscher deskriptiv oder analytisch auf den „Kulturkonflikt" reduzieren lasse, kann folglich als eine ungebührliche

Pauschalisierung bezeichnet werden, die die Lebenssituation von Anderen Deutschen kulturalisiert." (MECHERIL, 1997).

Und gegen die vermeindliche pathogene Qualität eines ‚Lebens zwischen den Kulturen' argumentiert er: „Der (...) Mythos, dass die Erfahrung kultureller Inkonsistenz ein Handicap sei, ist eine einseitige Diagnose, die die andere Seite – die der positiven Möglichkeiten, die in der Lebenssituation (...) angelegt sind – nicht in den Blick geraten lässt. In der Lebenssituation können Chancen und Risiken ausgemacht werden. Das Risiko eines Lebens in, zwischen oder jenseits von zwei Kulturen besteht unter Umständen in der Möglichkeit der Verunsicherung und der Orientierungslosigkeit, zu deren individuellen Bewältigung keine adäquaten Mittel zur Verfügung stehen. Aber dieser ‚multi- oder interkulturelle' Aufenthalt kann auch als Freisetzungserfahrung und Freisetzung aus dem Verbindlichkeits- und Vorgabenpool sozialer Gemeinschaften beschrieben werden, die das Individuum befähigen kann, in ein reflektiertes Verhältnis zu seinen eigenen Handlungen, Wahlen, Absichten, Neigungen, Vorlieben, Sehnsüchten, Idealen usw., kurz: zu sich selbst zu treten." (MECHERIL, 1997).

Ist es nicht so, dass die Hilflosigkeit vor dem Uneindeutigen, vor den mehrkulturellen „Hybriden" die Apologeten der Kultur-Konflikt-Theorie in ein dichotomes, paternalistisches Weltbild „Wir und die Anderen" zwingt?

Das, was sie zu entdecken geglaubt haben, haben sie überhaupt erst konstruiert: Ethnisch-kulturelle Unterschiede als wissenschaftlich gestütztes Erklärungsmodell für gesellschaftliche Desintegrationserscheinungen und -prozesse, Kulturkonflikte als Folie, auf der Konflikte verstehbar und handhabbar gemacht werden.

Wir alle machen die Erfahrungen rasanter gesellschaftlicher Veränderungen, kultureller Brüche, persönlicher Krisen und inkonsistenter Identitäten, die uns vor hohe Anforderungen stellen. Die Identitäten werden konstruiert, die Bedeutungen und Verbindlichkeiten müssen ausgehandelt werden. Meine Identität, mein „Selbst" entsteht jeden Tag neu in einem reflexiven Prozeß, den ich bis zum Ende meines Lebens gestalten werde – und muß.

Dies ist für hier lebende „Andere Deutsche", wie Mecheril sie nennt, nicht anders.

Die Jugendlichen der Schule, von denen ich Ihnen erzählt habe, sind ein konkretes, lebendiges Beispiel dafür.

Zusammenfassung

Wir sollten nicht das Geschäft derer besorgen, die Unterschiede in den Orientierungen und Lebensgewohnheiten zu unveränderlichen Wesens- und Kulturunterschieden erheben, um dann, sozialwissenschaftlich begründet, die „Anderen", die „Fremden" außen vor zu lassen zu können, Ihnen elementare Teilhabe zu verweigern. Das Reden von den ausländischen „Mit"Bürgern ist ein beredtes Beispiel für die Legitimation einer kulturkonflikt-gestützen Verordnung einer Randexistenz von MigrantInnen.

Die Diskussion um die doppelte Staatsbürgerschaft ist ein folgenreiches Beispiel dafür, was der Siegeszug ethnischer Semantiken, die zum festen Bestandteil national-konservativer und auch rechter Politikkonzepte geworden ist, an fatalen Effekten bewirkt hat.

Ich möchte mit der Selbstbeschreibung eines jungen Türken abschließen, der nachdenklich über Identität macht:

> Ich fühle mich eher (als) so eine Art Mischprodukt, ja, weil das ändert sich immer nach Sachlage. Also wenn es sich um politische Sachen handelt oder ja, wirklich so politisch und mit sozialen Inhalten, bestimmten Themen, ich fühle mich da schon eher türkisch, weil ich hab' da andere politische Kultur, andere politische Tradition sozusagen, ja, und deswegen so. Bei anderen Sachen, sagen wir mal Freundschaft, Arbeit und Studium oder sonstwas, da fühle ich mich eher (als) Deutscher, weil diese meinen Vorgehensweisen entsprechen, das weiß ich schon, weil ich nichts anderes gelernt habe in dieser Hinsicht, ich meine, ich kenne ja nichts anderes als das, was ich hier gelernt habe, verstehst Du? Also nicht, daß ich das unbedingt so bewirkt hab', weil, es hat sich so ergeben. Wir sind eigentlich also ein Mischprodukt aus beiden Kulturen". (ATABAY, 1998).

Alt werden in der Fremde
Ältere Migranten: Eine Herausforderung für die Altenhilfe und das Gesundheitswesen

PAVLOS DELKOS

*Schicksal, dich bitte ich, schick mich nicht in die Fremde,
und wenn ich doch in die Fremde muß, laß mich nicht erkranken.
Denn ein Kranker braucht Pflege, braucht warmes Bett und sanfte Kissen,
die Mutter stets beiseite, den Vater nicht vom Kopfe weichend,
er braucht die Schwester, die mitfühlt und bringt das kühle Wasser,
das der Schwerkranke trinkt und sich erfrischt ...
(traditionelles Volkslied aus Karpathos)*

Die Zahl der älteren Migranten in Deutschland wird ständig steigen

In den 60er Jahren wurden Arbeitsmigranten in ihren Heimatländern angeworben, um ein paar Jahren in Deutschland zu arbeiten. Fast alle haben damals die feste Absicht gehabt, schnell wieder in die Heimat zurückzukehren. Entgegen der offiziellen Politik und der eigenen Rückkehrwünsche sind die meisten dieser Migranten bis heute in Deutschland geblieben und werden wahrscheinlich auch hier ihren Lebensabend verbringen. Aus zahlreichen Studien und Prognosen lässt sich entnehmen, dass mit einem starken Anstieg der Zahl älterer Migranten in den nächsten Jahren und Jahrzehnten zu rechnen ist.

So lebten 1993 in Deutschland ca. 370.000 Ausländer über 60 Jahren. Laut einer Prognose des Bundesarbeitsministeriums werden im Jahr 2010 bereits 1,3 Millionen und im Jahr 2030 mehr als 2,8 Millionen Ausländer über 60 Jahren in Deutschland leben (BEAUFTRAGTE DER BUNDESREGIERUNG, 1994). Eine beispielhafte Untersuchung aus Hamburg zur Wohn- und Lebenssituation älterer ausländischer Bürger stellt fest, dass nur 17 Prozent der befragten über 55jährigen Türken, Jugoslawen, Iraner, Portugiesen, Italiener u.a. die Absicht geäußert, in ihrem Heimatland zurückkehren zu wollen (FREIE UND HANSESTADT HAMBURG, 1998).

In München lebten am 31.12.1998 insgesamt 1.298.537 Menschen; 216.550 von ihnen waren Ausländer. 195.426 der Einwohner waren älter als 65 Jahre; dies entspricht einen Anteil von etwa 15%. Der Anteil der über 65 Jahre unter den Ausländern belief sich auf 3,4% und umfasste 8.865 Personen. Dieser im Vergleich zur deutschen Wohnbevölkerung bis jetzt noch relativ geringe Anteil älterer Mitbürger wird in den nächsten Jahren stark ansteigen. Es muss davon ausgegangen werden, dass im Jahr 2010 in München ca. 26.000 Ausländer über 65 Jahren leben werden (BAUHOFER, 1999).

Rückkehr, Pendeln oder Hierbleiben

Die genannten Angaben belegen, dass der Großteil der Migranten auch im Alter hier bleiben wird. Während nach einer Untersuchung des ZENTRUMS FÜR TÜRKEISTUDIEN (1993) vier Fünftel, also 80 %, der in der Bundesrepublik lebenden Türken auf Dauer hier bleiben werden, gehen weiteren Studien aus den Bundesländern davon aus, dass von den älteren Migranten
- 1/3 für immer hier bleiben wird,
- 1/3 für immer in die Heimat zurück will und
- 1/3 zwischen Heimat und BRD pendeln will.

Die Gründe dafür, dass der größere Teil der Migranten in Deutschland beleiben will, sind vielfältig:
- gesundheitliche Beeinträchtigung und Angewiesenheit auf eine Versorgung in der BRD
- gewachsene Bindungen an hiesige familiäre und soziale Netzwerke
- finanzielle Überlegungen (z.B. viele Betroffene können sie sich das Pendeln nicht leisten)

Weitere Gründe für den Verbleib bzw. für eine Rückkehr in die Heimat, sowie über die angebliche Entscheidungsunfähigkeit der älteren Migranten liefert das Schaubild „Migrantinnen und Migranten sind entscheidungsunfähig". (SEEBERGER, 1996)

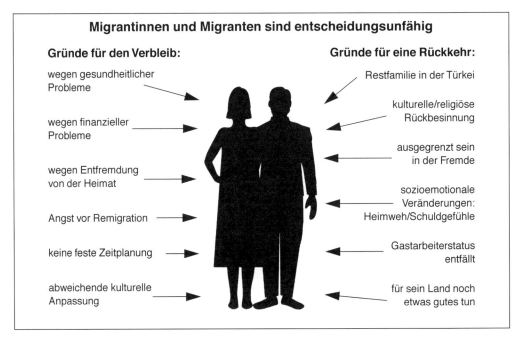

Die Lebenssituation der älteren Arbeitsmigranten

Alter(n) ist ein Prozeß, der wesentlich von sozialen, ökonomischen, ökologischen und psychischen Faktoren bestimmt ist. Ob Alter als positive Lebensphase erlebt werden kann, ist stark davon abhängig, welche materiellen, sozialen und psychischen Ressourcen den älteren Menschen zur Verfügung stehen.

Die Lebenssituation der älteren Migranten ist gekennzeichnet durch eine Reihe von unterschiedlichen Benachteiligungen:

Materielle Situation

Viele Migranten müssen mit einer niedrige Rente rechnen bzw. auskommen. Die durchschnittliche Rente ausländischer Rentenbezieher in Deutschland lag 1991 bei nur 903 DM. Viele ältere Arbeitsmigranten sind aufgrund der gesundheitlichen Einschränkungen frühzeitig aus dem Erwerbsleben ausgeschieden und beziehen eine EU-Rente.(SCHEIB, 1996; STADT MÜNCHEN, 1997)

Die durchschnittliche EU-Rente betrug:

Bei ausländischen Männern	DM 803.-	(im Jahr 1989)
Bei ausländischen Frauen	DM 612.-	(im Jahr 1989)
Bei ausländischen Männern (deutsche Männer im Vergleich)	DM 944,74 (DM 1.583.-)	(im Jahr 1995)
Bei ausländischen Frauen (deutsche Frauen im Vergleich)	DM 609,91 (DM 1.100.-)	(im Jahr 1995)

Bei der Betrachtung dieser Zahlen fällt insbesondere die Schlechterstellung ausländischer Frauen auf, die sich in den Jahren zwischen 1989 und 1995 sogar noch verschärft hat.

Wohnsituation

Neben den niedrigen Renten wirkt sich die Wohnungssituation negativ auf das Leben der älteren Migranten aus. Die meisten wohnen in zum Teil nicht sanierten Altbauwohnungen mit niedrigem Ausstattungsniveau zum Beispiel das Bad, WC und eine Sammelheizung betreffend. Dazu kommen häufig Wohnraumenge durch Überbelegung und die Lage in Stadtteilen mit fehlender bzw. mangelhafter Infrastruktur.

Gesundheitliche Situation

Verschiedene Studien in Deutschland belegen, dass eine große Anzahl älterer Migranten unter starken gesundheitlichen Beeinträchtigungen leiden. Laut einer Befragung in NRW (SCHEIB, 1996):
- leidet die Hälfte unter akuten körperlichen und seelischen Beschwerden
- gaben 90% der Befragten dauerhafte gesundheitliche Beschwerden an (häufig des Bewegungs- und Stützapparates und vegetative Störungen)
- waren 30% gesundheitlich stark belastet mit Minderung der Erwerbsfähigkeit

Diese Beeinträchtigungen sind in den meisten Fällen auf arbeitsbedingte Verschleißerscheinungen, Frühinvalidität und psychosomatische Erkrankungen zurückzuführen.

Soziale Kontakte

Viele Kontakte mit Arbeitskollegen, sowohl Deutschen und Landsleuten, hören mit dem Ausscheiden aus dem Erwerbsleben auf. Die einzigen Kontakte in der daran anschließenden Lebensphase sind häufig nur innerhalb der Familie oder der ethnischen beziehungsweise religiösen Gruppen.

Ausländer- und sozialrechtliche Benachteiligung

Nach § 44, Abs. 1 und 3 Ausländergesetz, verliert ein Ausländer seine Aufenthaltserlaubnis, wenn er länger als 6 Monate ins Herkunftsland zurückkehrt. Eine Ausnahme und damit Rückkehroption besteht nur, wenn die Rente in Deutschland bezogen wird. Auch die Pflegeversicherung bezahlt Sach- und Geldleistungen nur im Inland.

Der Bedarf an Unterstützung für die ältere Migranten ist sehr groß

Die Gründe für den großen Bedarf an Hilfe für ältere Migranten ist vielfältig. Ebenso wie in deutschen Familien hat sich auch in vielen Migrantenfamilien ein Strukturwandel vollzogen. Die Kinder älterer Migranten sind wegen Berufstätigkeit oder Kindererziehung vielfach überfordert und können pflegerische oder betreuende Aufgaben nicht übernehmen. Zudem wohnen relativ viele ältere Migranten allein und mit schlechter Wohnqualität. Wegen der starken gesundheitlichen Beeinträchtigungen sind viele von ihnen nicht nur auf Ärzte angewiesen, sondern sie benötigen auch Angebote der Alten- und Krankenhilfe, wie zum Beispiel ambulante Dienste.

Das Altenhilfesystem hat sich noch nicht auf diesen Bedarf eingestellt

Trotz des bereits bestehenden und mit Sicherheit steigenden Bedarfs haben sich die verschiedenen Hilfssysteme, sowohl die Altenhilfe als auch das Gesundheitswesen, noch nicht auf diese neuen Anforderungen eingestellt. In Frankfurt konnte nachgewiesen werden, dass ältere Migranten die Angebote der ambulanten Kranken- und Altenhilfe kaum in Anspruch nehmen. So wurden dort im Jahr 1993 von 31 ambulanten Diensten insgesamt 2415 Personen betreut, worunter sich lediglich 47 ältere Ausländer befanden, was einem Anteil von nur 2% entspricht. (SCHEIB, 1996)

Die *Städtische Beratungsstelle für ältere Menschen* in München hat im Juni 1997 eine schriftliche Befragung der stationären Einrichtungen, also Altenheime, durchgeführt, bei der von den 62 angeschriebenen Heimen 34 mit insgesamt 5829 Plätzen geantwortet haben.

Die Untersuchung ergab, dass 15 Häuser keine ausländischen Bewohner hatten, ein Haus mit 10 Deutschen aus Rumänien und Weißrussland ohne Deutschkenntnisse und 18 Häuser mit insgesamt 129 nichtdeutschen Bewohnern belegt war. Die Befragung zeigt deutlich, dass der Anteil von Migranten unter den Altenheimbewohnern deutlich unterproportional ist. (STADT MÜNCHEN, 1998)

Ende des Jahres 1999 sollte der Gesundheitsbericht der Landeshauptstadt München mit dem Schwerpunktthema „Migration und Gesundheit" veröffentlicht werden. Bisher ist dieser ausgeblieben. Die Vermutung liegt nahe, dass wenig objektive Daten und Angaben über die gesundheitliche Versorgung der Migranten ermittelt werden konnten, da bisher Nationalität, Herkunft bzw. Sprache und Religion der Patienten nicht erfragt wurden. Bei den Krankenkassen oder dem MDK sind ebenfalls keine Daten über Nationalitäten erhältlich.

Die Gründe für die geringe Inanspruchnahme der Hilfsangebote sind vielfältig. Sie reichen von fehlenden Informationen über die Angebote, Verständigungsschwierigkeiten, dem Wunsch von Familienmitgliedern oder muttersprachlichem Personal versorgt zu werden, bis zu Ängsten sowohl vor den Konsequenzen einer Inanspruchnahme von Hilfen und als auch vor dem „Abgeschobensein" in einem Altenheim.

Zugangsbarrieren sind zum einen das Fehlen von muttersprachlichen Fachkräften und zum anderen die Unkenntnis des deutschen Personals über kulturspezifische Bedürfnisse. Die Einrichtungen der Altenhilfe lassen kaum eine Bereitschaft erkennen, sich für die speziellen Wünsche und Bedürfnisse der älteren Migranten zu öffnen und sich bedarfsgerecht umzugestalten.

Zukunftsaussichten und Vorschläge

In den letzten Jahren ist aber eine Reihe von guten Ideen und Projekten entstanden, die hoffentlich auf eine bessere Zukunft hinweisen.

Einige Beispiele:

- Das Thema „alt werden in der Fremde" wird langsam in allen Bundesländer und in größeren Städten in Fachkreisen und Politik diskutiert.
- In NRW ist bereits eine Wohngruppe für muslimische Bewohner in einem Altenheim des DRK entstanden.
- In Duisburg und Berlin sind deutsch-türkische Pflegedienste in Betrieb.
- In München bestehen seit Jahren die Arbeitskreise „Alt werden in der Fremde" und „Migration und Gesundheit" mit vielen Fachtagungen zur dieser Thematik.

Im Münchner Stadtrat wurden unterschiedliche Beschlußvorlagen zu diesen Problemen behandelt und einige Beschlüsse gefasst wie z.B.:
- Durchführung „Interkultureller Trainings" im Gesundheitswesen
- Übersetzung der Patientenrechte in alle wichtigen Sprachen
- Aufbau von hausinternen Dolmetscherdiensten in den städtischen Krankenhäuser
Entsprechende Beschlüsse wurden auch in den Ausschüssen des Münchener Stadtrates Situation von ausländischen Senioren verabschiedet (STADT MÜNCHEN, 1996, 1997, 1998, 1999).

Laut Manfred HIELEN (1995), Foschungsgruppe *Ethnischer Schwerpunkt Altenhilfe* (ESA) in Duisburg, setzt die Entwicklung einer qualitativen der Altenhilfe für Migranten und Migrantinnen drei Prämissen voraus:
- Es muss eine Altenhilfe an der Schnittstelle zwischen Migrationssozialarbeit und Altenhilfe entwickelt werden.
- Migrationssozialarbeit muß zur Altenarbeit werden, ohne aufzuhören, Ausländerarbeit zu sein.
- Die Einrichtungen und Dienste der Altenhilfe müssen interkulturell geöffnet werden.

Dazu werden folgende konkrete Schritte und Maßnahmen erforderlich sein:

1. Vernetzung und interdisziplinäre Zusammenarbeit zwischen der Altenhilfe und der Migrationssozialarbeit, sowohl innerhalb eines Trägers als auch trägerübergreifend. Als Modell dazu bietet sich der Münchner Arbeitskreis *Alt werden in der Fremde* an. Hier erproben Mitarbeiter der Wohlfahrtsverbände – sowohl der Einrichtungen der Altenhilfe und wie der Ausländersozialberatung – gemeinsam mit Vertretern des Sozialreferats der Stadt München, konkrete Angebote für ältere Migranten zu entwickeln.
2. Bereitstellung von Informationen über die Angebote der Altenhilfe in den Muttersprachen der wichtigsten regional vertretenen ethnischen Gruppen.
3. Einbeziehung der betroffenen Migranten und ihrer Selbsthilfeorganisationen bei der Gestaltung des Angebots.

4. Einstellung und Schulung von muttersprachlichen Fachkräften.
5. Schulung und Sensibilisierung der bisherigen – meist deutstämmigen – Mitarbeiter in interkultureller Kompetenz.
6. Vorbereitung der bisherigen Nutzer bzw. Bewohnergruppen auf die Besonderheiten von neuen Zielgruppen, die in Teilbereichen andere kulturelle Werte und Bedürfnisse haben können.

Frauenrollen und Frauenidentitäten in der interkulturellen Arbeit

REGINE FRESSER-KUBY

Ich wohne im Himmel,
mein Land ist ein Stern,
der sich um die Sonne dreht
und Erde genannt wird.
(Maria Montessori)

Einführung

Diese Antwort Maria Montessoris auf die Frage nach ihrer Nationalität ist in vielerlei Hinsicht bemerkenswert: Die italienische Reformpädagogin betrachtete sich selbst als Weltbürgerin und entsprach auch in anderen Bereichen ganz und gar nicht dem Bild einer Frau Mitte des vorigen Jahrhunderts. Sie hatte als eine der ersten Frauen Italiens Medizin studiert und eine neue Pädagogik entwickelt und reiste um die Welt, um ihre Methode zu lehren. Ihre Identität fand sie nicht in der klassischen Frauenrolle als Mutter und Hausfrau wie die meisten Frauen ihrer Zeit in Europa (SCHWEGMAN, 2000). Rollenidentitäten von Frauen lassen sich heutzutage nicht mehr so eindeutig definieren, sie werden bei Frauen aus verschiedenen Kulturen immer unterschiedlicher. In westlichen Gesellschaften werden die Zuschreibungen weiblich/männlich anhand eines biologisch orientierten Geschlechterverständnis konstruiert; das Identitätsverständnis entwickelte sich aus der Betonung der Einmaligkeit und Unterschiedlichkeit im Vergleich zu anderen. Diese individuelle Identität, die sich von anderen unterscheiden und vielleicht sogar noch andere überragen möchte, wird in den meisten nicht westlichen Kulturen als unanständig erlebt. Daran wird deutlich, dass wir in verschiedenen Kulturen unterschiedliche Vorannahmen haben, die dem Einzelnen ganz selbstverständlich erscheinen und die jedoch auch zu Missverständnissen führen können.

Um den Umgang mit solchen unterschiedlichen Sichtweisen in der interkulturellen Arbeit mit Frauen ging es in dem Workshop „Migranntinnen im interkulturellen Setting von Beratung und Therapie", der im Rahmen der Tagung *Fremde Welten* stattfand (HEGEMANN, 1999). Frauen stellen mittlerweile auch unter Migranten die Mehrzahl der Klienten psychosozialer Serviceeinrichtungen, auch wenn es zwischen den verschiedenen ethnischen Gruppen diesbezüglich deutliche Verteilungsunterschiede gibt. In diesem Beitrag werden aus einer ethnologischen Perspektive am Beispiel der Eheschwestern bei den Mormonen in den USA und eines Harems im Sudan verschiedene Sichtweisen zu Frauenidentitäten vorgestellt. Um ausreichende Praxisnähe zu gewährleisten wird auf Arbeitsprozesse eines Workshops bezuggenommen, in dem Praktikerinnen aus unterschiedlichen psychosozialen Arbeitsfeldern gemeinsam in einem gestalttherapeutischen Setting (POLSTER, 1995) neue Ideen erarbeitet haben.

Ethnologische Methoden zur Annährung an Menschen aus anderen Kulturen

Die häufigsten Problemlagen, welche zu frauensensibler interkultureller Arbeit geäußert werden, wurden auch in dem beschriebenen Workshop artikuliert:

- Welches Frauen- und Männerbild hat die jeweilige Klientin?
- Wie erfahre ich, welche Tabus in den verschiedenen Kulturen zu berücksichtigen sind?
- Wie frei können Gespräche über Sexualität mit moslemischen Frauen geführt werden?
- Welcher Umgang ist mit ausländischen Frauen, die Gewalt (im sexuellen Bereich) erlitten haben, angemessen.
- Wie können Angebote für ausländische Frauen gestaltet werden?

Die Fragen, die im Umgang mit ausländischem Klientel entstehen, wirken auf den ersten Blick schwierig. Es erscheint eine nicht überschaubare Menge an Wissen über kulturelle Details nötig zu sein, um Menschen aus fremden Kulturen effektiv beraten zu können. Fort- und Weiterbildungen, Literaturstudium und interkulturelle Teamarbeit bieten hier hilfreiche Unterstützung. Als besonders nützlich hat sich die interdisziplinäre Zusammenarbeit mit Ethnologen erwiesen (CRANACH & FRESSER-KUBY, 2001), die im englischsprachigen Raum (KLEINMAN, 1980) verbreiterter ist als bei uns. Für Ethnologen ist es nichts Ungewöhnliches, das Fremde zunächst nicht zu verstehen. Zu Klärung dieser Fragen werden ja Feldforschungen in den fremden Kulturen unternommen. Zentral ist für sie die Frage: „Wie kann ich den fremden Menschen mit seinem kulturellen Hintergrund verstehen". Diese Frage stellt sich sowohl dem Ethnologen als auch Professionellen in psychosozialen Serviceeinrichtungen. Die Ethnologie als Erfahrungswissenschaft bietet hier nicht nur Wissen über fremde Kulturen an, sondern vor allem die „Methodik des Verstehens". Die ethnologische Methodik des Verstehens beruht auf der Erkenntnis, dass es neben den Denkmodellen, die aus dem kulturellen Hintergrund der westlichen Welt entstanden sind, andere mögliche und in sich stimmige Varianten gibt. Notwendigerweise bedingt dies eine Infragestellung eigener Denkmodelle. Demnach gibt es keine Gegenstände in der Welt an sich, sondern diese entstehen und erhalten ihre eigene Realität erst über Bedeutungen, die ihnen von Teilnehmern einer bestimmten Kultur zugewiesen werden. Diese erschaffen sich interpretierend und sinnstiftend ihre eigene bedeutungsvolle Welt (STELLRECHT, 1993). Wenn es uns gelingt, zu akzeptieren, dass das eigene, bisher bekannte Denkmodell ein Kulturmodell neben vielen anderen ist, welches den eigenen kulturellen Hintergrund reflektiert, wird es möglich, mit anderen, neuen Modellen in einen Dialog zu treten. Der Rückgriff auf das eigene Leben und das

Beobachten des Offensichtlichen, Nachfragen, Sich-Erklären-Lassen, Diskutieren und Aushandeln eröffnen den Zugang zu fremden Lebensvorstellungen. Dieses pendelnde Verstehen ist ein sich langsam aufbauender Verstehensprozess. Hierbei geht es nicht nur um ein Verstehen von Einzelphänomen, sondern um ein Verstehen des Ganzen, in dessen Kontext Einzelphänome erst ihre Bedeutung erhalten. Das Ergebnis ist nicht *Wahrheit*, denn andere Interpretationen haben die gleiche Berechtigung.

Konkret kann diese Herangehensweise eine kultursensible Form der Kontaktaufnahme für mich als weibliche Therapeutin im Umgang mit männlichen Klienten aus der Türkei bedeuten. Voraussetzung hierfür ist, dass ich mich in Fortbildungen oder per Literatur kundig mache und mich über den „Knigge" in anderen Kulturen informiere: So gibt es ein Tabu, das für manche Moslems zutrifft, nämlich dass jeglicher Körperkontakt zwischen Männern und Frauen in der Öffentlichkeit untersagt ist, sei es auch nur der Handschlag zur Begrüssung. In der konkreten Situation akzeptiere ich hier, dass es neben der mir vertrauten Art jemanden per Handschlag zu begrüßen, eine Idee in einer anderen Kultur gibt, die zum Inhalt hat, dass jeglicher Körperkontakt zwischen Männern und Frauen in der Öffentlichkeit negativ konnotiert und sogar untersagt ist. Das hat zur Folge, dass ich im Erstkontakt dem türkischen Klienten nicht meine Hand reiche, sondern zunächst nur Blickkontakt aufnehme und das Gespräch beginne. Ich beobachte dann das Offensichtliche: wird mir die Hand gereicht, reagiere ich und gebe dem Klienten die Hand und erkläre u. U. meine Zurückhaltung; ich frage nach und erfahre, dass der Klient Kurde ist oder einen christlichen Hintergrund hat oder schon so lange in Deutschland ist und sich akkulturiert hat, d. h. sich diese Form der Begrüßung zu eigen gemacht hat. Andererseits kann es auch sinnvoll sein, wenn ich den Klienten als wenig zugewandt erlebe, ihn darauf anzusprechen, ob es für ihn unangenehm ist mit einer Frau zu sprechen, es zum Thema zu machen, dass er es aus seinem kulturellen Hintergrund gewohnt ist, persönliche Dinge mit Männern zu besprechen. Hier entsteht ein pendelnder Dialog über verschiedene Sichtweisen. Diese kultursensible Kontaktaufnahme schafft Vertrauen und KlientInnen fühlen sich angenommen. So kann ein sich langsam aufbauender Verstehensprozess beginnen. Gerade die Regeln des Umgang der Geschlechter miteinander machen kulturelle Konstruktionen deutlich, was in den folgenden Punkten weiter ausführt werden wird.

Frauenrollen und Frauenidentitäten

Reflexion und Erfahrung eigener Rollen und Identitäten

Die ethnologische Methodik bietet, wie oben ausgeführt, einen Ansatz für den Umgang mit dem Fremden, mit Menschen aus anderen Kulturen. Nachhaltig kann dieser Ansatz jedoch nur dann seine Wirkung entfalten, wenn man bereit ist, sich auf die unmittelbar erlebbare Wirkung, die das Fremde auf uns ausübt, und die zu einer Konstruktion des Fremden führt, einlässt. Um sich Menschen aus anderen Kulturen in ihren Denkkategorien und in ihren Verhaltensmustern annähern zu können, ist es nicht nötig sich als teilnehmender Beobachter an einem fernen Ort in ihr Leben einzuklinken, ihre Sprache zu erlernen, es ist jedoch doch sinnvoll, sich innerlich auf eine Reise zu begeben und von Zeit zu Zeit Gepäckstücke aus dem Koffer auf ihre Benutzbarkeit hin zu überprüfen. Unser Handeln ist von Bildern und Erfahrungen bestimmt, die wir im Laufe unseres Lebens gemacht haben. Vor allem in Situationen, die uns fremd sind, die uns verunsichern, greifen wir auf unsere Verhaltensorientierung zurück, um die Situation zu beurteilen und die Unsicherheit abzuwehren. Dieser Mechanismus funktioniert vordergründig gut: Ich stabilisiere mich, indem ich mit meinen gesellschaftlichen Werten und Normen identifiziere und das Andere abwerte. Dadurch wird jedoch verhindert, dass ich neue Erfahrungen im Kontakt mit dem Fremden mache, die meine Konstruktion meiner Welt erweitert und bereichert.

Eigenen Anteile bei der Konstruktion und Abwehr des Fremden können zum Beispiel unmittelbar in szenischen Spielformen erfahren werden. In der szenischen Auseinandersetzung mit dem Fremden, in der Projektions-, Abwehr- und Einfühlungsprozesse erlebbar werden, können wir uns neu sehen und diese in unser Selbstbild integrieren (MÜLLER & SCHELLER, 1993). Um eigene Rollenbilder auf diese Weise erfahrbar zu machen, kann TeilnehmerInnen eines Trainingsseminars angeboten werden, mittels eines Standbildes einer ethnischen Gruppe, der gegenüber sie Vorurteile haben, oder eines Frauentyps, den sie nicht mögen (aus der eigenen oder einer fremden Kultur), darzustellen. In unserem Zusammenhang könnten Fragen dazu lauten:
- Welcher (ethnischen) Frauengruppe gegenüber habe ich Vorurteile?
- Welchen Frauentyp (aus unserer oder einer fremden Kultur) mag ich nicht?

In der oben beschriebenen Seminargruppe stellte sich wie in den meisten anderen mit MitarbeiterInnen psychosozialer Serviceeinrichtungen heraus, dass es tabu ist, Vorurteile gegenüber Ausländern zu haben und erst recht diese zu äußern. Somit ist es wichtig, sich diesem Phänomen erst einmal bewusst zu werden. Vorurteile und Stereotypen haben in den meisten Fällen die Funktion, Komplexität zu reduzieren, Angst abzuwehren und durch Abgrenzung das eigene Ich durch die Abspaltung und Projektion eigener ungeliebter Anteile aufzuwerten. Das Fremde kann aber ebenso zum Zwecke der Abgrenzung an der eigenen Kultur idealisiert werden, indem die eigenen Wünschen auf das Fremde projiziert und dort bewundert werden (MÜLLER & SCHELLER, 1993).

Auf diese Aufforderungen werden in Gruppen von Mitarbeiterinnen psychosozialer Serviceeinrichtungen häufig Stereotypen gewählt, die von den TeilnehmerInnen des beschriebenen Seminars zusammengestellt wurden:
- Die Öko-Feministinnen mit lila Halstuch auf dem evangelischen Kirchentag
- Adrette, sozial engagierte CSU-Frauen mit begrenztem Horizont
- Frauen aus unterschiedlichen Herkunftsländern (z. B. Tamilinnen), die selbst nicht „ihren Mann stehen" und körperliche Mißhandlungen demütig ertragen
- „Weiße" Mütter mit farbigen Kindern

- Frauen, die durch Gewalterfahrungen mit ausländischen Männern zu übermäßig verständnisvollen Expertinnen in Sachen kultureller Hintergrund geworden sind
- Hausfrau und Mutter, die trotz Studium nur zu Hause sitzt und unzufrieden ist
- Eine Frau, die ihre Weiblichkeit hinter einer kleingeblümten Schürze verschwinden lässt
- Eine Frau, die ihr Kind zu pornografischen Aufnahmen zu Verfügung stellt
- Eine Frau, die zur übermäßig verständnisvollen Expertin in Sachen kultureller Hintergrund geworden ist und vorgibt alles zu verstehen

Im Anschluss an szenische Darstellungen, die durch ihre meist erheiternde und beeindruckende Ausführung eine erste innere Distanzierung anhand einer Spiegelung durch die anderen erkennen lassen, ergibt sich leicht die Möglichkeit, die jeweilige Vorstellung als Projektion zu sehen:

Die Projektion als Tendenz, die Umwelt für das verantwortlich zu machen, was in der eigenen Person begründet liegt. Spreche ich vom Fremden, spreche ich auch immer von mir selbst. Das Fremde ist das, was ich nicht bin, was nicht zu mir gehört. Weil aber mein Selbstbild ein Konstrukt ist, das mich bestätigen, mich mit meinem Bild von mir selbst als identisch erlebbar machen soll, blende ich nur zu gern aus, was ich an mir nicht mag: den abgespaltenen, verpönten, manchmal auch verdrängten Anteil in mir, der mich vor mir und den anderen herabsetzen könnte. Fremd ist mir das, was ich an anderen wahrnehme, an mir aber nicht wahrnehmen will. Daher konfrontiert mich das Fremde mit dem, was ich mir mühsam aufgebaut habe: Meine Werte; meine Identität, mein Selbstgefühl, ja mein Lebensentwurf wird in Frage gestellt.

Je verunsicherter das Selbstwertgefühl durch die Gefahr ökonomischer, sozialer und kultureller Abwertung, umso stärker ist die Tendenz, sich mit gesellschaftlichen Werten und Haltungen zu identifizieren und desto eher benutzen wir das Fremde als Feindbild.

Das Fremde kann aber genau so gut auch faszinieren, denn es beinhaltet Neues, die Möglichkeit zur Grenzüberschreitung. So wir uns darauf einlassen, können wir neue Erfahrungen mit uns und anderen machen, neue Wahrnehmungsmuster lernen. „Kultur ist das, was in der Auseinandersetzung mit dem Fremden entsteht, sie stellt das Produkt der Veränderung des Eigenen mit dem Fremden dar" (ERDHEIM, 1988).

In der Projektion verschieben wir die Grenze zwischen uns und der übrigen Welt zu unseren Gunsten, was uns ermöglicht, die Aspekte unserer Persönlichkeit, die wir schwierig, anstößig oder unattraktiv finden, zu verleugnen und zu verwerfen. Um diesen Aspekten der Persönlichkeit näher zu kommen gibt es unterschiedliche Herangehensweisen. Eine Möglichkeit ist es, sich selbst in die eigene Projektion zu versetzen. Beispielsweise: „Ich bin die übermäßig verständnisvolle Expertin in Sachen kultureller Hintergrund und gebe vor, alles zu verstehen". Wenn dann – alleine oder in Zweiergruppen – die Projektion nach eigenen Anteilen erforscht wird, wird meistens unmittelbar erfahrbar, dass diese Haltung ein Wunschbild ist, und dass es unrealistisch ist, bestimmte fremdkulturelle Verhaltensweisen nachvollziehen zu wollen. Es entspricht der Erfahrung, dass manche Verhaltensweisen und Anschauungen von MigranntInnen auch trotz

Nachfragen und Recherchen für Fachfrauen mit einem anderen sozialen und kulturellen Hintergrund schwierig nachzuempfinden sind. Dies gilt es anzuerkennen und der Klientin gegenüber zum Ausdruck zu bringen – in den meisten Fällen hat sie es bereits aus verbalen und nonverbalen Signalen erschlossen! Für die Klientin bedeutet dies auch eine neue Erfahrung, die ihr hilfreich im Kontakt mit anderen Deutschen sein könnte.

Die Spannung, die möglicherweise auftritt, weil wir uns nicht alles, was anders ist, aneignen und verstehen können, gilt es auszuhalten und mit der Klientin darüber im Gespräch zu bleiben. Es ist lohnend, sich mit dieser Spannung, die heftige Gefühle, wie Angst, Ärger und Wut auslösen kann, vertraut zu machen, sie zu akzeptieren und mit ihr umgehen zu lernen, so dass sie den therapeutischen Prozess nicht übermäßig stört.

Frauenrollen und Frauenidentitäten im Kontrast

In der ethnologischen Frauenforschung wird heute davon ausgegangen, dass Geschlechtskategorien nicht primär biologisch bestimmt sind. Was Geschlecht, was Mann- und Frau-Sein bedeutet, welcher Art die Beziehungen zwischen den Geschlechtern in verschiedenen Kulturen sind, ist das Ergebnis kultureller und sozialer Prozesse. Eine Möglichkeit sich mit Frauenrollen und Frauenidentiäten zu befassen, ist sich darüber zu informieren, wie die Beziehungen zwischen den Geschlechtern gestaltet sind. Es gibt keine Kultur, die sich nicht Gedanken über das Miteinandersein der Menschen zum Zwecke der „Reproduktion" gemacht hat. Überall auf der Welt hat dies eine gedankliche, sinngebende Ausgestaltung erfahren. Viele Kulturen betonen die Heirat als wichtige Statusänderung eines Individuums in der Gesellschaft mit einem Übergangsritus. Die Vorstellungen über Formen des Zusammenlebens, Heiratsformen und -regelungen variieren und weisen große Vielfalt auf. Innerhalb der jeweiligen Ethnie spielt auch die soziale Herkunft eine Rolle, wie vor allem in Kasten- und Klassengesellschaften deutlich wird.

Tabelle 1: Glossar zu Heiratsregelungen und Eheformen in verschiedener Kulturen

Brautpreis	Die Gesamtheit der Waren, Wertgegenstände oder Geldzahlungen, die vom Bräutigam oder seiner Verwandtschaft überreicht werden. Die Höhe und Zusammensetzung sind festgelegt und hängen gewöhnlich von sozialem Status der beiden vertragschließenden Parteien ab, wobei die bezahlte Summe häufig umso höher ist, je reicher oder mächtiger der Bräutigam ist.
Gruppenehe	Die gleichzeitige Ehegemeinschaft mehrere Männer mit mehreren Frauen wird nur in wenigen Gesellschaften praktiziert (Dieri/Australien, Kaingang/Brasilien, Tschuktschen/Sibirien). Die Gruppenehe erfüllt keine wirtschaftlichen und erzieherischen Funktionen. Es besteht ein Unterschied zu Promiskuität durch die Tatsache, dass sie genauen, von der Gesellschaft festgesetzten Regeln folgt.

Tabelle 1: Glossar zu Heiratsregelungen und Eheformen in verschiedener Kulturen

Gynaegamie	Heiratsregelung zwischen zwei oder mehreren Frauen, die mit dem Ziel eingegangen wird um legale Nachkommen hervorzubringen (bei ca. 40 Ethnien in Afrika). In der Regel heiraten wohlhabende, ältere, unfruchtbare Frauen jüngere Frauen indem sie einen Brautpreis bezahlen. Der Mann nimmt innerhalb einer gynaegamen Familie meist keine andere Aufgabe wahr außer der Funktion des Kinderzeugens (TIETMEYER, 1998).
Hypogamie	Heiratsregelung, welche es eine Person verbietet, ihren Partner aus einer höheren Statusgruppe zu nehmen sowie *Hypergamie*.
Mitgift	Gesamtheit der Güter, die mit einer gewissen Feierlichkeit anlässlich einer Hochzeit von den Eltern oder der Gruppe der Frau dem Manne oder der Frau selbst übergeben werden.
Sati	Ein aus dem Sanskrit stammendes Wort, welches die hinduististische Vorschrift bezeichnet, nach der die Witwe sich selbst auf dem Scheiterhaufen, auf dem ihr verstorbener Gatte verbrannt wird, opfern muss.
Sororat	Regelung, die einen Witwer verpflichtet, die Schwester seiner verstorbenen Frau zu heiraten.
Polygynie	Form der Ehe, ein Mann mit mehreren Frauen, meist patrilokale Wohnfolge.
Polyandrie	relativ seltene Form der Ehe, eine Frau mit mehreren Männern, vorwiegend matrilokale Wohnfolge (Tibet, SW-Indien: Todas, Maraquesa-Inseln).
Präferenzielle Heiratsordnung	Eine Regelung des Heiratsverhaltens, welche bestimmte Personen als Heiratspartner hochbewertet, ohne jedoch eine Heiratsverpflichtung abzuleiten. Die am weitesten verbreitete Form ist die *Kreuzbasenheirat*, die mit der Tochter des Bruders der Mutter oder mit der Tochter der Schwester des Vaters.
Präskriptive Heiratsordnung	Verpflichtende Heiratsordnung
Primärehe	Die erste Heiratsverbindung, die eine Person eingeht. Jede weitere Heiratsverbindung wird *Sekundärehe* genannt.
Tauschheirat	Eine Heiratsordnung, die durch ein zwischen zwei Männern geschlossenes Übereinkommen gekennzeichnet ist, nach welchen diese entweder ihre Schwestern tauschen, um diese zu gegenseitigen Ehefrauen zu machen, oder ihre Töchter austauschen, um diese ihren Söhnen, ihren Brüdern oder sich selbst als Ehefrauen zuzuteilen.

nach PANOFF & PERRIN (1982)

Tab. 1 zeigt, dass Kulturen ganz unterschiedliche Heiratsregelungen entwickelt haben, die die Lebenswelt von Individuen bezüglich Macht sowie Handlungsmöglichkeiten im persönlichem und öffentlichen Raum bestimmen. Die Zuordnung jedes Einzelnen zu einer bestimmten Abstammungsgruppe variiert nach hauptsächlich drei Kriterien: der patrilinearen, der matrilinearen und der bilateralen Abstammung. Die beiden erstgenannten beziehen sich auf die verwandtschaftliche Zuordnung Einzelner zur väterlichen oder zur mütterlichen Familie. Wird keine von beiden eindeutig bevorzugt, spricht man von einer bilateralen Verwandtschaftszuordnung. Der Status von Frauen in Gesellschaften mit patrilinearer Abstammung muss nicht notwendigerweise niedriger sein als in solchen mit matrilinearer, jedoch geht mit der Abstammungsregelung meist eine Herrschaft über Ressourcen und Produktionsmittel einher (WESEL, 1991). Der Hintergrund unseres westlichen Kulturverständnisses über Männer und Frauen orientiert(e) sich am biologischen Geschlecht und am sexuellen Rollenverhalten. Die deutsche Sprache unterscheidet nicht zwischen Geschlecht im sozialen oder im biologischen Sinne. Transparenter wird die sozio-kulturelle Ausformung von Geschlechterrollen, wenn man die in der Ethnologie übliche Unterscheidung zwischen *sex* als biologischem Geschlecht und *gender* als kultureller Konstruktion heranzieht (HAUSER-SCHÄUBLIN, 1991). Dies ermöglicht eine differenziertere Wahrnehmung, wie Rollenverhältnissse in den verschiedenen Kulturen verteilt und bewertet werden. Vor diesem Hintergrund führen die folgende Fragen zu neuen Perspektiven, da sie andere Sichtweisen und Lebensformen einschließen:

- Was heißt es in dieser Kultur eine Frau zu sein? Welche Werte und Bewertung sind damit verbunden? Welches soziale Verhalten wird dadurch bedingt, wie eine Frau als „Mutter" oder als „Tochter" in dieser Kultur gesehen wird?
- Welche Vorstellung und welche Werte, welches Verhalten, welche Rechte und Pflichten werden mit den Begriffen „Mutter" und „Vater" in dieser Kultur assoziiert? In welcher Weise lassen deren kulturspezifischen Inhalte und Bedeutungen einen interkulturellen Vergleich zu?

Auch zu dieser Frage ermöglichen szenische Spiele das Eintauchen in fremde, exotische Frauenwelten, die abweichen von vertrauten Modellen. Hier sind beispielhaft die Welt der fundamentalistischen Mormonen, und in die Welt der Frauenkultur im Sudan genannt.

Fundamentalistische Mormonen

Im US Bundesstaat Utah befindet sich der Hauptsitz der „Kirche Jesu Christi der Heiligen der letzten Tage". Ihre Mitglieder werden im Deutschen als Mormonen bezeichnet. In Utah leben ca. 50.000 Menschen nach einer fundamentalistischen Ausrichtung dieses Glaubens. Die meisten von ihnen leben in polygynen Ehen und haben bis zu sieben Ehefrauen; üblich ist demzufolge eine patrilokale Wohnfolge. Dorothy Allred (zit. nach PACZENSKY, 1992) beschreibt in "In my Father's House" ihre Kindheit und Jugend – wie ein Mädchen in einer riesigen Kinderschar heranwächst, von vielen Müttern betreut, von großen Brüdern erzogen und von immer neuen Babys überrascht wird, wie die seltene Erscheinung des Vaters einen fast überirdischen Glanz verbreitet, und wie seine Liebe als köstliche Auszeichnung erscheint, wie eine fromme Familie, durch gemeinsames Leben und Beten, Essen und Singen, eine besondere Nähe zu Gott herstellt. Als Heranwachsende entdeckt sie die Hackordnung unter den Müttern, die schwelenden Konflikte, die von Frömmigkeit erstickt werden, und die patriarchale Autorität wandelt sich in Rechthaberei und Unduldsamkeit. Dorothy Allred selbst lebt heute in einer monogamen Ehe: „Es ist mir schwer gefallen, mich an die Monogamie zu gewöhnen. Nach dem ersten Eheglück fing es an mich zu stören, dass mein Mann alle Tage da war. Ich hätte gerne mehr Zeit für mich gehabt, wie meine Mutter. Und ich vermisse das alltägliche Zusammenleben mit anderen Frauen. Es ist immer nur ein Mann mit dem ich alles teile."

Eine andere Mormonin, Jessica O,. hat vier Eheschwestern, sie selbst hat 6 Kinder geboren, zwei ihrer Eheschwestern arbeiten außer Haus und sie kümmert sich mit der vierten Eheschwester um 18 Kinder. Sie erzählt von ihrer Hochzeit: „Als ich 18 Jahre wurde, haben wir geheiratet, Ich trug ein weißes Kleid und meine Eheschwester Claire hat mich meinem Mann Heber zugeführt, nach dem Gesetz der Sara." Ein Mormone, Vater von 16 Söhnen und 20 Töchtern: „Ich liebe jedes meiner Kinder und jede meiner Frauen von Herzen. Das ist der Lohn der Vielehe, dass ein Mann lernt, seine Liebesfähigkeit zu erweitern, dass er gezwungen ist, die Frauen zu verstehen, in ihrer verschiedenen Eigenart." (PACZENSKY, 1992)

Frauenkultur im Sudan

Die Ja'aliyin leben im Norden des Sudan: Sie sind Händler und Kaufleute, bekennen sich zum sunnitischen Islam, sind patrilinear; es herrscht jedoch eine matrilokale Wohnfolge in den ersten Ehejahren vor, bei Kinderlosigkeit nimmt der Mann eine weitere Frau aus einer bestimmten sozialen Gruppe, bevorzugt wird die Parallelcousine, das Heiratsalter der Männer liegt bei 30 Jahren, Mädchen heiraten ab 16 Jahren, Liebesehen werden als wenig beständig angesehen, weil ihnen die Basis familiärer Solidarität fehlt; die Brautnehmer zahlen einen hohen Brautpreis.

Frauen verhüllen ihren Körper, wenn sie außer Haus sind, mit einem *Tob*: ein langer Schal, der zuerst über die rechte Schulter geworfen, dann um den Körper geschlungen wird. Es ist kein Gesichtsschleier. Junge Mädchen verhüllen nur Kopf und Schulter mit einem weißen Baumwollschal. Die Frau ist Hüterin des Hauses; der Lebensraum der Frauen ist der *hosh harim* (harim: heilig, verboten), der Innenraum des Lehmziegelhauses (Küche, Vorratskammern, Bad, Ställe für die Kleintierhaltung, Zimmer der Frauen, überdachte Veranda), den kein fremder Mann betreten darf. Zutritt haben nur Ehemann, Vater, Söhne und Brüder der Frauen, die sich durch kräftiges Händeklatschen ankündigen, sodass sich die Frauen in einen *Tob* hüllen können Die Stellung der Frau ist nicht durch Unterordnung, sondern durch Abgrenzung gekennzeichnet, die Frauen haben ihren eigene Lebenswelt (MOOS, 1991), z. B. gemeinsame Körperpflege mit duftenden Parfums, Salben und Kajal nehmen einen großen Raum ein. Die Erziehung verläuft bis zum 6. Lebensjahr äußert permissiv, „ungezogenes Verhalten" wird damit kommentiert, dass Kinder erst ab sechs Jahren ausreichend Verstand haben und sich so lange nur von ihren Gefühlen leiten lassen. In der Öffentlichkeit sind Umgangsformen zwischen Ehemann und Ehefrau formalisiert, selbst die geringfügigste Gefühlsäußerung wird als unschicklich angesehen. *Karama*, die Würde/Ehre der Männer muss aufrecht erhalten werden z. B. durch die Keuschheit der Frauen, die Frauengruppen bilden sich nicht nur auf Grund von Verwandtschaft, sondern auch durch Gleichaltrigkeit: 1. Mädchen bis zur Pubertät, 2. Frauen im heiratsfähigen Alter von 16-18 Jahren, 3. verheiratete Frauen, 4. junge Mütter und 5. Frauen nach der Menopause, die den *hosh harem* verlassen können, weite Reisen (Pilgerfahrt nach Mekka) unternehmen, als Händlerinnen tätig sind (BOEHRINGER-ABDALLA, 1987)

Szenische Arbeitsformen bieten zahlreiche Möglichkeiten, um fremde Rollenverständnisse spielerisch zu erkunden. Eigene Erfahrungen, die durch die individuelle, kulturell geformte Lebensgeschichte geprägt sind, können in einen Kontrast zu anderen, neuen Erfahrungen gesetzt werden, und die eigenen Grenzen, die mit Abwehr- und Projektionsprozessen zu tun haben, können erkundet und in einen Zusammenhang mit den eingeschränkten Handlungsspielräumen des beruflichen Alltag gebracht werden. Tab. 2 und Tab. 3 stellen einige der häufig genannten Erfahrungen im Umgang mit den oben beschriebenen Rollenmodellen dar.

Tabelle 2: Erfahrungen aus der Welt der polygynen Mormonen

Vorannahmen	**Eigene Erfahrungen**
Konkurrenz und Solidarität	wenig Selbstbestimmung der Eheschwestern in Bezug auf den Ehemann möglich, im Alltag jedoch Freiräume
Arbeitsteilung für Mütter möglich	Berufstätigkeit und Mutterschaft problemlos möglich, deutlicher Vorteil für berufstätige Mütter
Reichtum	Soziale und wirtschaftliche Sicherheit ist beruhigend
Ehemann profitiert am meisten in dieser Ehe-Form	Ehemann muß Fäden in der Hand halten: *„Oh, Gott ist die Pflicht anstrengend!"* Ehemann ist nicht zu beneiden. *„Ohne meine Frauen schaffe ich das alles nicht."* Religion ist die Legitimierung der (scheinbaren) Macht des Mannes. Was machen die anderen Männer in dieser polygynen Gesellschaft?

Die Beschäftigung mit unterschiedlichen polygynen Lebenswelten zeigt, dass sich zwischen diesen und anderen Eheformen Gemeinsamkeiten und Unterschiede feststellen lassen: Die Religion bildet den kulturellen Hintergrund für beide diskutierte Eheformen. Eine weitere Gemeinsamkeit ist, im Gegensatz zu der westlichen Kleinfamilie, die Möglichkeit der gegenseitigen Unterstützung von Frauen bei der Kinderbetreuung. Unterschiedlich ist der lustvolle Umgang mit dem Körper und dessen Pflege im Harem im Gegensatz zum vernünftigen, kopflastigen, regelorientierten Umgang in der Welt der Mormonen. Westliche geprägte Frauen äußern fast ausschließlich, dass es für sie unvorstellbar sei, einen Mann, den sie lieben, freiwillig mit einer anderen Frau zu teilen. Im Kontrast zu Frauen aus der mormonischen Gesellschaft, die teilsweise die polygyne Eheform der monogamen vorziehen, zeigt sich markant die Grenze des Einfühlens und Verstehens. An solchen Grenzen stellt sich „automatisch" eine Reflexion der eigenen kulturellen Haltung ein und der eigene Standpunkt wird deutlich.

Tabelle 3: Erfahrungen aus der Welt eines Harems

Vorannahmen	Eigene Erfahrungen
Abhängigkeit vom Ehemann	schwer nachvollziehbar, an eigene Grenzen gekommen
Langeweile	Interessante Unterweisungen von den „Alt"-ehefrauen, Frauen als Spezialistinnen für Informelles
Geborgenheit	Einsamkeit, ambivalent
Rivalität	Rivalität und Solidarität, Subversivität gegenüber der Männerwelt im Harem ist Alltag
Sinnlichkeit	Rezepturen für Körperöle und Massagetechniken machen Spaß, Nähe zwischen den Frauen
Sexueller Notstand bei Frauen	Sinnlichkeit unter Frauen; Selbstständigkeit nach der Menopause; Wechseljahre – ein ersehnter Lebensabschnitt für Frauen?

Abschließend soll auf eine Beschäftigung mit den verschiedenen Konzepten des „Ichs" nicht verzichtet werden. Diese beziehen sich auf die individuelle, persönliche Identität, sowie auf das Getrennt- und Verbundensein mit der Gruppe (SCHARFETTER, 1997). In Hinblick auf die Frauenrolle in den beiden szenischen Spielen, in denen Frauen, aus einer westlichen Perspektive gesehen, eine unterprivilegierte Position einnehmen, wurde deutlich, dass das Selbsterleben in westlichen Kulturen auf ein „definiertes" Ich monopolisiert ist. In vielen anderen Kulturen hingegen wird das Ich eher als variabel, vergänglich und auf die Gruppe, auf den Kosmos hin orientiert gesehen. Beispielhaft kommt dies im Indonesischen zum Ausdruck. Wie auch in anderen asiatischen Sprachen werden für *ich* verschiedene Varianten verwendet: *saya/aku* bzw. Nennung des eigenen Vornamens oder der Anrede wie z. B. *Ibu (*Frau/Mutter). Je nach dem Verhältnis des Sprechers zum Angesprochenen, wird das Ich aus dem Kontext bestimmt. Für JavanerInnen, die zu 90% einer synkretistischen Form des Islam angehören, besteht das Wesen des Menschseins nicht in der Verwirklichung der Interessen der individuellen Existenz, sondern in der Vorstellung, die Grenzen der Individualität zu überschreiten und den Platz im Makrokosmos zu finden (SUSENO, 1981).

Relevanz für die psychosoziale Arbeit

MitarbeiterInnen psychosozialer Serviceeinrichtungen, die an szenischem Arbeiten zur Frauenrolle und Frauenidentität teilgenommen haben, fassen Grundlagen für eine frauensensible interkulturelle Arbeit in den folgenden Punkten zusammen:

- Eine Aufmerksamkeit für den eigenen kulturellen Hintergrund bewährt sich, um Abwehrreaktionen als Projektionen erkennen zu können.
- Neugier und Interesse sind gute Voraussetzungen, um sich bei KlientInnen und auch bei KollegInnen kundig zu machen, zu welcher Ethnizität sie sich zugehörig fühlt und wie es für sie ist, als Fremde in Deutschland zu leben.
- Bei Vorannahmen und Deutungen ist Vorsicht geboten, denn gerade hier erliegt man leicht den eigenen Vorstellungen.
- Eine gesunde Skepsis zum eigenen Wissen und Verstehen erleichtert die Nachfrage und das Erkennen eigener Grenzen. Die Haltung „Der Andere ist mir so nah und fremd wie auch ich mir nah und fremd bin" fördert eine positive Sichtweise.
- Es gibt nicht nur einen Weg in der Beratungsarbeit mit ausländischen Klienten, es gilt neue Reiseroute zu erkunden. Je niederschwelliger und transparenter die Angebote sind, desto eher werden sie angenommen, da sie den entsprechenden Bedürfnissen pragmatisch angepasst werden können.

Ein solcher Workshop macht deutlich, dass es keine Rezepte für eine erfolgreiche kultursensible Arbeit mit Frauen in psychosozialen Serviceeinrichtung geben kann. Zunächst sollte mit der Klientin geklärt werden, ob aufgrund unterschiedlicher Sprachkompetenzen Verständigungsschwierigkeiten bestehen. Bei geringen Deutschkenntnissen kann die Zusammenarbeit mit ethnomedizinisch geschulten Dolmetschern sinnvoll sein. Auch erscheint es empfehlenswert nachzufragen, ob Interesse besteht die Deutschkenntnisse zu verbessern und eventuelle Lernblockierungen zu analysieren (FRESSER-KUBY & KAZIN, 2000). Am Beginn eines therapeutischen Settings mit Migrantinnen kann eine Suche nach Gemeinsamkeiten in den verschiedenen Herkunftskulturen der Therapeutin und der Klientin stehen. Weitere Schritte können das Formulieren der Unterschiede und Konkretisieren der jeweiligen Lebenskontexte sein: Was heißt es für Sie, Frau zu sein, welche Vorstellungen, welche Werte verbinden Sie damit? Wichtig ist vor allem die Verständigung über die Erwartungen, die die Klientin an die Therapeutin heranträgt. Läßt sich ein gemeinsames Therapieziel formulieren? Und: Wie erlebt die Klientin die therapeutische Unterstützung eigene Lösungsvorschläge zu entwickeln, sind sie hilfreich, lassen sie sich in ihren Lebenskontext integrieren? Welche neuen Modelle braucht die Klientin für ihr Leben, nach dem die alte Rollenidentität im Kontakt mit der neuen Kultur nicht mehr stimmig ist.

Es gilt neue Wege der Lebensführung zu erkunden. In Indonesien verabschiedet man sich, in dem sich einen heilbringenden Weg wünscht: Selamat jalan-jalan!

Interkulturelle Aus- und Weiterbildung
Erfahrungen aus der Pflege

KARIN SCHULZE-ROSTEK

*Urteile nie über jemanden,
bevor du nicht zwei Wochen
in seinen Mokassins gelaufen bist.
(Indianisches Sprichwort)*

Pflege kann wie viele andere soziale Prozesse nicht isoliert als ein rein kognitiv erlernbarer Ablauf gesehen werden. Die Individualität jedes einzelnen Menschen zu sehen und sich zu bemühen, dieser gerecht zu werden, ist eine Voraussetzung für Professionalität.

Unser Lebensraum wird zunehmend freier und Grenzen werden offener, sodass verschiedene Kulturen verstärkt aufeinander treffen. Als Folge der deutschen Anwerbepolitik in den 60er Jahren kehren viele „Fremd-" – später „GastarbeiterInnen" – aus Italien, Griechenland, Spanien und der Türkei nicht in ihre Heimatländer zurück; ihre Kinder und Kindeskinder bleiben als hier Geborene in Deutschland und sind hier verwurzelt. Migranten der ersten, und erst recht der folgenden Generationen kehren aus ganz verschiedenen Gründen nicht oder nur zeitweilig in ihr Herkunftsland zurück (siehe auch Beitrag von P. Delkos).

Die Zusammensetzung der Patientinnen und Patienten in deutschen Krankenhäusern hat sich geändert; immer mehr Menschen mit „anderem" kulturellen Hintergrund müssen gepflegt werden. So wird es immer wichtiger, genau hinzuschauen und sich beispielsweise zu fragen, wie eine türkische Staatsbürgerin sich versteht, mehr als Türkin oder mehr als Deutsche. Die *Schublade* Nationalität hilft häufig nicht weiter. Es ist daher gerade für Pflegende im unmittelbaren Kontakt besonders notwendig, offen zu sein für *andere* Gebräuche, Rituale, Werte.

Nevfel CUMART (1996), ein in Bamberg lebender junger Dichter hat diese Situation sehr klar und eindrücklich auf den Punkt gebracht:

über die heimat I

*sie fragen mich
ob ich nicht wieder
zurückkehren will
in die heimat
ich frage mich
ob es ein
zurück gibt
in ein land
in dem es kein
beginn gab*

über die heimat II

*mein vater
kehrt in die türkei zurück
er möchte nicht
in der fremde sterben
auch ich möchte nicht
in der fremde sterben
und entschließe mich
in bamberg zu bleiben*

In der Theorie ist uns als humanistisch geprägte, moderne Menschen diese Sichtweise nicht neu. Es ist aber noch ein weiter Weg, bis sie in unseren Professionen eine Selbstverständlichkeit geworden ist. Auch Pflegepersonal muss auf diesem Weg unterstützt und geschult werden.

Es gilt, schon während der Ausbildung, SchülerInnen und StudentInnen entsprechendes Basiswissen zu vermitteln (GIESEN, 1993, GÄTSCHENBERGER, 1993a, UZAREWICZ & PIECHOTTA, 1997). Entsprechende Unterrichtseinheiten müssen in den curricularen Lehrplan der Kranken- wie Altenpflegeschulen implementiert werden. Zentrale Idee muss es werden, die persönliche Auseinandersetzung mit den eigenen Werten, Vorstellungen, Vor-Urteilen, Einstellungen und Erlebnissen zu fördern. Die eigene Klarheit darüber, was *Fremdsein* für mich selber bedeutet, bietet die beste Grundlage dafür, um in schwierigen und anspruchsvollen Pflegesituation so zu reagieren, dass den Bedürfnissen der MigrantInnen angemessen begegnet wird (s.a. GÄTSCHENBERGER,1993b).

Praktische Modelle aus dem Krankenpflegeunterricht

Am Nürnberger Schulzentrum für Krankenpflegeberufe haben wir sehr gute Erfahrungen mit einer eigenen Unterrichtseinheit *Transkulturelle Pflege* gemacht (OSTERBRINK, 1998):

Zum Einstieg in das Thema zeigen wir den Kurzfilm *Schwarzfahrer* von Pepe DANQUARDT (1992). Es wird eine alltägliche Situation in Berlin gezeigt: Verschiedene Menschen steigen in die Straßenbahn; ein dunkelhäutiger junger Mann ist auch dabei – er fragt eine ältere Dame, ob auf dem Sitzplatz neben ihr noch frei wäre – und obwohl sie ihn abschätzig mustert, setzt er sich neben sie. Im weiteren Verlauf hält diese Dame einen Monolog und beleidigt den jungen Mann auf das Übelste. Sie wettert über die, die von „unseren Steuergeldern" profitieren und sich anzupassen hätten; sie will, dass lieber etwas für die „eigenen" Arbeitslosen getan wird; sie fordert die Änderung ausländischer Namen und versteigt sich in ausländerfeindliche Parolen zum Thema Promiskuität und AIDS. Dabei versucht sie immer wieder, jedoch ohne Erfolg, die Zustimmung anderer Fahrgäste zu bekommen. Der Schwarzafrikaner bleibt äußerlich gelassen. Ein Kontrolleur steigt zu und möchte die Fahrscheine sehen ...

An dieser Stelle wird der Film gestoppt. Erst nach der Gruppenarbeit wird das Ende gezeigt – es ist sehenswert! Die SchülerInnen werden gebeten, sich zu vier verschiedenen Fragestellungen Gedanken zu machen:
- Ich bin mit dabei in der Straßenbahn. Hätte ich den Mut, zu reagieren? Was würde ich sagen oder tun?
- Ich war mit dabei in der Straßenbahn, am Nachmittag habe ich Spätdienst, die ältere Dame wird als Patientin eingeliefert. Was für Gefühle löst das in mir aus? Wie werde ich mich voraussichtlich verhalten?

- Ich war mit dabei in der Straßenbahn; am Nachmittag habe ich Spätdienst, der junge Mann wird als Patient eingeliefert. Gehe ich auf das Erlebnis ein? Wie verhalte ich mich ihm gegenüber?
- Wie stelle ich mir den weiteren Handlungsablauf vor? Wie würde ich mir das Ende des Films wünschen?

Für die anschließende Diskussion ist es wichtig, einen geschützten „Rahmen" zu schaffen, für die vielen verschiedenen Gefühle von Betroffenheit, Wut, Ohnmacht, eigene Grenzen, Empörung und auch die Möglichkeit zu bieten, eigene Erinnerungen und ungute Erlebnisse auszudrücken.

Über die Phantasie, ob und wie ich der alten Dame „die Meinung sage" oder sie ablenke – *Sie haben viel Schlimmes erlebt?* – wie ich Solidarität mit dem Afrikaner bekunde – *Passiert es Ihnen oft, dass …?* – oder die Straßenbahn unter lautem Protest verlasse, setze ich mich auch mit meinen eigenen Vorurteilen auseinander. Es tut gut, sich die gängigsten dieser Vorurteile genauer anzuschauen und zu überlegen, woher sie kommen.

Wie geht es mir mit Blondinen …? Und „Ossis" und „Wessis" …? Was habe ich selber erlebt und übertragen auf eine ganze Gruppe? Wer oder was prägt meine Einstellung zu den verschiedenen Nationalitäten und Kulturen?

Es geht darum, sich bewußt zu machen, dass wir alle mit Vorurteilen leben, aber auch Strategien entwickeln können, wie man ihnen begegnen kann. Vorurteile können nur abgebaut werden, wenn ich neue Verhaltensweisen vorlebe und vorsichtig *Bilder zurechtrücke* – mit sehr viel Geduld und unermüdlicher Auseinandersetzung.

Wie groß die Sehnsucht nach solchen *neuen Bildern* ist, zeigen die Wünsche, die in Arbeitsgruppen bei der Suche nach einem „guten" Ende des Filmes am häufigsten genannt werden:
- Die alte Dame hat keinen Fahrschein und wird von dem Afrikaner „gerettet", indem er sie mit seiner Mobicard mitfahren läßt.
- Oder noch extremer: Sie bekommt einen Herzinfarkt, er ist Arzt und kann ihr sofort wirksam helfen.

Kontaktaufnahme mit fremden Kulturen

Echt Erlebtes spricht eine viel überzeugendere Sprache als moralische Appelle oder theoretische Vorträge. Da PatientInnen mit türkischem Lebenszusammenhang bei uns die größte Gruppe der Migranten und Migrantinnen bilden, laden wir in unsere Klassen eine türkische Krankenpflegeschülerin ein und bitten sie, ganz konkret aus ihrem Leben zu erzählen. Die Fragen, um die es meistens geht sind:
Was bedeutet ihr …
- die Religion als überzeugte Muslima?
- ihre Kultur und Tradition?
- die Reaktionen in der Öffentlichkeit und im Dienst auf ihr Kopftuch?

- ihre Stellung als Frau?
- ihre Rolle als Tochter, Schwester in der Familie?
- ihre Berufsentscheidung?
- das Ansehen des Krankenpflegeberufes in der Türkei?

Wichtig ist auch hier wieder der schon oben erwähnte Aspekt, dass jede junge Frau ihre eigene individuelle Geschichte erzählt. Denn auch nicht jede deutsche Patientin, die als Religionszugehörigkeit *katholisch* angibt, wünscht sich jeden Morgen eine Messe. Genauso wenig kann ich bei jedem Menschen mit türkischer Herkunft davon ausgehen, dass für ihn die strenge Einhaltung aller Regeln des Korans das Wichtigste ist (MUTAWALY al,1996). Trotzdem ist die Wahrscheinlichkeit groß, dass Menschen aufgrund ihrer Religion und kulturellen Prägung bestimmte Wünsche, Bedürfnisse oder Verpflichtungen haben. Das kann der Verzicht auf Schweinefleisch und Alkohol sein und die Zurückweisung von nicht fließendem Waschwasser. Es kann, aber muss nicht zwangsläufig so sein. Vor *Schubladendenken* kann in diesem Zusammenhang nur gewarnt werden. Vieles kann ich nur einordnen, wenn ich die möglichen Hintergründe etwas kenne. Zu leicht wird es aber auch möglich, aus der Weigerung eines muslimischen Patienten, sich mit Wasser aus einer Schüssel zu waschen oder in der Wanne zu baden, falsche Schlüsse zu ziehen! Als Fazit gilt: Ich muss als Pflegekraft vor allem offen und mutig Fragen stellen!

Im Rahmen des Curriculums besuchen wir eine Moschee, von denen es in Nürnberg mehrere gibt. Nach vorheriger Anmeldung ist ein Besuch immer gern gesehen. Der zuständige Imam, ein in der Türkei ausgebildeter Islamgelehrter, erklärt das Gebäude und die Grundsätze des Korans und des islamischen Glaubens. Manchmal sind wir beim Gebet dabei, und für viele SchülerInnen ist nach einer solchen Begegnung dieser *andere* Glaube nicht mehr so bedrohlich fremd. Außerdem erweitern sie durch eine solche Exkursion ihr Wissen und haben dadurch wieder bessere Möglichkeiten, gezielt zu fragen.

Ansätze zur Pflegetheorie

Madeleine LEININGER (1984, 1991) hat sich immer vehement für Offenheit in der Pflege eingesetzt und diese umso mehr gefordert, wenn es um verschiedene Kulturen geht.

In den USA fiel ihr in den 50er Jahren bei der Pflege psychiatrisch erkrankter Kinder auf, dass die gängigen, allgemein üblichen Therapien keinen überzeugenden Effekt hatten und Kinder mit dem gleichen kulturellen Hintergrund auch sehr ähnliche Verhaltensweisen und Bedürfnisse zeigten. Sie besprach diese Beobachtungen mit der Ethnologin Margaret Mead und diese bestärkte sie darin, selber zu forschen. Leininger studierte kulturelle und psychologische Anthropologie und arbeitete zwei Jahre lang mit den Gadsup, einem Volk in Papua-Neuguinea. Aus dieser Arbeit heraus stellte sie einige Thesen auf:

- Kultur und Pflege gehören zusammen
- Jede Kultur hat ihre eigene Pflege. Es gibt *universelle Übereinstimmungen* (so das auf der ganzen Welt übliche Trösten durch in den Arm Nehmen, Schaukeln, Streicheln und Summen oder Singen) und *Verschiedenartigkeiten*
- *Care* (Pflegen, Betreuen) ist das Wesentliche der professionellen Pflege (*Nursing*)
- Je höher die Pflege technisiert ist, desto weniger findet Pflege statt

> There can be no curing without caring – but caring can exist without curing
> (LEININGER, 1984)

Leininger fordert, dass Pflegepersonen eigenständig arbeiten, selber forschen und sich des Wertes ihrer Arbeit bewußt sind. Ohne Beziehungsaufbau zwischen Pflegeperson und PatientIn, ohne Vertrauen ist professionelle Pflege nicht möglich. Ich kann mich nur gut einem Menschen nähern und ihm leichter die „richtigen" Fragen stellen, wenn ich weiß, was ihm wichtig ist. Diese *Wichtigkeiten* und *Werte* aber sind kulturell geprägt.

Übungen

Damit sich die SchülerInnen an unserem Schulzentrum ihrer eigenen Werte bewusst werden, bieten wir die folgenden Übungen an:

Anweisung:

Erstellen Sie eine Pyramide von Werten und Tugenden.
Die Ausgangsfrage für Sie lautet dabei: „Was ist in meinem Leben sehr wichtig?"

In die erste Ebene stellen Sie den einen Wert, der Ihnen am wichtigsten ist, in der zweiten Ebene die beiden, die für Sie an zweiter und dritter Stelle kommen, in die dritte Ebene müssen drei Werte, in die vierte vier, usw.

Sie haben vier sogenannte "wildcards", d.h. Sie haben die Möglichkeit, bis zu vier Werte/Tugenden einzusetzten, die Ihnen besonders wichtig sind und die hier fehlen. Dafür müssen Sie entsprechend viele der hier Genannten weglassen.

Gesundheit	Besitz/Haus	Familie
Ordnung	Bildung	Freiheit
Individualität	Religion	Unabhängigkeit
Sauberkeit	Macht	Freunde
Partnerschaft	Wissen	Kinder

Auch wenn dies eine eher spielerische Übung ist, erlebe ich immer wieder, wie sehr die SchülerInnen über ähnliche Ergebnisse staunen. Dies hilft ihnen diese Thematik noch intensiver zu bearbeiten.

Bestimmt Kulturen bevorzugen ihnen eigene Wertkonstellationen. Zum Vergleich seien hier einige Ergebnisse über die „grundsätzlichen" Werte verschiedener Kulturen exemplarisch vorgestellt:

Angloamerikanische Kultur:
- Individualität
- Unabhängigkeit und Freiheit
- Wettbewerb/Konkurrenz
- Taten
- Materialismus
- Jugend und Schönheit

Deutsch-amerikanische Kultur:
- Selbstvertrauen
- Gesundheitserhaltung
- Sauberkeit
- Ordnung und Organisation
- Macht/Kontrolle über die Natur

Polnisch-amerikanische Kultur:
- Religiöse Überzeugungen und Gebräuche
- Familien- und Gruppensolidarität
- Einfachheit
- Politische Aktivität für Gerechtigkeit
- Harte Arbeit
- „Niemals aufgeben"

Arabisch-amerikanische Kultur:
- Versorgung der Familie und ihre Unterstützung
- Religiöser Glaube
- Unterschied in den Geschlecterrollen

Gadsup – Volk in Neuguinea:
- Überleben

Sicher werden hier individuelle Unterschiede vernachlässigt. Dennoch wird klar, dass solch verschiedene Grundwerte die jeweiligen Bedürfnisse und Anforderungen in der Pflege und an die Pflege enorm beeinflussen.

In Leiningers *Sunrise-Modell* finden sich neben den Werten und der Lebensart noch sechs weitere Bereiche, die – zusammen mit der Sprache und den Umwelteinflüssen – die Pflege und das Gesundheitsverständnis prägen:
- Technik
- Religion und Philosophie
- Familie und Sozialstrukturen
- Politik und Recht
- Wirtschaft und Finanzen
- Erziehung und Bildung

Diese Unterscheidungen erleichtern es, sich dem jeweiligen Weltbild und dem Gesundheits- und Krankheitsverständnis der einzelnen Patienten anzunähern. Leininger fordert eine kulturgerechte Pflege und sieht diese als Klammer zwischen den heimatlichen Traditionen, also den Vorstellungen, die die Menschen über gewohnte Pflegemodelle mitbringen, und den hier üblichen professionellen Systemen. Je geringer diese Systeme von einander abweichen, desto unproblematischer gestaltet sich die eigentliche Pflege, desto weniger Konflikte sind zu erwarten.

Ein extremes Beispiel für eine schlechte Passung wäre ein erkrankter Afrikaner, der im Voodoo-Kult verwurzelt ist und in einer Uniklinik behandelt wird! Wenn es dann keine Pflegekraft gibt, die versucht, diesen Kulturschock zu verstehen und angemessen und anteilnehmend für beide Vorstellungen darauf zu reagieren, um die Spannung abzufedern, dann ist ein Wohlfühlen und Genesen – ein *Curing* und *Caring* – kaum vorstellbar.

Vorschläge zur Vermeidung von Kulturkonflikten

Leininger beschreibt drei mögliche Wege, die sich zur Entwicklung von *Pflegegemeinsamkeiten* bewährt haben:
1. *Kulturelle Erhaltungspflege:* Pflegegewohnheiten können respektiert und beibehalten werden, Angehörige übernehmen z. Bsp. die tägliche Körperpflege und bringen die Lieblingsspeisen mit.
2. *Kulturelle Anpassungspflege:* Ich verhandle mit dem Patienten, der Patientin – sofern ich weiß, wo das Pflegeproblem liegt! Hier kann es um eine Sondergenehmigung gehen – wenn vielleicht ein strenggläubiger Moslem mit Hemiplegie rechts von einem Imam die Erlaubnis braucht, mit der „unreinen" linken Hand essen zu dürfen.
3. *Kulturelle Verhaltens – Veränderungspflege:* Hierbei werden neue Muster gesucht, weil kulturell Gewohntes nicht möglich ist (z. B. die Einhaltung von Ernährungsvorschriften bei Diabetes).

Auch wenn die für westliche Gesellschaften typische Individualisierung vor keiner Kultur Halt macht und gerade bei MigrantInnen „die" eine, reine, kulturelle Prägung immer seltener anzutreffen ist, gilt es, weder Pflege noch Kultur anderen Menschen überzustülpen. Leiningers „Pflegegemeinsamkeiten zur Vermeidung von Kulturkonflikten" bewähren sich gerade in Zeiten einer immer stärker zunehmenden kulturellen Diversifizierung – egal ob bei InländerInnen oder MigrantInnen. Sie zeichnen sich aus durch:
- Zeigen von Respekt
- Akzeptieren der oder des anderen als Individuum
- Zuhören (evtl. mittels Dolmetscher)
- Vermeiden einer vorschnellen Stigmatisierung
- Vermitteln des Gefühls, für die oder den anderen da zu sein

Ausbildungsziel: Selbständiges Erarbeiten interkultureller Themen

Der Umgang mit interkulturellen Themen ist ein andauernder Prozess. In der Praxis begegnet man Menschen mit ganz unterschiedlichen Werten, und dazu bewährt sich die Fähigkeit, selbstständig mit kulturellen Herausforderungen umgehen zu können. Um die SchülerInnen schon während der Ausbildung zu ermutigen, Lust auf eigenes *Forschen* zu entwickeln und trotz der *Schwere* des Themas mit Spaß und Begeisterung dabei sein zu können, haben wir in die beschriebenen Unterrichtseinheiten entsprechende Projektarbeiten eingeführt. Schwerpunkte können sein:
- Vorstellung einer Nation an Hand ihrer Eßgewohnheiten – mit den dazu gehörenden Informationen über Hintergründe, klimatische Verhältnisse, Tabus, religiösen Vorstellungen etc. – und einer landestypischen Kostprobe für alle;
- Umgang mit Übersetzungshilfen im Alltag einer Station;
- Verschiedene Interviewformen mit Personen aus einem anderen Kulturkreis

Die Fähigkeit, mit Menschen aus anderen Kulturen ins Gespräch zu kommen und mit ihnen gemeinsam kulturelle Unterschiede zu *erforschen,* ist für uns die wichtigste Kompetenz, welche wir zur interkulturellen Pflege vermitteln möchten. Zum Abschluss hier noch einige Vorschläge für Fragen, die in diese Richtung führen:
- Welcher Wert, welches Gut ist mir in meinem Leben besonders wichtig?
- Welche Bedeutung hat traditionell das Kranksein oder die Krankheit?
- Gibt es besondere Gewohnheiten im Bereich der Ernährung?
- Was ist besonders zu beachten bei Körperpflege, Hygiene, traditionellen Pflegemethoden?
- Wie wichtig ist die Familie (Aufgaben auch im Krankenhaus)?
- Gibt es Tabus, besondere Vorschriften?
- Wie wird mit Schmerz, Leid, Wehklagen umgegangen?
- Ist der Tod ein Thema?
- Was ist wichtig im religiösen Bereich? Gibt es Rituale?
- Welche besonderen Bedürfnisse bestehen im Krankenhaus? Was müßte als erstes geändert werden?
- Wie wird die Krankenpflege im jeweiligen Land gesehen?

Wenn Pflegende die Fähigkeiten haben, sich auf diese oder ähnliche Weise mit sich und einer anderen Kultur auseinander zu setzen, dann schafft das Selbstvertrauen und stärkt die Eigenständigkeit. Es eröffnet die Chance, Routine–Handlungen zu hinterfragen und mutig vielleicht bisher ungewohnte Entscheidungen treffen zu können.

Die Grundvoraussetzung dazu ist eine Haltung der Neugier und die Bereitschaft, sich selbst in Fragen stellen zu können!

„Transkulturelle" Verständigung?
Praktische Empfehlungen eines Hausarztes

PETER FLUBACHER

> *Der Pass ist der edelste Teil von einem Menschen.*
> *Er kommt auch nicht auf so einfache Weise zustand wie ein Mensch.*
> *Ein Mensch kann überall zustandekommen, auf die leichtsinnigste Art*
> *und ohne gescheiten Grund, aber ein Pass niemals.*
> *Dafür wird er auch anerkannt, wenn er gut ist,*
> *während ein Mensch noch so gut sein kann und doch nicht anerkannt wird.*
> *(Bertold Brecht, Flüchtlingsgespräche)*

Einleitung

Wenn im Umgang mit einem ausländischen Patienten[1] Schwierigkeiten auftreten, nehmen wir gerne zu der Erklärung Zuflucht, diese hätten etwas mit dessen „Kultur" zu tun. Als Folge davon werden Kommunikationsprobleme dann gerne als „transkulturell" bedingt entschuldigt. Die nicht nur in der Medizin in Mode gekommene Tendenz, einen Immigranten auf seine „Kultur" oder auf seine „ethnische" Zugehörigkeit festzulegen, blendet a priori wichtige Elemente seiner Biographie aus, führt zu einer *Einengung unserer Wahrnehmung* und damit zwangsläufig zu Ausgrenzungsprozessen. (RADTKE, 1996)

Immer wieder wird behauptet, dass beispielsweise Patienten aus dem Mittelmeerraum häufiger „somatisieren" würden. Von einer weltweiten Untersuchung der Weltgesundheitsorganisation wurde aufgezeigt, dass Somatisierung viel eher der Ausdruck einer problematischen Arzt-Patienten-Beziehung ist und nicht ein kulturell vorgegebenes Verhaltensmuster. (SIMON et al.,1999) Deshalb drängt sich die Vermutung auf, dass viele sogenannt „transkulturelle" Verständigungsprobleme *Ausdruck einer gestörten Arzt-Patienten-Beziehung* sind, wenn nicht gar einer unbewusst diskriminierenden Haltung des Arztes. (GROTERATH, 1994; RADTKE, 1996) Man sollte nicht vergessen, dass bei jedem Arzt-Patienten-Kontakt zwei Menschen aufeinander treffen, die sich bezüglich Verpflichtungen, Vorlieben, Erwartungen, Wertvorstellungen, Rollenverständnis, hierarchischer Stellung, Biografie und soziokultureller Prägung unterscheiden. Es begegnen sich da Menschen, die „verschiedenen Kulturen" angehören (FLUBACHER, 1997).

---

1. Wo die männliche/weibliche Form verwendet wird, ist im allgemeinen auch die weibliche/männliche Form gemeint. Aus dem Zusammenhang heraus mag allerdings ersichtlich sein, dass bloss das eine Geschlecht gemeint ist.

„Kultur" als Rechtfertigungsideologie

„Kultur" und „Tradition" werden gerne ins Spiel gebracht, wenn jemand sein Verhalten moralisch rechtfertigen oder einen Machtanspruch (zum Beispiel den des Mannes gegenüber der Frau) durchsetzen will. Im folgenden Bericht beruft sich ein türkischer Vater zur Disziplinierung von Frau und Kindern auf kulturelle und religiöse Traditionen, obwohl sich seine Lebensgewohnheiten in keiner Weise mit den Normen der von ihm vorgeschobenen religiösen Gebote vertragen.

Frau Yildiz heiratet mit 17 Jahren ihren Mann gegen den Willen ihrer Eltern. Es kommen drei Töchter zur Welt. Herr Yildiz emigriert in die Schweiz. Einige Jahre später kann ihm die Familie nachreisen. Bald stellt sich heraus, dass er mit Spielen, Alkohol und Frauen Schulden gemacht hat. Die drei kleinen Töchter werden vom Vater streng erzogen, sie werden gezwungen ein Kopftuch und möglichst dunkle, wenn nicht gar schwarze Gewänder zu tragen, und sie werden in der Schweiz wie auch in der Türkei in die Koranschule geschickt.

Bis vor drei Jahren verdient Frau Yildiz mit, sie arbeitet als Putzfrau. Wegen starker Schmerzen und Lähmungen muss sie sich einer Bandscheiben-Operation unterziehen. Seither geht es ihr zusehends schlechter. Sie klagt ständig über Schmerzen, wirkt verschlossen und unzufrieden, überlässt die Hausarbeiten den übrigen Familienmitgliedern und geht in ihrer Krankenrolle völlig auf. Vor anderthalb Jahren noch hat sie davon gesprochen, sie wolle sich von ihrem Mann trennen, da er zu nichts tauge. Frau Yildiz spricht kaum Deutsch. Deswegen habe ich sie im Laufe der vergangenen Jahre wiederholt gemeinsam mit meiner Übersetzerin gesehen. Ausserdem wird Frau Yildiz in der Psychiatrischen Ambulanz gemeinsam mit einer Türkisch-Übersetzerin von einer Psychiaterin betreut.

Wie ich vor drei Jahren die zweitälteste, damals 15-jährige Tochter Fatma kennenlerne, ist diese ganz in Schwarz gekleidet und will mir nicht einmal die Hand reichen. Allmählich verändert sich Fatma, findet Arbeit und distanziert sich von der beengenden Kontrolle ihres Vaters. Letzten Sommer wird sie unter dem Vorwand, die Grosseltern seien am Sterben, in die Türkei gelockt, sie ist damals kaum 17-jährig. Dort konfrontiert man sie mit der Alternative: „Entweder wird Ali Erdogan geheiratet oder du kehrst nicht mehr in die Schweiz zurück." In der Not entscheidet sich Fatma fürs Erste. Kaum wieder in Basel, Ali Erdogan lebt zu der Zeit noch in der Türkei, verliebt sie sich in einen anderen 21-jährigen türkischen Jungen.

Ali Erdogan trifft nach einigen Monaten in der Schweiz ein. Fatma erklärt ihm, dass sie für ihn keine Gefühle habe, und dass sie sich von ihm scheiden lassen werde, da sie ihn ja sowieso nie habe heiraten wollen. Sie ist nicht bereit, mit ihm zu schlafen, und kehrt in die Wohnung ihrer Familie zurück. Die Eltern merken, dass da noch ein anderer Mann mit im Spiel ist. Mutter Yildiz fordert ihren Schwiegersohn auf, sich sein Recht zu nehmen und Fatma zu vergewaltigen, und der Vater droht gar, Fatma umzubringen, falls sie Ali Erdogan verlassen sollte.

So geht Fatma in die gemeinsame Wohnung zu ihrem Mann zurück. Es kommt zu einer heftigen Diskussion, und schliesslich würgt Ali Fatma so lange, bis sie das Bewusstsein verliert und um ein Haar stirbt. Sie kommt wieder zu sich, kann in die Wohnung ihres Freundes fliehen und sucht am folgenden Morgen unsere Praxis auf. Ich stelle sogenannte „Erstikkungsblutungen" an den Augen und Würgspuren am Hals fest, veranlasse die sofortige Spitaleinweisung und erstatte Anzeige bei der Polizei. Herr Erdogan wird verhaftet.

In der folgenden Woche meldet sich der Vater in der Praxis an. Ich bekomme ein mulmiges Gefühl. Sicherheitshalber bleibt mein Praxispartner in der Nähe meines Sprechzimmers. Ich eröffne Herrn Yildiz, dass ich es bin, der die Polizei verständigt hat. Er beteuert, mit dem Delikt nichts zu tun zu haben, distanziert sich vom Schwiegersohn, der solle aus der Schweiz ausgewiesen werden. Natürlich stellt er in Abrede, dass er Fatma gegenüber Todesdrohungen ausgestossen hat, und bekundet sein Einverständnis zur Scheidung seiner Tochter von Ali Erdogan.

Interdisziplinarität

Die hier nur kurz skizzierte, sehr komplexe Geschichte der Familie Yildiz, könnte unter ganz unterschiedlichen Aspekten diskutiert werden. Hilfreich wären beispielsweise die Meinungen der involvierten Sozialarbeiterin des Jugendamtes und der Psychiaterin, welche Frau Yildiz regelmässig sieht. Auch könnten die beiden Übersetzerinnen (jene der Psychiatrischen Ambulanz und die meiner Hausarztpraxis, sie stammen beide aus der Türkei) ihre Beobachtungen und ihre Erfahrungen mit ähnlich gelagerten Fällen einbringen. Auch wäre es nützlich, die Meinung anderer, nicht direkt involvierter Fachpersonen einzuholen. Abschließend wäre zu klären, wie die verschiedenen Elemente zu gewichten sind. Geht es primär um eine Ablösungsproblematik? Welcher Gestalt ist der Familienkonflikt? Hat dies alles mit einer migrationsspezifischen Biographie zu tun? Liegen bei Vater oder Mutter psychopathologische Probleme vor? Wie sind die Rollen in der Familie verteilt? Gibt es kulturelle Elemente in der ganzen Geschichte? Was ist die Rolle des Hausarztes? Und so weiter.

In Basel haben wir eine interdisziplinäre Intervisionsgruppe gebildet. Sozialarbeiter, Krankenpfleger, Übersetzer, Psychiater, Psychologen und Hausärzte, die aus verschiedenen Ländern stammen und unterschiedliche Sprachen sprechen, diskutieren die folgenden Fragestellungen:

- *Wie lautet der Auftrag? Was ist das Anliegen des Patienten?*
  „Auftragsklärung" und „Patienten-Agenda" gehören zu den wichtigsten Fragen, die bei einem jeden Arzt-Patienten-Kontakt zu klären sind. Häufig wird erst in der zeitlichen Abfolge mehrerer Konsultationen Arzt und Patienten klar, was eigentlich der Auftrag ist. Auch können die Erwartungen im Laufe einer Behandlung wechseln.
- Liegt wirklich *ein medizinisches Problem im engeren Sinne* vor, also ein somatisches, ein psychiatrisches oder ein „psychosomatisches"? Oder wird ein medizinisches Anliegen vorgebracht, hinter dem sich etwas ganz anderes verbirgt?
- Mit andern Worten, die Rolle des Arztes und des weiteren professionellen „Helfersystems" gilt es immer zu hinterfragen.
- Bestehen in der Familie *besonders schwere Belastungen?* (Gewalt, psychiatrische Erkrankungen oder Drogenkonsum eines Familienmitglieds, Arbeitslosigkeit, Schulden, Unsicherheit bezüglich der Aufenthaltsbewilligung)

- Hilft uns gegebenenfalls eine *kulturspezifische oder religiöse Erklärung,* die Probleme in einem anderen Licht zu sehen, als wir das mit den üblichen (medizinischen) Erklärungsmodellen tun können? (KLEINMAN et al., 1978)
- Stärken wir die *Autonomie* der Patienten und ihrer Familie ausreichend oder fördern wir eher deren Abhängigkeit und Hilflosigkeit?
- Leicht lassen sich Ärzte und Mitarbeiter sozialer Dienste in ihrer Arbeit mit Migranten zu einem pathologisierenden (medikalisierenden) und paternalistischen Verhalten verführen. (RADTKE, 1996))
- Wird uns *aus Scham oder aus anderen Gründen etwas Wichtiges verschwiegen* oder gar absichtlich gelogen?

Patientenzentriertes Vorgehen

Es hat sich bewährt, immer mit unseren Patienten zu besprechen, was für Erklärungen, Vorstellungen, Schuldgefühle, Ängste und Erwartungen sie mit ihren Symptomen und ihrer Erkrankung verbinden. Auch ist es hilfreich danach zu fragen, welche Lösungen für individuelle und familiäre Probleme entsprechend Familienbrauch, religiösen Geboten oder anderen Traditionen vorgesehen sind. Somit kommt ein Prozess eines gegenseitigen Sich-Kennen-Lernens in Gang, welcher hilft, Vorurteile abzubauen und Missverständnisse zu klären und zwar auf beiden Seiten, was meist vergessen wird (GROTERATH, 1994). Eine sorgfältige Anamnese und ein patientenzentriertes Vorgehen, welches dem Patienten die Möglichkeit erlaubt, sich frei zu äussern und auch nicht-medizinische (psychosoziale) Probleme anzusprechen, sind die Voraussetzungen für eine erfolgreiche und alle Seiten befriedigende klinische Tätigkeit (ILLHARDT, 1998).

Sozioökonomische und aufenthaltsrechtliche Fragen

Wir verpassen wichtige, für das Verständnis unter Umständen entscheidende Elemente der Patientenbiographie ausländischer Patienten, wenn wir sozioökonomische und rechtliche Fragen ausblenden. Diese helfen, viele Bereiche des Lebens besser zu verstehen. Es hat sich bewährt immer wieder folgende Fragen zu stellen:
- Wie lässt sich das Verhalten eines Immigranten erklären?
- Welche Bedeutung kommt der Familie zu?
- Welche Erwartungen – sozialer oder finanzieller Art – hat der Patient gegenüber seiner Familie und seinen Bekannten zu erfüllen?

Entsprechende Kenntnisse erleichtern es, in gegenseitigem Einvernehmen einen Abklärungs- und Behandlungsplan zu erarbeiten, was selbstverständlich auch die "Compliance" fördert. Die vereinfachende Vorstellung, ein bestimmter kultureller Hintergrund – meist beliebig interpretierbar – sei für dies oder jenes Verhalten verantwortlich, abstrahiert von der individuellen Person des Patienten und übersieht die zahlreichen Schwierigkeiten und Diskriminierungen, mit denen fast jeder Immigrant zu kämpfen hat. (FLUBACHER, 1997; KARRER et. al. 1996))

Wichtige Elemente der Anamnese:

Um den erwähnten sozialen, kulturellen und familiären Dimensionen bei der Anamnese gerecht zu werden, kann die folgende Checkliste hilfreich sein:
- sozioökonomische Stellung:
  Statusverlust und damit verbundene Enttäuschungen und Kränkungen, verminderte. Ausbildungschancen der Folgegeneration, Schulden.
- Art der Aufenthaltsbewilligung:
  permanenter, provisorischer oder illegaler Aufenthalt oder drohende Ausweisung.
- Trennungen in der Familie:
  Häufig anzutreffende langjährige Trennung der Familie führt zu einer Entfremdung zwischen den Ehepartnern und zwischen Vater und Kindern.
- Sprachkompetenz:
  Die Beherrschung der Landessprache ist die wichtigste Voraussetzung für eine erfolgreiche Integration.
- kulturelle und religiöse Aspekte:
  Diese betreffen das Verständnis von Gesundheit und Krankheit, angemessenen Hilfemaßnahmen, Rollen in der Familie und im sozialen Leben, Geschlechterrollen.

Sind Migranten generell hilfsbedürftig und/oder krank?

Im Umgang mit Migranten aus einer privilegierten Schicht, welche beispielsweise für internationale Firmen oder Organisationen tätig sind ("expats"), wird kaum von kulturellen Vorgaben und den daraus entstehenden Problemen gesprochen. Diese scheinen ohne Vorbehalt als individuelle Personen wahrgenommen, und nicht als *kulturell geprägt* abgestempelt zu werden. Aber gerade diese sind häufig darum besorgt, beispielsweise den Kindern ihre Tradition, ihre eigenen Familienwerte und kulturellen Normen weiter zu vermitteln. Das gilt speziell, wenn beide Partner aus demselben Land stammen und derselben Religion angehören.

> Wegen Halsweh, Schluckweh und Fieber sucht eine 37-jährige aus Indien stammende Frau meine Praxis auf. Es liegt eine typische Streptokokken-Angina (Entzündung der Gaumenmandeln) vor. Diese Kaderfrau, in der Marketingabteilung eines Weltkonzerns tätig, spricht perfekt Englisch. Im Vergleich zu dieser kultivierten, selbstsicher auftretenden Repräsentantin einer „globalisierten" Welt komme ich mir recht hinterwäldlerisch vor. Die Behandlung der Angina bietet keine Probleme. Möchte hier jemand von einem transkulturellen Problem sprechen? Wenn ja, dann schon eher unter „umgekehrten Vorzeichen"!?

Sprachliche Probleme, Arbeiten mit einem Übersetzer oder einer Übersetzerin

Es gilt heute als unprofessionell, routinemässig Familienangehörige, insbesondere Kinder, zum Übersetzen beizuziehen, da psychische Überforderung, Loyalitätskonflikte, willkürliche, fehlerhafte Informationsübermittlung, um nur einige besonders eklatante Probleme zu erwähnen, die Übersetzung behindern (FLUBACHER, 1994). Durch das regelmässige Arbeiten mit kompetenten Übersetzerinnen – in der Mehrzahl handelt es sich um Frauen – wird ein qualitativ besserer Zugang zum Patienten ermöglicht. Dieser wird zum Reden ermuntert, kann seine Geschichte in seiner eigenen Sprache, in seinem Rhythmus erzählen und strukturieren und wird dadurch aus einer passiven Rolle befreit. Voraussetzung ist, dass der Arzt offen ist und die Bereitschaft hat, die Übersetzerin als gleichberechtigte Partnerin einer triadischen Beziehung zu akzeptieren. Das Arbeiten mit einer Übersetzerin oder einem Übersetzer bringt für Arzt wie Patient Vorteile und eröffnet neue Horizonte. Die Anwesenheit der Übersetzerin signalisiert dem Patienten, dass er als Person ernst genommen wird, dass man für seine Herkunft und seine Geschichte Interesse hat, dass er über seinen Schmerz und sein Leid aber auch über seine Erfolge und Stärken sprechen soll und darf. Häufig ist dies das erste Mal, dass der Patient seine Sprachlosigkeit überwindet. Ihm wird ermöglicht, seine persönliche Geschichte – eventuell aus einer „vorsprachlichen" Ebene – hervorzuholen, zu ordnen, in Worte zu fassen, und sich verständlich zu machen. Auf diese Weise ergeben sich neue Möglichkeiten, über bisher Unerhörtes zu sprechen. Beide Gesprächspartner – Arzt und Übersetzerin – können gemeinsam den Patienten ermutigen, seine Geschichte zur Sprache zu bringen (BISCHOFF & LOUTAN, 2000; FLUBACHER, 1994; LEYER, 1991).

Hilfreiche Fragen sind:

- *Warum sind Sie gekommen?*
- *Erzählen Sie mehr darüber!*
- Wenn Patienten nicht gleich unterbrochen und vom Arzt nach „medizinisch wichtigen" Symptomen befragt werden, liefern sie häufig spontan diejenigen Elemente, welche für differentialdiagnostische Überlegungen erforderlich sind.
- *An was für einer Krankheit meinen Sie zu leiden?*
- *Was haben Sie sich dazu überlegt?*

Wenn Patienten sagen: „Ich habe keine Ahnung, ich weiss nicht, deswegen komme ich ja zu Ihnen; Sie sind der Arzt", helfen die folgenden Fragen weiter:
- *Was meint Ihre Familie dazu?*
- *Haben Sie sonst mit jemandem darüber gesprochen?*
- *Kennen Sie jemanden, der dasselbe hat oder hatte, wie Sie?*

Meistens wird spätestens hier deutlich, dass es Ängste, Befürchtungen und dazu passende Erklärungsmodelle in der Umgebung gibt. Die meisten Menschen machen sich ihre Überlegungen, wenn ihnen etwas fehlt, und sprechen mit anderen darüber. So erfahren sie von anderen, bei dem es gleich begonnen habe und dann in dieser oder jener Weise weitergegangen sei.
- *Welche Abklärungen und Behandlungen sollten Ihrer Meinung nach durchgeführt werden?*

Im Hinblick auf die "Compliance" ist nicht nur das Verständnis des Erklärungsmodells des Patienten von Bedeutung, sondern auch ein gegenseitiges Besprechen des Abklärungsplans und der Behandlung, um einen gemeinsamen Boden zu finden. Die meisten Patienten kommen mit präzisen Vorstellungen darüber zu uns, was ihnen fehlt und was genau zu untersuchen sei.
- *Wie wirkt sich die Erkrankung auf Sie und Ihre Familie aus?*
- *Hat das in Ihrem Herkunftsland eine spezielle Bedeutung?*
- *Wie wird diese Krankheit bei Ihnen genannt?*
- *Wie reagieren die andern Menschen darauf?*

Hier können Ideen über Schuldzuweisung, Scham, Verlust von Ehre oder verminderte Heiratschancen diskutiert werden.

Es ist eine elegante Methode, mit den Patienten einen Familienbaum (Genogramm) zu zeichnen. Dadurch kann auf selbstverständliche, quasi beiläufige Weise nach den einzelnen Familienmitgliedern, deren Krankheiten und nach den Beziehungen untereinander gefragt werden (HEGEMANN, ASEN & TOMSON, 2000).

Abschliessende Empfehlungen

Es ist immer sinnvoll, psychosoziale und kulturelle Dimensionen einer Krankheit zu reflektieren und zu thematisieren. Wenn wir das unterlassen, erleben wir zuweilen unangenehme Überraschungen. Die oben erwähnten Ansätze sind bei sämtlichen Arzt-Patienten-Kontakten hilfreich, unabhängig davon, ob es sich um Immigranten handelt oder nicht (FLUBACHER, 1997) Sofern die Beschäftigung mit „transkultureller Medizin" zu einem Prozess der Reflexion über unser eigenes Verhalten, über unsere Vorgaben, über unsere soziokulturell geprägten Institutionen und Kategoriebildungen führt, ist für uns und unsere Patienten viel gewonnen. Zum Schluss seien die wichtigsten Punkte festgehalten.
- Genügend Zeit
- Nicht stereotypisieren, sondern Fragen stellen
- Patientenperspektive, sogenannte Auftragsklärung
- Erfassen wichtiger soziodemographischer Daten
- Die Bedeutung der Familie respektieren
- Vernetzte Zusammenarbeit mit spezialisierten Stellen

- Arbeiten mit einer/einem erfahrenen Übersetzerin/Übersetzer
- Interdisziplinäre Intervisionsgruppe

Epilog

Interkulturelle Verständigung
Förderung – Vermittlung – Schulung

Modelle des Bayerischen Zentrums
für Transkulturelle Medizin e.V. in München

THOMAS HEGEMANN

Einleitung

Interkulturelles Verständnis ist das zentrale Thema guter Beratung für Migranten und ethnisch/kulturelle Minoritäten. Vielfach wurden die Notwendigkeiten, Grundlagen und qualitativen Bedingungen beschrieben. Als unabdingbar dürfen interkulturelle Kompetenzen mittlerweile für die gesundheitliche und psychosoziale Arbeit gelten. Worin diese Kompetenzen bestehen (HEGEMANN, 2001a) und wie sie erworben werden können, wurde in den letzten Jahren umfänglich dargestellt. Klar ist aber auch, dass ohne die dafür erforderlichen Rahmenbedingungen und Strukturen ein nachhaltige Verbesserung der Versorgung von Menschen mit einem anderen kulturellen Hintergrund nur schwer zu erreichen sein wird.

Solange unser Land sich nicht zu einem klaren Bekenntnis zur Einwanderungsgesellschaft und einer rechtlich verbindlichen Minoritätenpolitik durchringen kann (COHN-BENDIT & SCHMID, 1993), wird die Förderung interkulturellen Kompetenzen wohl auf private und verbandliche Initiativen angewiesen bleiben.

Das Bayerische Zentrum für Transkulturelle Medizin e.V. in München (HEGEMANN, 2000) ist eine solche gemeinnützige Einrichtung, welche die Gleichstellung von Migranten und ethnische/kulturellen Minderheiten im Gesundheits- und Sozialwesen fördert. Das Engagement des Zentrums konzentriert sich dabei auf zwei Bereiche:

- **Förderung der sprachlichen Verständigung**
  – Bereitstellung eines Dolmetscher- und Übersetzungs-Services für die Gesundheits- und Sozialdienste,
  – Schulung und Qualifizierung zum kulturvermittelnden Dolmetschen in gesundheitlichen und psychosozialen Einrichtungen

- **Entwicklung und Angebot von Schulungs- und Trainingsprogrammen** zur Erweiterung der interkulturellen Kompetenz für Mitarbeiter in den unterschiedlichen Einrichtungen, Berufsgruppen und Hierarchieebenen des Gesundheits- und Sozialwesens

Diese Schwerpunkte basieren auf der Einsicht, dass eine Gleichbehandlung der Patienten mit einem fremden kulturellen Hintergrund nur dann gelingen kann, wenn eine Verständigung zwischen Klienten und Mitarbeitern gesundheitlicher Einrichtungen möglich wird, die die Besprechung fachlicher Fragen auch dann gestattet, wenn die Gesprächspartner von unterschiedlichen Werthaltungen zu Gesundheit und Krankheit, zu sozialen Rollen, zu religiösen, politischen oder moralischen Fragen und zu Sinn und Zweck gesundheitlicher oder psychosozialer Einrichtungen ausgehen.

Dolmetschen und Übersetzen

Sprachliche Verständigung ist Voraussetzung dafür, dass menschliche Kommunikation gelingen kann. Ohne diese erübrigen sich weitere Diskussionen über kulturelle und institutionelle Missverständnisse. In der Literatur wird die Verbesserung der sprachlichen Verständigung als die dringlichste Notwendigkeit zur Angleichung der Versorgung von Migranten und ethnisch/kulturellen Minderheiten angesehen. Dolmetscher-Service für den direkten sprachlichen Austausch und ein Übersetzungsservice für schriftliche Mitteilungen sind die fachlich geeignetsten Mittel, diese sprachliche Verständigung zu garantieren.

Das Konzept des Dolmetscher-Services des Zentrums orientiert sich an den international üblichen Standards eines "community interpreting", wie sie in zahlreichen Ländern umgesetzt, und wie sie durch das Ethno-Medizinische Zentrum in Hannover (HEISE u.a., 2000) in Deutschland eingeführt wurden.

Es werden dazu definierte Standards gefordert:
- **Zugang und Erreichbarkeit für alle Einrichtungen der Region**
  Zur Verbesserung des Versorgungsstandards einer umschriebenen Region ist es erforderlich, eine größtmögliche Breitenwirkung zu erzielen, die auf Vernetzung, Anregung und Austausch einer möglichst großen Zahl von gesundheitlichen und psychosozialen Einrichtungen abzielt. Dolmetscher-Dienste, die sich an diesem Ziel orientieren, beschränken ihren Service daher nicht auf eine einzelnen Einrichtung, unabhängig von deren Größe. Auch institutionelle Abhängigkeiten können dadurch vermieden werden. Ein Service sollte einfach und kundenorientiert allen Interessierten zur Verfügung stehen.
- **Garantie fachlicher Dolmetscherstandards**
  Um Dolmetschen über das Niveau familiärer Hilfe und freundschaftlicher Unterstützung hinaus auf einen fachlich hohen Standard zu bringen, ist es erforderlich sprachkompetenten Personen ein Methodenrepertoire zu vermitteln, welches inhaltlich, formal und stilistisch Missverständnisse minimiert (SALMAN, 2001). Auch dann, wenn emotional belastende Themen wie Tod, Trauer, Übergriffigkeit oder Sexualität zur Sprache kommen, solle dies gewährleistet sein (ABDALLAH-STEINKOPFF, 1999). Die gute Beherrschung beider Sprachen und die Vertrautheit mit den lokalen Arbeitsabläufen ist dazu erforderlich aber nicht allein ausreichend.

- **Kulturelle Vermittlung**
  Community interpreters haben über das genaue Übersetzen hinaus die Aufgabe, den Professionellen kulturelle Hintergründe der Klienten zu vermitteln und sie zur Reflexion anzuregen, wie die fachlichen Aufgaben, die Vorgehensweisen von Einrichtungen und die kulturellen Sichtweisen aller Beteiligten besser in Einklang gebracht werden können. Dies können nur Dolmetscher leisten, die kulturkompetent kulturelle Aspekte aufmerksam beachten und diese in einer für beide Seiten akzeptablen Weise mitteilen können (SALMAN, 2001). Dazu ist es erforderlich, das Dolmetschen und Interpretieren deutlich von einander zu trennen.

Orientiert an diesen Standards hat das Zentrum einen Dolmetscher-Service für die Stadt München aufgebaut, der von allen gesundheitlichen und psychosozialen Einrichtungen in Anspruch genommen werden kann (HEGEMANN & HEHL, 2000). Es werden für diese Arbeit Personen aus den jeweiligen Kulturräumen rekrutiert, da sie eher als Deutschstämmige sowohl die kulturellen Dimensionen als auch die Migrations- und Minderheitensituation vermitteln können. Um einen geschlechtssensiblen Service garantieren zu können liegt der Frauenanteil bei 70%. Die Dolmetscher werden in mehrwöchigen Kursen geschult. Fachlichkeit interkulturellen Dolmetschens, Strukturen und Entwicklungen des deutschen Gesundheits- und Sozialwesens, soziale und psychische Dimension der Migration, interkulturelle Kommunikation, kulturelle Dimensionen von Gesundheit und Krankheit und der Umgang mit der deutschen Fachsprache und mit Allegorien sind die zentralen Themen dieser Schulungen (LENK-NEUMANN, 2001).

Das Zentrum betreibt einen Vermittlungsservice, der die Anforderungen entgegennimmt, die Anforderer berät, die Dolmetscher auswählt und vermittelt, und die Abrechung organisiert.

Neben der Organisation einen *Face to Face Interpreting* vermittelt der Dolmetscher-Service die Übersetzung fachschriftlicher Informationen, Formblätter und Dokumente durch qualifizierte Übersetzungsagenturen, und stellt die Verbindungen zu überregionalen Telfondolmetscher-Service-Agenturen her.

Fort- und Weiterbildung

Zur interkulturellen Verständigung ist das rein sprachliche Verstehen eine notwendige aber bei Weitem keine ausreichende Voraussetzung. Kulturell unterschiedliche Vorstellungen von Gesundheit und Krankheit, von gesellschaftlichen und familiären Rollen und von Sinn und Zweck gesundheitlicher und psychosozialer Einrichtungen führen nicht nur im Umgang mit Migranten und ethnisch/kulturellen Minderheiten zu Missverständnissen, die die Behandlungsergebnisse verschlechtern und für viele eine strukturelle Zugangsbarriere darstellen. Daher ist es neben der Schaffung guter Rahmenbedingungen und dem Angebot von Sprach- und Übersetzungshilfen erforderlich, die *interkulturelle Kompetenz* aller Mitarbeiter kontinuierlich zu erweitern.

Die Mehrzahl der Mitarbeiter in Krankenhäusern, wie auch in anderen Einrichtungen fühlen sich „fremd" im Umgang mit „Fremden". Zu den häufigsten interkulturellen Missverständnissen in gesundheitlichen und psychosozialen Einrichtungen zählen:
- unterschiedlichen Vorstellungen und Bewältigungsstrategien von Krankheit,
- familiäre und soziale Probleme oder Krisen,
- typische Krisen in Migrationsbiographien,
- die unterschiedliche Akzeptanz von Migranten durch die Mehrheitsbevölkerung,
- unterschiedliche Sichtweisen über Sinn und Zweck spezieller Serviceeinrichtungen und die Aufgaben und Rollen der darin Tätigen.

Es besteht daher ein großer Bedarf nach gezielter Fort- und Weiterbildung. Das *Bayerische Zentrum für Transkulturelle Medizin* bietet dazu Tagungen, Seminar- und Vortragsreihen an, die zur Förderung einer Netzwerkidee bevorzugt in Kooperation mit anderen Anbietern oder als In-House-Veranstaltungen durchgeführt werden. (Hegemann, 2000). Alle interkulturellen Trainings folgen einen Ausrichtung, die der erforderlichen interkulturellen Fachlichkeit eine möglichst große Nachhaltigkeit garantieren sollte.

Vermittlung interkulturellen Wissens

Um im interkulturellen Bereich gut beraten zu können, brauchen Professionelle Wissen, welches in strukturierten Trainingsmodulen erlernt werden kann (HEGEMANN, 2001b):
Hier sollen einige der wesentlichsten vorgestellt werden:

Soziale Rollen sowie Gesundheits- und Krankheitskonzepte

Akteure der Gesundheitsdienste beklagen häufig eigene Unkenntnis und Unsicherheit, sowie Missverständnisse und Konflikte in Zusammenhang mit krankheitsbezogenen Sicht- und Umgangsweisen im Kontakt mit ihren Patienten und Klienten (siehe auch Hörbst und Lenk-Neumann in diesem Buch). Auch aus der abendländischen Tradition kennen wir Zeiten, in denen Krankheit nicht als eine punktuelle Störung an einer bestimmten Stelle des Körpers eines Individuums gesehen wurde, sondern eher als ein Kranksein, welches die gesamte Person und ihr familiäres Umfeld betraf. Fachleuten sollte bekannt sein, das Menschen sich auf einem Kontiuum bewegen können, welches von einem sehr individualistischen Selbstbild bis zu einer kommunalistischen Einbettung reichen kann. Die ethnomedizinische Literatur bietet zahlreiche Beispiele dafür, wie solche kulturelle geprägten Perspektiven Krankheitserfahrungen, Ausdruck und Kommunikation von Schmerz und Leid, sowie die Vorstellungen über adäquate Umgehensweisen beeinflussen (LITTLEWOOD, 2001).

Die in der Praxis entstehenden Probleme lassen sich jedoch nicht allein aus unterschiedlichen Krankheitsverständnissen erklären. Sie erklären sich eben so häufig aus unterschiedlichen Rollenverständnissen. Nicht selten sind klischeebeladene Sichtweisen auf beiden Seiten anzutreffen: Beispielsweise finden sich türkische oder andere Patienten, die Krankenschwestern als „rassistisch" beschreiben. Umgekehrt finden sich durchaus auch Krankenschwestern, die solche oder andere Patienten unangemessen als „chauvinistisch" diskreditieren. Leicht kann es zur Inkompatibilität von Haltungen oder angemessenem sozialem Verhalten kommen.

Es gilt daher nicht nur Krankheitsverständnisse oder diesbezügliche Bewältigungsideen, sondern auch kulturelle Haltungen und adäquates Rollenverhalten zu reflektieren. Eine Auseinandersetzung mit *geschlechtlichen, generativen und professionellen Rollen* ist unvermeidlich. Fast immer haben dabei, für Außenstehende kaum durchschaubare einseitige Erwartungshaltungen anderen gegenüber die schwerwiegendste Bedeutung (Was wird von mir erwartet?).

- *Geschlechterrolle* beschreibt in diesem Kontext, wie Menschen glauben, sich dem anderen Geschlecht gegenüber verhalten zu müssen oder zu dürfen.
- *Generative Rolle* beschreibt, wie Menschen glauben, sich im Umgang mit Jüngern oder Älteren verhalten zu müssen oder zu dürfen und welche Sichtweisen sie über „Familie" haben (Wer gehört dazu?).
- *Professionelle Rolle* umreist Vorstellungen wie sich Vertreter bestimmter Professionen zu verhalten haben, wie diesen zu begegnen ist und welche Aufgaben sie zu erledigen haben (Was ist zu tun?).

Professionelle und berufliche Kulturtraditionen

Eine weitere Voraussetzung zur Entwicklung eines interkulturell kompetenten Denkens und Handelns ist das Reflektieren eigener kultureller professioneller Rollen. Die Art und Weise, wie im eigenen Land die Gesundheitsversorgung und die sozialen Sicherungssysteme oder jede andere Profession betrieben gestaltet und umgesetzt wird, ist ein Aspekt. Ein weiterer ist, dass in unserem Land, wie in allen anderen, das Verständnis im Umgang mit menschlichen Problemen und Leid kulturell geprägt ist. Auch ohne die Herausforderung durch Migranten können innerhalb der einzelner Professionen höchst unterschiedliche Sichtweisen über Sinn und Zweck bestimmter Institutionen und derer Arbeitsweise vorhanden sein.

Daher gilt es zu erarbeiten, dass jeweilige Prämissen im Umgang mit bestimmten Phänomenen ihren Sinn nur in entsprechenden historischen, sozialen oder professionellen Umfeldern finden. In konkreten soziokulturellen Situationen kann eine Haltung oder eine bestimmte Vorgehensweise einfacher zu handhaben sein; es könnte aber genauso gut eine andere möglich sein. Gute interkulturelle Trainings sollten dazu ermutigen, zunächst mit veränderten Gedanken und Sprachstilen zu experimentieren, die dann später veränderte Umgangsweisen ermöglichen. Sicherlich wird es dennoch nicht leicht sein, als Fachkraft mit eigenen kulturell geprägten professionellen Ansicht ausreichend fremde Sichtweisen, wie magische, spirituelle oder fundamentalistische, als gleichberechtigt zu akzeptieren, selbst dann, wenn entsprechende Muster aus der eigenen Kultur bekannt sein sollten.

Psychologie der Migration

Als weiteres Thema sind die spezifischen Aspekte einer Migrationsbiographie von Bedeutung. Für Fachkräfte der Sozial- und Gesundheitsdienste ist ein adäquater professioneller Umgang mit Menschen aus anderen Kulturen besonders dann schwer, wenn nicht klar ist, welchen Grad der kulturellen Adaptation jeweilige Individuen oder Familien erreicht haben. SLUZKI (2001) weist diesbezüglich auf interne, also psychologische Dimensionen und Prozesse der Migration von Individuen und Familien hin. Diese Dimensionen und Prozesse prägen nachhaltig Entwicklungen in Jugend und Alter. Auch wenn diese Prozesse individuell unterschiedlich ausfallen oder erlebt werden können, sind Kenntnisse zu tendenziellen psychologischen und phasenhaften Verläufen orientierend.

Auch der Status einer Minorität wirkt sich nachhaltig auf solche Gruppen aus. Besonders deutlich wird dies an den Sinti und Roma, von denen viele keine Migranten sind und seit Generation in diesem Land leben. Viele Menschen bringen Sichtweisen und Haltungen über unsere Land und seine Bürger mit, die bestätigt, enttäuscht oder verbessert werden können. Persönliche oder kollektive Erfahrung von Diskriminierung und offenem oder institutionellem Rassismus erklären Vorbehalte, die für beide Seiten beziehungsgestaltend sein können. Hierbei gilt es, bei realistischer Einschätzung gesellschaftlicher Wirklichkeiten, Rassismus als ein kulturübergreifendes Phänomen anzuerkennen und damit aufmerksamer umzugehen (FERNANDO, 2001).

Sozialpolitische Kontexte

Die kulturelle Determiniertheit von Verhalten kann nur verstanden werden, wenn man sich mit den vergangenen und aktuellen Lebenswirklichkeiten der Menschen vertaut macht. Auch wenn im Umgang mit Migranten kulturelle Unterschiede vorrangig zu seien scheinen, ist für die Beziehungsgestaltungen in psychosozialen Serviceeinrichtungen die Beachtung der Lebenswirklichkeiten, wie bei allen anderen Klienten auch, von zentraler Bedeutung.

Hier einige orientierende Schwerpunkte zu den angesprochenen Lebenswirklichkeiten:
- Wie sind die Betroffenen in Netzwerke eingebunden?
  (Familie, Freunde, Nachbarschaft, Arbeitskollegen, religiöse Gemeinschaften, Vereine, Parteien etc.)
- Wie sind die aktuellen Lebensbedingungen?
  (Situation: Wohnen, Arbeit, Ausbildung, Sprache, Gesundheitsversorgung etc.)

- Wie ist der Migrationsstatus der Betroffenen und ihren Familien?
  (Situation: rechtlich, psychologisch, gesundheitlich, Identität, Anpassung etc.)

Es gilt die Schärfung der Aufmerksamkeit für die Zusammenhänge zwischen körperlichem, psychischem und sozialem Leid sowie Symptomen und sozialen Umfeldern um die Bereiche Kultur und Migration zu erweitern. Die Sozialmedizin (WALLER, 1997) und die Sozialpsychiatrie (DÖRNER & PLOG, 1996) hat die dazu erforderlichen Kompetenzen umfänglich beschrieben.

Familien-Dynamiken

Als fünfte Dimension um menschliches Verhalten verstehen und in einen weiteren Zusammenhang einordnen zu können, werden Kenntnisse zu den unterschiedlicher Phasen des Lebens- oder Familienzyklus unumgänglich sein. Partnerbeziehung, Geburt, Trennung, Berufsleben, Tod und Verlust sind Lebensereignisse, die in typischen Übergangsphasen die Menschen aller Kulturen auf die eine oder andere Art prägen. In Übergansphasen kann es zu charakteristischen Interessengegensätzen und Konfliktmustern in generativen oder Geschlechterbeziehungen kommen. Je nach kultureller Herkunft oder Bindung kann dies unterschiedliche Ausprägung erfahren, was in der Literatur und Mythologie alle Kulturen dieser Welt anschaulich beschrieben wird. Gesundheitliche und psychiatrische Symptomatiken treten zu Zeiten *erhöhter Vulnerabilitäten* gehäuft auf; Suchterkrankungen und Schizophrenien werden charakteristischerweise während des Übergang von der Adoleszens zum Erwachsenenalter beschrieben, ebenso Delinquenz und Agressivität. Während Depressionen charakteristisch für den Übergang ins Senium sind. Es gilt aber nicht nur diese Muster zu kennen, sondern auch Handlungskompetenzen zu erwerben, um derartiger Krisen gemeinsam mit den Betroffenen und ihren Familien besprechen und Hilfe anbieten zu können (HEGEMANN, ASEN & TOMSON, 2000).

Vermittlung interkultureller Kommunikationsmethoden

Zur interkulturelle Beratungskomptenz ist inhaltliches Wissen wichtig und nützlich. Ausreichendes Wissen über einzelne Kulturen und ihre Vorstellungen zum Handeln in den vielfältigen Situationen im Alltag zu erlernen, ist jedoch ein unrealistisches Ziel. Professionelle benötigen daher auch ein Methodenwissen zu Situationen in denen man mit *Fremdheit* konfrontiert ist. In der Praxis haben sich Trainingskonzepte (HEGEMANN, 2001b) bewährt, die folgende Aspekte berücksichtigen:
- die beraterische Haltung,
- die Auftragsklärung,
- die Kontextorientierung,
- die Ressourcensuche,
- die Bestätigung

Beraterische Haltung

Im Kontakt mit Menschen aus anderen Kulturen hat sich eine Haltung bewährt, wie sie von CECCHIN (1988) als *anteilnehmende oder wohlwollende Neugier* beschrieben wurde. Fremd erscheinende Haltungen sollten die Neugier wecken, heraus zu finden, welche Gründe es aus einer Kultur heraus geben mag, die zu einem speziellen, ungewöhnlich erscheinenden Verhalten führen, worüber man gern mehr erfahren möchte. Damit ist nicht gemeint, dass all diese Verhaltensweisen Zustimmung finden müssen. Berater haben eigene Meinungen zu den verschiedenen Fragen den Lebens wie alle anderen Menschen auch. Die konsequente Beachtung der Relativität von Werten und die Haltung der Neutralität zu unterschiedlichen kulturell bedingten Haltungen ist jedoch eine Grundvoraussetzung, ohne die transkuturelle Kommunikation nicht gelingen kann. Dabei ist durchaus anzuerkennen, dass einem von den Klienten Haltungen vorgestellt werden können, die gegen die eigenen Werte verstoßen können. Professionellen sollte jedoch eine Methodenrepertoire vermittelt werden, wie zu einer anteilnehmenden Haltung zurückgefunden werden kann. Wenn diese gelingt, fühlen sich Menschen, auch wenn sie Erfahrung mit Rassismus und anderen Formen von Diskriminierung gemacht haben oder die aus anderen Gründen Vertrauensvorbehalte haben, dazu eingeladen, sich mehr über Wertsysteme, Traditionen und Emotionen auszutauschen und zu reflektieren.

Auftragsklärung

Wie es guter Praxis entspricht, sollte am Anfang eines guten Services die Klärung der Anliegen und deren Abstimmung mit den eigenen Ressourcen bzw. Möglichkeiten stehen. In transkulturellen Kontakten ist dies von besonderer Wichtigkeit, da *Selbstverständlichkeiten* noch weniger zu erwarten sind als bei Menschen aus vertauten Kulturen. „Wer will was von wem?" ist die zentrale Frage. Dies erleichtert es, mit angepassten Angeboten die unterschiedlichen Bedürfnisse der Klienten und ihrer Angehörigen anzusprechen. Denn sehr häufig stimmen die Beschreibungen der Mitarbeiter oder Träger über ihre Einrichtung nicht mit denen der Klienten überein. Eine sorgfältige Klärung erhöht daher die Chance, dass Optionen erweitert werden können. Unerlässlich für eine erfolgreiche transkulturelle Kommunikation ist eine transparente Darstellung der Sinnzusammenhänge der Routinen, eine Verlässlichkeit der Zusagen (selbst dann, wenn sie enttäuschend sein mögen) und das Bemühen, im Rahmen der institutionellen Möglichkeiten kulturellen Bedürfnissen bestmöglich entgegen zu kommen.

Kontextorientierung

In der ethno- und sozialmedizinischen Literatur ist immer wieder auf die Dynamik von Macht- und Einflussunterschieden zwischen Professionellen und Patienten, zwischen unterschiedlichen Berufsgruppen (Ärzte, Pflegende, Sozialarbeiter, etc.) und zwischen psychiatrischen Institutionen (z.B. Unikliniken, Landeskrankenhäuser, komplementäre Dienste) hingewiesen worden. Diese Dynamiken nehmen beträchtlichen Einfluss auf die Kommunikation zwischen den Beteiligten. Kontextfragen betreffen aber nicht nur die institutionellen Gegebenheiten gesundheitlicher und psychosozialer Einrichtungen sondern auch die aktuellen und vergangenen Lebensbedingungen der Klienten, die bestimmend für die vorgetragene Problemlage und Aufträge sind. Professionelle benötigen daher ein Fragenrepertoire, wie sie sich zu den Lebensbedingungen der Klienten kundig machen können und ein Wissen über die organisatorischen Rahmenbedingungen ihrer Institution und über die Netzwerke ihrer Region erlangen.

Ressourcensuche

Es ist hilfreich, sich immer wieder zu vergegenwärtigen, dass das zentrale Thema in beraterischen und therapeutischen Kontexten Leid und Misserfolg ist. Sich selbst erzählte Geschichten, die sich jahrelang, häufig sogar über mehrere Generationen hinweg als hilfreich und unterstützend erwiesen haben, können in einer sich verändernden Umwelt nicht mehr passend sein (SLUZKI, 2001). Kaum jemand erlebt dies so direkt wie Migranten in ihren Familien. Verschieden Generationen und Geschlechter beteiligen sich dann an unterschiedlichen Diskursen, die vielfach neue Entwicklungen einleiten können, in ungünstigen Fällen aber nicht mehr kompatibel sind. Psychische Krankheiten können da eine Möglichkeit des Auswegs sein, andere sind Delinquenz, Sucht, Suizidalität oder andere Formen des Abbruchs von Beziehungen.

Im Umgang mit Menschen, die an einen derartigen Punkt der Niederlage angekommen sind, und die sich selbst und anderen überwiegend Geschichten von Ausweglosigkeit erzählen, haben sich lösungsorientierte Vorgehensweisen bewährt (SHAZER, 1992, FURMAN & AHOLA, 1996). Gerade im Umgang mit Menschen, die andere kulturelle Vorstellungen über das gelingen des Lebens haben, hat sich ein konsequent lösungsorientiertes Vorgehen, bei dem die Klienten definieren, was für sie in der aktuellen Situation passend ist, als hilfreich erwiesen.

Die Mehrzahl der Migranten sind dichter in Familienbezüge eingebunden. Selbst dann, wenn diese sich weit entfernt befinden, sind sie für die Identität der Betroffenen und für die Ressourcenmobilisierung von großer Bedeutung. Grundkenntnisse, wie Familiengespräche zu führen haben sich daher bei dieser Arbeit bewährt (HEGEMANN, ASEN & TOMSEN., 2000).

Bestätigung

Auch dann, wenn erste Schritte gemacht sind, gilt es Patienten zu ermutigen, mit den neuen Erfahrungen in den für sie nicht immer leichten Migrationskontexten zu experimentieren und schrittweise eine größere Sicherheit zu erwerben. Meistens gelingt das nicht, ohne sich auch als Person zu zeigen. Viele Menschen aus unterschiedlichen Kulturen machen keine so deutliche Unterscheidung zwischen professionellen und privaten Beziehungen, wie das in westlichen Kulturen mittlerweile üblich ist. Es bedarf daher eines Fingerspitzengefühls, einen ganz persönlich Stil zwischen freundlicher Zuwendung und angemessener Abgrenzung zu finden. Auch dies lernt man am besten in interkulturellen Teams. Von Zeit zu Zeit gilt es, Bilanz zu ziehen, welche Entwicklungen erreicht werden konnten, welche weiteren Herausforderungen warten und als unabänderlich erlebten Dimensionen des Lebens man vorläufig annehmen muss. Denn Kontexte ändern sich und neue Entwicklungen bieten sich immer.

Aufbau transkultureller Arbeitsbedingungen

Untersuchungen im In- und Ausland haben gezeigt, dass die Verbesserung des Standards der gesundheitlichen und psychosozialen Versorgung im wesentlichen ein strukturelles und damit nur bedingt ein fachliches Problem ist (LITTLEWOOD & LIPSEDGE, 1997, COLLATZ, 1998). Veränderungen werden daher in erster Linie über die Gestaltung günstiger Rahmenbedingungen zu erreichen sein. Hierbei stehen Gestaltungs-, Leitungs- und Managementaufgaben im Vordergrund.
- kulturorientierte Personalentwicklung
- Förderung epidemiologische Forschung und Bestandserhebung,
- Bereitstellung von Dolmetscher- und Übersetzungsdiensten,
- Einführung von Standard-Curricula für die relevanten Berufsgruppen,
- Antidiskriminierungsgesetzgebung.

Letztes war wesentliche Voraussetzung dafür, dass in Ländern wie Großbritannien, Frankreich, den Niederlanden und den USA positivere Entwicklungen in der gesundheitlichen und psychosozialen Versorgung von Minderheiten beobachtet werden können.

Die letzten Monate nach dem 11.9.2001 haben aber noch einmal deutlich gemacht, dass bei der derzeitigen weltpolitischen Lage und bei der aktuellen sozial- und sicherheitspolitischen Diskussion unser Staat – sei es auf Bundes-, Landes- oder Kommunalebene – sich zu einer derartigen Eindeutigkeit nicht durchringen möchte. Es wird also um so mehr den einzelnen Einrichtungen und Verbänden überlassen bleiben, Qualitätskriterien für eine interkulturelle Fachlichkeit zu definieren, welchen Grundlage für interkulturelle Fort- und Weiterbildungen sein sollen.

Zusammenfassung

Die Fähigkeit, über kulturelle Grenzen hinweg kommunizieren zu können, erfordert Aufmerksamkeit für die sozialen Dimensionen des Lebens und psychischen Leidens.

Migranten und Menschen in einer ethnisch/kulturellen Minderheitensituation leben in Kontexten, die zusätzliche Anforderungen stellen – aber auch Chancen bieten. Über Fachkompetenz der eigenen Branche hinaus erfordert der effektive Umgang mit dieser wachsenden Klientel eine interkulturelle Kompetenz.

Alle Projekte des Bayerischen Zentrums für Transkulturelle Medizin dienen dem Ziel diese interkulturelle Kompetenz mittelbar oder unmittelbar zu fördern. Es gilt, dazu beizutragen, dass Kultursensibilität zu einem Qualitätskriterium jeder Gesundheits- und Sozialarbeit wird, welches Überprüfungen gerecht werden und entsprechend der gesellschaftlichen Veränderungen weiterentwickelt werden muss.

Für die Versorgungsgebiete der seelischen Gesundheit gilt dies in ganz besonderer Weise. Psychiatrie, Jugend- und Altenhilfe, Erziehungs- und Suchtberatung sind Bereiche in denen kommunikative Prozesse zentraler Kern des Aufgabengebietes sind.

Unter dieser Kompetenz verstehen wir die Fähigkeit, mit Menschen eines fremden kulturellen Hintergrundes kommunizieren zu können. Diese Fähigkeit hat mehrere Dimensionen:

- sich über den kulturellen Hintergrund anderer kundig machen zu können,
- sich über den kulturellen Hintergrund des eigenen Handels klarer zu werden,
- sich der Relativität von Werten im Klaren zu sein,
- keinen Stereotypen zu erliegen,
- sich verbal und nonverbal für beide Kulturen akzeptabel ausdrücken zu können,
- mit Menschen unterschiedlicher Kulturen gemeinsame Realitäten und Lösungen finden zu können,
- mit Dolmetschern arbeiten zu können.

Gesamtliteraturverzeichnis

ABDALLAH-STEINKOPFF B. (1999) Psychotherapie bei Posttraumatischer Belastungsstörung unter Mitwirkung von Dolmetschern. Verhaltenstherapie Nr. 9: 211-220

ABDALLAH-STEINKOPFF B. (2001) Arbeit mit traumatisierten Migranten und Migrantinnen. In: HEGEMANN T. & SALMAN R. (Hrsg.) Transkulturelle Psychiatrie – Konzepte für die Arbeit mit Menschen aus anderen Kulturen. Psychiatrie Verlag: Bonn

ABELIN T. & ACKERMANN U. (1998) Die Rolle der kommunalen Gesundheitsdienste im Umgang mit sozialer Ungleichheit und Gesundheit in der Schweiz. Gesundheitswesen 60, 622 - 625

AKGÜN L. (1991) Strukturelle Familientherapie mit türkischen Familien. Familiendynamik, Bd. 1: Stuttgart

AMERICAN PSYCHIATRIC ASSOCIATION (1994) Diagnostic and Statistical Manual of Mental Disorders, 4th ed.: Washington, D.C.

ATABAY I. (1998) Zwischen Tradition und Assimilation. Lambertus: Freiburg i. B.

AUER P. & HIERONYMUS, A. (Hrsg.) (1997) Das versteckte Prestige des Türkischen. In: Kreisjugendring München-Stadt, S. 77ff

BARAN K. & KALANKAR R. (1993) Kulturorientierung in der psychosozialen Beratung. In: NESTMANN F. & NIEPEL T. (Hrsg.) Beratung von Migranten. Neue Wege in der psychosozialen Versorgung. VWB: Berlin

BATESON G. (1999) Ökologie des Geistes. Suhrkamp: Frankfurt a.M.

BAUHOFER J. (1999) Sozialplanung, Sozialreferat München (unveröffentlichte Mitteilung)

BAY T., STEIN B. & WIRSCHING M. (1993) Möglichkeiten zur Verbesserung der psychosomatischen Grundversorgung von Migranten in Hausarztpraxen. In: NESTMANN F. & NIEPEL T. (Hrsg.) Beratung von Migranten. Neue Wege in der psychosozialen Versorgung. VWB: Berlin

BEAUCHAMP, T.L. & CHILDRESS F.J. (1989) Principles of Biomedical Ethics. Oxford University Press: New York

BEAUFTRAGTE DER BUNDESREGIERUNG FÜR AUSLÄNDERFRAGEN (1999) Daten und Fakten zur Ausländersituation. Berlin

BEAUFTRAGTE DER BUNDESREGIERUNG FÜR DIE BELANGE DER AUSLÄNDER (1994) Empfehlungen zu interkulturellen Öffnung sozialer Dienste. Mitteilungen der Beauftragten der Bundesregierung für die Belange der Ausländer. Nr. 5, Dezember 1994: Bonn

BECK U. (1986) Risikogesellschaft. Suhrkamp: Frankfurt a. M.

BECKETT S. (1995) Gesammelte Werke. Suhrkamp: Frankfurt a.M.

BEECHER-STOWE H. (1996) Onkel Toms Hütte. Ravensburger Verlag: Ravensburg

BERGER P. & LUCKMANN T.(1969) Die gesellschaftliche Konstruktion der Wirklichkeit. Eine Theorie der Wissenssoziologie. Frankfurt a.M.

BION W. R. (1963) Elements of Psychoanalysis. London

BISCHOFF A. & LOUTAN L. (2000) Mit anderen Worten – Dolmetschen in Behandlung, Beratung und Pflege. Bundesamt für Gesundheit und Hôpitaux Universitaires de Genève: Bern & Genf

BOEHRINGER-ABDALLA, G. (1987) Frauenkultur im Sudan. Athenäum: Frankfurt/Main

BOHANNAN L. (1966) Shakespeare in the Bush, Natural History 75.7 /28-33

BOSSE H. (1994) Der fremde Mann; Jugend, Männlichkeit, Macht, eine Ethnoanalyse. Frankfurt a.M.

BOSZORMENYI-NAGY I. & SPARK G. M. (1995) Unsichtbare Bindungen – Die Dynamik familiärer Systeme. Stuttgart

BRAND H. & SCHMACKE N. (1998) Der öffentliche Gesundheitsdienst. In: SCHWARTZ F.W. u.a.: Das Public Health Buch. Urban & Schwarzenberg: München

BREIDENBACH J. & ZUKRIGL I. (1998) Tanz der Kulturen. Kulturelle Identitäten in einer globalisierten Welt. Antje-Kunstmann-Verlag: München

BUCK P. S. (1991) Die Liebenden. Fischer: Frankfurt

BUCK P. S. (2001) Die Frau des Missionars. Piper: München

BUTLER O. E. (1999) Die Genhändler. Heyne: München

CECCHIN, G. (1988): Zum gegenwärtigen Stand von Hypothetisieren, Zirkularität und Neutralität – Eine Einladung zur Neugier. Familiendynamik 13, S. 190-203

CHAMBERS I. (1996) Migration, Kultur und Identität. Tübingen

COHN-BENDIT D. & SCHMID T. (1993) Heimat Babylon. Hoffmann & Campe: Hamburg

COLLATZ J. (1989) Gesundheit und Alter in der Fremde. Möglichkeiten eines ethnomedizinischen Zentrums. In: DIE AUSLÄNDERBEAUFTRAGTE DES LANDES NIEDERSACHSEN (Hrsg.): Alt werden in der Fremde. Niedersächsisches Sozialministerium: Hannover

COLLATZ J. (1994) Gesundheitskult und Krankheitswirklichkeit – zur Realität von Krankheit und Krankheitsversorgung von Migranten in Deutschland. Jahrbuch für kritische Medizin, Bd. 23, 101-132

COLLATZ J. (1998) Transkulturelle Herausforderung und Ansätze zu strukturellen Lösungen psychotherapeutischer Versorgung in einer globalen Weltkultur. In: HEISE, T. (Hrsg.) Transkulturelle Psychotherapie, 19-36. Berlin: VWB.

CRANACH M. V. & FRESSER-KUBY R. (2001) Ethnopsychiatrie im stationären Klinikalltag. In: HEGEMANN T. & SALMAN R. (Hrsg.) Transkulturelle Psychiatrie. Konzepte für die Arbeit mit Menschen aus anderen Kulturen. Psychiatrie Verlag: Bonn

CROPLEY A. & LÜTHKE F. (1993) Strategien für die psychologische Beratung von Zuwanderern. In: CROPLEY A. & LÜTHKE F. (Hrsg.) Probleme der Zuwanderung, Band II. Göttingen

CUMART N. (1996) Zwei Welten: Düsseldorf

CZOCK H. (1993) Der Fall Ausländerpädagogik. Cooperative-Verlag: Frankfurt a. Main

CZYCHOLL D. (1999) Migration, Suchtrisiken und Versorgungsdefizite am Beispiel von Aussiedlern in Deutschland. In SALMAN R., TUNA S. & LESSING A. (Hrsg.) Handbuch interkulturelle Suchthilfe. Modelle, Konzepte und Ansätze der Prävention, Beratung und Therapie. Edition psychosozial, Psychosozial Verlag, Giessen

DANQUARDT (1992) Schwarzfahrer; schwarz-weiß, 12 min., Trans Film GmbH, kostenlos auszuleihen über den Landesfilmdienst Bayern

DE SHAZER S. (1992): Der Dreh – Überraschende Wendungen und Lösungen in der Kurzzeittherapie. Auer: Heidelberg

DEUTSCHER BUNDESTAG (1998) Zweiter Zwischenbericht der Enquete-Kommission „Demographischer Wandel", Herausforderungen unserer älter werdenden Gesellschaft an den Einzelnen und die Politik. Bonn

DÖRNER & PLOG (1996) Irren ist menschlich. Psychiatrie Verlag: Bonn

DÜRMEIER W. (1999) Auswirkungen des neuen Kindschaftsrechtes – Erste Erfahrungen in der Beratung von Frauenhausbewohnerinnen. Frauenhilfe, Jahresheft: München

EBERDING A. (1994) Kommunikationsbarrieren bei der Erziehungsberatung von Migrantenfamilien aus der Türkei. Ergebnisse einer qualitativen Untersuchung. Verlag für Interkulturelle Kommunikation: Frankfurt a.M.

ELKELES T. & SEIFERT W. (1993) Migration und Gesundheit: Arbeitslosigkeits- und Gesundheitsrisiken ausländischer Arbeitsmigranten in der Bundesrepublik Deutschland. Soz. Fortschr. Nr. 10, 235 - 241

ERDHEIM M. (1988) Die Psychoanalyse und das Unbewußte in der Kultur. Suhrkamp: Frankfurt a.M.

ERDRICH L. (1992) Spuren. Rowohlt: Reinbek

ERDRICH L. (2000) Geschichten von brennender Liebe: Rowohlt: Reinbek

EVANS-PRITCHARD, E. (1988) Hexerei, Orakel und Magie bei den Zande. Frankfurt a.M.

FABREGA, H. (1992) The role of culture in a theory of psychiatric illness. In: Social Science & Medicine, 35, No.1.

FERNANDO S. (2001) Rassismus als institutioneller Prozess. In: HEGEMANN T. & SALMAN R. (Hrsg.) Transkulturelle Psychiatrie – Konzepte für die Arbeit mit Menschen aus anderen Kulturen. Psychiatrie Verlag: Bonn

FILTZINGER O. (1995) Gesellschaftliche Entwicklungstendenz und interkulturelle Öffnung. In: BARWIG K. & HINZ-ROMMEL W. (Hrsg.) Interkulturelle Öffnung sozialer Dienste. Lambertus: Freiburg

FIRAT I. (1990) Die Psychosoziale Situation der türkischen Arbeitsmigranten und ihrer Familien. In: Forum Gesundheitswissenschaften, Nr.1, S.11-67: Bielefeld

FLUBACHER P. (1994) Die Zusammenarbeit mit einer Übersetzerin bei der Betreuung ausländischer Patienten in der Praxis: Erfahrungen und Überlegungen eines Hausarztes. Psychosomatische Medizin, Heft 3, Band 23, 22-24

FLUBACHER P. (1997) Ausländische Patienten in der Hausarztpraxis: unlösbare Probleme für Arzt und Patient? Praxis, 86, 811-816

FLUBACHER P. (1999) Praktische Empfehlungen zur Überwindung „transkultureller" Verständigungsprobleme aus der Sicht eines Hausarztes. In: Ars Medici, Nr. 5&7.

FRANK A. (1992) Tagebuch. Fischer: Frankfurt a.M.

FRAUENHAUSKOORDINIERUNGSSTELLE (1999) Pressemitteilung. FHKS, Paritätischer Gesamtverband e.V.: Heinrich Hoffmann Str. 3, 60528 Frankfurt a. M.

FRAUENHILFE (2000) Jahresheft: München

FREIE UND HANSESTADT HAMBURG (1998) Älter werden in der Fremde – Wohn- und Lebenssituation älterer ausländischer Hamburgerinnen und Hamburger, Sozial-empirische Studie der Behörde für Arbeit, Gesundheit und Soziales: Hamburg

FRESSER-KUBY R. & KAZIN V. (2000) Deutschunterricht, Einzelberatung und Gesprächsgruppe für Ausländer: Ein ethnopsychiatrisches-psychotherapeutisches Projekt im BKH Kaufbeuren. In: HEISE T. (Hrsg.) Transkulturelle Beratung, Psychotherapie und Psychiatrie in Deutschland. VWB: Berlin

FRESSER-KUBY R. & CRANACH M.V. (1999) Ethnopsychiatrie im Alltag eines psychiatrischen Krankenhauses, Psycho, 25, 96-108

FÜLLGRAF G. (1995) Vortrag auf dem ersten Public Health – Kongress der fünf deutschen Forschungsverbünde

FURMAN B. & AHOLA T. (1996): Die Kunst, einem Nackten in die Tasche zu greifen. Borgmann Publishing: Dortmund

GÄTSCHENBERGER G. (1993a) Transkulturelle Pflege, Bestandteil der Krankenpflegeausbildung? In: Krankenpflege, 5, S. 309-312

GÄTSCHENBERGER G. (1993b) Pflege von Patienten aus verschiedenen Kulturen. In: Deutsche Krankenpflege-Zeitschrift, 8, S. 569-572

GAITANIDES S. (1995) Interkulturelle Öffnung der sozialen Dienste. In: BARWIG K. & HINZ-ROMMEL W. (Hrsg.) Interkulturelle Öffnung sozialer Dienste. Lambertus: Freiburg

GEERTZ C. (1987) Dichte Beschreibung. Beiträge zum Verstehen kultureller Systeme. Frankfurt a.M.

GEERTZ C. (1991) Die künstlichen Wilden. Der Anthropologe als Schriftsteller. München

GEIGER E. (1999) Paradigmenwechsel in der interkulturellen Jugendarbeit. Kinder und Jugendliche nicht-deutscher Abkunft in offenen Einrichtungen. In: Deutsche Jugend. Zeitschrift für die Jugendarbeit Bd. 3, Juventa-Verlag

GEIGER I. (1997) Macht Fremd-sein krank? Migration und Gesundheit. Eine Projektgruppe stellt sich vor. Curare 20, 1, S. 75 – 78

Gesundheitsfördernde Gesamtpolitik – Die Adelaide-Empfehlungen – Eine Veröffentlichung der WHO (1977) Projektbüro der Landeshauptstadt München

GESUNDHEITSBERICHTERSTATTUNG DES BUNDES (1998) Gesundheitsbericht für Deutschland, Statistischen Bundesamt: Wiesbaden

GIESEN D. (1993) Wie werden Patienten anderer Kulturen gepflegt? In: Krankenpflege Soins Infirmiers, 12, S. 20-22

GOOD B. (1994) Medicine, rationality and experience. An anthropological perspective. Havard

GRAWE K., DONATI R. & BERNAUER F. (1994) Psychotherapie im Wandel. Von der Konfession zur Profession. Hogrefe: Göttingen

GRINBERG L. & GRINBERG R. (1990) Psychoanalyse der Migration und des Exils. München

GRINBERG L. & GRINBERG R. (1993) Identidad y cambio, Buenos Aires.

GROTERATH G. (1994) An der Sprache liegt es nicht – interkulturelle Erfahrungen in der Therapie. Matthias Grünewald-Verlag: Mainz

GÜNAY E. & HAAG A. (1993) Gesundheitsprobleme türkischer Frauen aus psychosomatischer Sicht. In: Hamburger Ärzteblatt, Nr. 47, Nr.4, S.115-119

HABERMANN M. (1997) Vom Umgang mit der Fremde – Der Beitrag der Ethnologie zur Pflege. In: UZAREWICZ C. & PIECHOTTA G. (Hrsg.) Transkulturelle Pflege. Berlin, S. 53-63

HABERMAS J. (1981) Theorie des kommunikativen Handelns. Zur Kritik der funktionalistischen Vernunft Bd. 2. Suhrkamp: Frankfurt a.M.

HAHN R. (1985) Culture-bound syndromes unbound. In: Social Science & Medicine, 21.

HARTFIEL G. (1976) Wörterbuch der Soziologie. Kröner: Stuttgart

HAUSER-SCHÄUBLIN B. (Hrsg.) (1991) Ethnologische Frauenforschung. Reimer: Berlin

HEGEMANN T. (1999) Fremde Welten – Menschen aus anderen Kulturen in Therapie, Beratung und Pflege. Tutzinger Blätter Bd. 3/99

HEGEMANN T. (2000) Das Bayerische Zentrum für Transkulturelle Medizin e.V. in München. In: HEISE T. (Hrsg.) Transkulturelle Beratung, Psychotherapie und Psychiatrie in Deutschland. VWB: Berlin

HEGEMANN T. (2001a) Transkulturelle Kommunikation und Beratung. Die Kompetenz, über kulturelle Grenzen hinweg zu kommunizieren. In: HEGEMANN T. & SALMAN R. (Hrsg.) Transkulturelle Psychiatrie – Konzepte für die Arbeit mit Menschen aus anderen Kulturen. Psychiatrie Verlag: Bonn

HEGEMANN T. (2001b) Interkulturelles Lernen. Ein multidimensionaler Ansatz zur Erwerb interkultureller Kompetenzen. In: HEGEMANN T. & SALMAN R. (Hrsg.) Transkulturelle Psychiatrie – Konzepte für die Arbeit mit Menschen aus anderen Kulturen. Psychiatrie Verlag: Bonn

HEGEMANN T., ASEN E. & TOMSON P. (2000) Familienmedizin für die Praxis – ein Handbuch für Hausärzte. Schattauer Verlag: Stuttgart

HEGEMANN T. & HEHL K. (2000) Qualität beim Dolmetschen im stationären/ambulanten Bereich. In: Landeshauptstadt München, Gesundheitsbeirat: Stadtgesundheit und Migration II. München

HELLER, G. (1977) Die kulturspezifische Organisation körperlicher Störungen bei den Tamang Cautara/Nepal. In: RUDNITZKI G. et al. (Hrsg.) Ethnomedizin. Beiträge zu einem Dialog zwischen Heilkunst und Völkerkunde: Barmstedt, S. 37-52

HELLINGER B. (1994) Ordnung der Liebe. Heidelberg

HENNING L. (1999) Armut: Keine Neue Entdeckung; Deutsches Ärzteblatt Nr.96, Heft 17 vom 30.04.99

HIELEN M. (1995) Altenhilfe für Einwanderer. Deutsches Rotes Kreuz: Duisburg

HÖRBST V. (1996) Kulturgebundene Syndrome in der Ethnomedizin: Susto, Latah und Prämenstruelles Syndrom. Unveröffentlichte Magisterarbeit. München

HÖRBST V. (1997) Kulturgebundene Syndrome – ein überholtes Modell der Medizinethnologie? In: Curare, 20, S. 29-41

HÖRBST V. (2001) Gesundheit und Krankheit im Spannungsfeld der Kulturen. In: Fill – Forum für Interkulturelles Leben und Lernen e.V., Augsburger Forum für Theorie und Praxis der Integration. Fachtag Migration & Gesundheit. Dokumentation, S. 12-25.

HUNTINGTON S. P. (1997) Kampf der Kulturen. München, Wien

HÜSNÜ DAGLARCA F. (1999) Steintaube. Unionsverlag: Zürich

ILLHARDT F.J. (1994) „Lebenswelt" und „Biomedizin" – Wie kann man Medizin verstehen? In: ILLHARDT F.J. & EFFELSBERG W. (Hrsg.) Medizin in multikultureller Herausforderung. Gustav Fischer: Stuttgart, Jena, New York

ILLHARDT F.J. (1998) Einverständnis und Kultur. Anmerkungen zu einem neuen Problem der Medizin. Ethik in der Medizin Nr. 10, 26-39

JACKOB, W. (1996) Medizinsoziologie. Münchener Medizinische Wochenschriften 111: München

JOHN B. & CAEMMERER H. (1996) Zur interkulturellen Öffnung der Sozialen Dienste. In: Zeitschrift für Migration und soziale Arbeit. 3-4. Verlag des Instituts für Sozialarbeit und Sozialpädagogik: Frankfurt am Main

JORDAN B. (1993) Birth in Four Cultures. A Cross-cultureal Investigation of Childbirth in Yucatan, Holland, Sweden, and the United States. Prospect Heights

KALPAKA A. (1998) Kompetentes (sozial-)pädagogisches Handeln in der Einwanderungsgesellschaft – Anforderungen an Aus- und Fortbildung. In: DPWV Interkulturelle Kompetenz als Anforderungsprofil für pädagogische und soziale Arbeit, Paritätisches Bildungswerk: Frankfurt a.M.

KARP I. (1985) Deconstructing culture-bound syndromes. In: Social Science & Medicine, 21, S. 221-228.

KARRER C., TURTSCHI R. & LE BRETON BAUMGARTNER M. (1996) Entschieden im Abseits – Frauen in der Migration, Limmatt Verlag: Zürich

KENTENICH H., REEG P. & WEHKAMP K.H. (1984) Zwischen zwei Kulturen – Was macht Ausländer krank? Berlin

KEUPP H. (1991) Auf der Suche nach der verlorenen Identität. Frankfurt a.M.

KEUPP H. et al. (1999) Identitätskonstruktionen. Das Patchwork der Identitäten in der Spätmoderne. Hamburg

KIEV A. (1972) Transcultural Psychiatry. New York

KIRMAYER L. (1995) Versions of Intercultural Therapy. In: Transcultural Psychiatric Review. No. 32, S. 166-177.

KLEINMAN A. (1980) Patients and Healers in the Context of Cultures. Berkley

KLEINMAN A. (1987 a) Anthropology and Psychatry. The Role of Culture in Cross-Cultural Research of Illness. In: British Journal of Psychiatry, 151, S. 447-454

KLEINMAN A. (1987 b) Culture and Clinical Reality: Commentary on Culture-bound Syndromes and International Disease Classification. In: Culture, Medicine & Psychiatry, 11, S. 49-52

KLEINMAN A., EISENBERG L. & GOOD B. (1978) Culture, Illness and Care – Clinical Lessons from Anthropologic and Cross-Cultural Research. Annals of Internal Medicine, 88, 251-258

KOEN-EMGE et al. (1986) Der Ungang mit Krankheit in türkischen und deutschen Arbeitnehmerfamilien. In: Informationsdienst zur Ausländerarbeit

KORAY S. (2000) Interkulturelle Kompetenz – Annäherung an einen Begriff. In: Beauftragte der Bundesregierung für Ausländerfragen: Handbuch zum interkulturellen Arbeiten im Gesundheitsamt. Bonner Universitäts-Buchdruckerei: Berlin, Bonn

KRAEPELIN E. (1904) Vergleichende Psychiatrie. Centralblatt der Nervenheilkunde und Psychiatrie Nr. 27, 433-437

KRAHL W. (1997) Rehabilitation chronisch schizophrener Patienten in Malaysia. In: HOFFMANN K. & MACHLEIDT W. (Hrsg.) Psychiatrie im Kulturvergleich. VWB: Berlin

KRAUSE I. B. (2001) Anthropologische Modelle für die multikulturelle psychiatrischen Arbeit. In: HEGEMANN T. & SALMAN R. (Hrsg.) Transkulturelle Psychiatrie – Konzepte für die Arbeit mit Menschen aus anderen Kulturen. Psychiatrie Verlag: Bonn

KREISJUGENDRING MÜNCHEN-STADT (Hrsg.) (1997) Multikulturalität in den Metropolen. München

KROEBER A. & KLUCKHORN C. (1952) Culture – A Critical Review of Concepts and Definitions, New York

KRUMMACHER M. & WALTZ V. (1996) Migranten in unseren Städten. In: Zeitschrift für Migration und soziale Arbeit.3-4. Verlag des Instituts für Sozialarbeit und Sozialpädagogik: Frankfurt a.M.

KRUSE K. (1999) Supervision in interkulturellen Kontexten: Supervision, Heft 35

LECHNER I. & MIELCK A. (1998) Die Verkleinerung des "Healthy-Migrant-Effects". Entwicklung der Morbidität von ausländischen und deutschen Befragten im sozioökonomischen Panel 1984 - 1992. Gesundheitswesen, Nr. 60, 715 - 720

LEININGER M. (1984) Care: The Essence of Nursing and Health. New York

LEININGER M. (1991) Culture Care Diversity and Universality: A Therory for Nursing. New York

LEININGER M. (1997) Transcultural Nursing. New York

LENK-NEUMANN B. (2001): Das Bayerische Zentrum für Transkulturelle Medizin e.V. in München. In: Fachtagung „Mir geht's doch gut – Jugend und Salutogenese". Stadtjugendamt: München

LEYER E. M. (1991) Das Sprachproblem und die Patient-Übersetzer-Therapeut-Triade. In: Migration, Kulturkonflikt und Krankheit. Westdeutscher Verlag: Opladen

LITTLEWOOD R. (2001) Von Kategorien zu Kontexten – Plädoyer für eine Kulturumfassende Psychiatrie In: HEGEMANN T. & SALMAN R. (Hrsg.) Transkulturelle Psychiatrie – Konzepte für die Arbeit mit Menschen aus anderen Kulturen. Psychiatrie Verlag: Bonn

LITTLEWOOD R. & LIPSEDGE M. (1997) Aliens and alienists: ethnic minorities and psychiatry. Routledge: London

LOCK M. & SHEPER-HUGHES N. (1987) A Critical-Interpretive Approach in Medical Anthropology: Rituals and Routines of Discipline and Dissent. In: JOHNSON & SARGENT (Ed.): Medical Anthropology. A Handbook of Theory and Practice. New York, 47-72

LORENZ W. (1998) Sozialarbeit mit Migranten in Großbritannien. In: Zeitschrift für Migration und Sozialarbeit 1. Verlag des Instituts für Sozialarbeit und Sozialpädagogik: Frankfurt a.M.

LORENZER A. (2000) Sprachzerstörung und Rekonstruktion. Suhrkamp: Frankfurt

LÖSCH H. u.a. (1998) Multikulturelle Lebenswelten. In: DJI-Bulletin, Heft 45, Oktober 1998

MAČEK M. (1985) Gli interventi nel settore della tossicodipendenza in Germania, in: Labos, Comunicatione e droga 2. Roma

MAČEK M. (1993) Sucht kennt keine Ausländer. Landschaftsverband Westfalle-Lippe

MACH Z. (1993) Symbols, Conflict and Identity. Essays in Political Anthropology. New York

MACHLEIDT W. (1997) Kulturabhängige Syndrome: Schmetterlinge der Transkulturellen Psychiatrie. In: T & E Neurologie und Psychiatrie. Jg. 11, Heft 12

MATTAREI N. (2000) Soziales Engagement in der Wirtschaft – Neue Formen von Ehrenamt in der Ausländerarbeit. In: SERIO A. (Hrsg.) Der unsichtbare Mitbürger. Lambertus: Freiburg.

MECHERIL P. (1997) Kulturkonflikt oder Multistabilität? Zugehörigkeitsphänomene im Kontext von Bikulturalität. In: Kreisjugendring München-Stadt (Hrsg.)

MERLAU-PONTY M. (1966) Die Phänomenologie der Wahrnehmung. Berlin

MICHAELS A. (Hrsg.) (1997) Klassiker der Religionswissenschaft. München

MITCHELL M. (2000) Vom Winde verweht. Ullstein: Berlin

MORRISON T. (1998) Menschenkind. Rowohlt: Reinbek

MOSS I. v. (1991) Kulturelle Identität und räumliche Ordnungen: Freiräume von Frauen in islamischen Gesellschaften. In: BERG E., LAUTH J. & WIMMER A.: Ethnologie im Widerstreit. Kontroversen über Macht, Geschäft, Geschlecht in fremden Kulturen Trickster: München

MÜLLER A.I. & SCHELLER I. (1993) Das Eigene und das Fremde. Flüchtlinge, Asylbewerber, Menschen aus anderen Kulturen und wir. Szenisches Spiel als Lernform. Bibliothek- und Informationssystem der Carl von Ossietzky Universität Oldenburg, Bis Verlag: Oldenburg

MÜNCHENER BÜNDNIS „Aktiv gegen Männergewalt" Rundbrief 1/2000; c/o KOFRA e.V., Baaderstr. 30, 80469 München

MÜNZ R., SEIFERT W. & ULRICH R. (1997) Zuwanderung nach Deutschland. Strukturen, Wirkungen, Perspektiven. Frankfurt, New York

MUTAWALY AL S. (1996) Menschen islamischen Glaubens individuell pflegen. Hagen.

NAUCK B. (1993) Dreifach diskriminiert? Ausländerinnen in Westdeutschland. In: HELWIG G. & NICKEL H.M. (Hrsg.) Frauen in Deutschland 1945–1992. Bundeszentrale für politische Bildung. Schriftreihe Band 138, Studien zur Geschichte und Politik: Bonn

NESTMANN F. & NIEPEL T. (1993) Beratung von Migranten Neue Wege der psychosozialen Versorgung. VWB: Berlin

NIEKE W. (1993) Wie ist interkulturelle Erziehung möglich? In: KALB, PETRY & SITTE (Hrsg.) Leben und Lernen in der multikulturellen Gesellschaft. Zweite Weinheimer Gespräche. Beltz-Verlag: München, Basel

NIETZSCHE, F. (1990) Die fröhliche Wissenschaft. Carl Verlag: München

NUNNER-WINKLER G. (1997) Wider die Mystifizierung des Fremden. In: Kreisjugendring München-Stadt (Hrsg.): München

OSTERBRINK J. (Hrsg.) (1998) Erster internationaler Pflegekongress Nürnberg. Bern

PACZENSKY, S. v.(1992) Auf dem Weg zum wahren Glück. In: SZ-Magazin No.17/1992, Süddeutscher Verlag: München

PANOFF M. & PERRIN M. (1982) Taschenwörterbuch der Ethnologie. Reimer: Berlin

PARSONS C. (1990) Cross-cultural Issues in Health Care. In: REID & TROMPF (Ed.): The Health of Immigrant Australia: A Social Perspective. Sydney

PARSONS T. (1968) Die akademischen Berufe und ihre Sozialstruktur. In: RÜSCHENMEYER D. (Hrsg.) Beiträge zur soziologischen Theorie. 2. Aufl. Luchterhand: Neuwied, Berlin

PAUL B. D. (Ed.) (1955) Health, Culture and Community. Case Studies of Public Relations to Health Programms. Ed. bei B. D. PAUL with collab. of Walter B. MILLER: New York

PETTE G. M. (1998) Unterschiedliche Versorgungsbedingungen für deutsche und ausländische Patientinnen in einer gynäkologischen Notfallambulanz. Z. f. Gesundheitswiss., 6. Jg. Nr. 4

PFEIFFER W.M. (1994) Transkulturelle Psychiatrie 2. Aufl. Thieme: Stuttgart

POLSTER, E. & M. (1995) Gestalttherapie. Theorie und Praxis der integrativen Gestalttherapie. Fischer: Frankfurt a..M.

PRO FAMILIA MAGAZINS (1996)

PSCHYREMBEL W. (1994): Klinisches Wörterbuch. 257. Auflage, Berlin

RADTKE F. O. (1990) Der Beitrag der Wissenschaften zur Konstruktion ethnischer Minderheiten. Vorwort in: DITTRICH E.J. & RADTKE F. O. (Hrsg.) Ethnizität. Westdeutscher Verlag: Opladen

RADTKE F. O. (1993) Multikulturalismus – Ein Gegengift gegen Ausländerfeindlichkeit und Rassismus? In: HEßLER M. (Hrsg.) Einwanderung und Fremdenfeindlichkeit in der Bundesrepublik Deutschland, Hitit-Verlag: Berlin

RADTKE F. O. (1996) Fremde und Allzufremde: Zur Ausbreitung des ethnologischen Blicks in der Einwanderungsgesellschaft. In: WICKER H. R., ALBER J. L., BOLZMAN C., FIBBI R., IMHOF K. & WIMMER A. (Hrsg.) Das Fremde in der Gesellschaft: Migration, Ethnizität und Staat. Seismo Verlag: Zürich

REHFELD U. (1991) Ausländische Arbeitnehmer und Rentner in der gesetzlichen Rentenversicherung. Dtsch. Rentenversich. Nr. 7, 468 - 492

SALMAN R. (1994) Hintergründe gelungener Migration. Kongreßvortrag auf dem Türkisch-Deutschen Psychiatriekongreß in Antalya/Türkei

SALMAN R. (2001) Sprach- und Kulturvermittlung Konzepte und Methoden der Arbeit mit Dolmetschern in therapeutischen Prozessen. In: HEGEMANN T. & SALMAN R. (Hrsg.) Transkulturelle Psychiatrie – Konzepte für die Arbeit mit Menschen aus anderen Kulturen. Psychiatrie Verlag: Bonn

SANTEL B. (1995) Migration in und nach Europa. Erfahrungen, Strukturen, Politik. Opladen

SARTORIUS N., JABLENSKY A., KORTEN A., ERNBERG G., ANKER M. & COOPER J.E. (1986) Early manifestations and first-contact incidence of schizophrenia in different cultures. Psychological Medicine Nr. 16, 909-928

SCHARFETTER, C. (1997) Das Ich und seine Pathologie in verschiedenen Kulturen. In: HEISE T. & SCHULER J.: Das transkulturelle Psychoforum 2: Psychiatrie im Kulturvergleich. VWB: Berlin

SCHEIB H. (1996) Aus Theorie und Praxis Sozialer Arbeit, Nr. 2/96: Frankfurt a.M.

SCHERER K., MENGISTU D., MEYER G. & WEITKUNAT R. (1996) Alkohol bei Münchner Hauptschülern – eine Studie zur Verbreitung von Erfahrungen, Wissen, Einstellungen und Verhaltensweisen. Gesundheitswesen Nr. 58, 533 – 537

SCHIER E.: (1994) Interkulturelle Unterschiede in den Wertorientierungen aus transkulturell-psychiatrischer Sicht – unter besonderer Berücksichtigung der Migration. In: ILLHARDT F.J. & EFFELSBERG W. (Hrsg.) Medizin in multikultureller Herausforderung, S. 189-197. Gustav Fischer Verlag: Stuttgart, Jena, New York

SCHMACKE N. (1998) Öffentlicher Gesundheitsdienst. Entwicklung und Perespektiven. Ein Beitrag zur Wiederentdeckung der Kommune in der Gesundheitspolitik. Handbuch kommunale Politik. Raabe: Düsseldorf

SCHÜTZ A. (1927) Die objektive Realität der Perspektiven. In: JOAS H. (Hrsg.) (1993) Gesammelte Aufsätze, Bd. 2. Frankfurt a.M., S. 211-224

SCHWAB G. (1994) Subjects without Selves. Harvard UP: Cambridge

SCHWAB G. (1996) The Mirror and the Killer-Queen. Indiana UP: Bloomington, Indiana

SCHWAB G. Imaginary Ethnographies, work-in-progress

SCHWARZ F.W. u.a. (1998) Das Public Health Buch. Urban & Schwarzenberg: München

SCHWARZE S. & JANSEN G. (1991) Arbeitsplatzbelastung und Krankheit bei ausländischen Arbeitnehmern in der Eisen- und Stahlindustrie. Arbeitsmed. Sozialmed. Präventivmed. Nr. 27, 94 - 100

SCHWEGMAN M. (2000) Maria Montessori – Kind ihrer Zeit, Frau von Welt. Primus: Darmstadt

SEEBERGER B. (1996) Eine neue Zielgruppe für die Altenarbeit: alte Ausländer. In: Bayerischer Wohlfahrtsdienst, Nr. 8.: München

SEIBERT U. (2001) Kulturelle Gemeinschaften – eine Ressource für gemeindenahe Psychiatrie. In: HEGEMANN T. & SALMAN R. (Hrsg.) Transkulturelle Psychiatrie – Konzepte für die Arbeit mit Menschen aus anderen Kulturen. Psychiatrie Verlag: Bonn

SELINKO A. (1984) Desiree. Kiepenheuer & Witsch: Köln

SENN E. (1993) Wirbelsäulen-Syndrome. In: BRANDT T., DICHGANS J. & DIENER H.C. (Hrsg.) Therapie und Verlauf neurologischer Erkrankungen. 2. Aufl., W. Kohlhammer: Stuttgart, Berlin, Köln

SICH D. et al. (Hrsg.) (1995) Medizin und Kultur: eine Propädeutik für Studierende der Medizin und der Ethnologie. Frankfurt a.M.

SILKO L. (1989) Yellow Woman. In: Silko: The Storyteller. Arcade Publishing: New York

SIMON G. E., KORFF M. V., PICCINELLI M., FULLERTON C. & ORMEL J. (1999) An International Study of the Relation between Somatic Symptoms and Depression. New England Journal of Medicine, Vol 341, No 18, 1329-1335

SIMONS R. & HUGHES C. (Hrsg.) (1985) The Culture-bound Syndromes. Dordrecht

SLUZKI, C. (2001) Psychologische Phasen der Migration und ihre Auswirkungen. In: HEGEMANN T. & SALMAN R.: Transkulturelle Psychiatrie. Psychiatrie Verlag: Bonn

SPRADLEY B.W. & ALLENDER J.A. (1996) Community Health Nursing. Concepts and Practices. Lippincott: Philadelphia

STADT MÜNCHEN (1996) Betreuung von ausländischen Seniorinnen und Senioren, Beschluss des Sozialausschusses vom 23.05.1996

STADT MÜNCHEN (1997) Situation ausländischer Seniorinnen und Senioren in München, Beschluss des Sozialausschusses vom 25.09.1997

STADT MÜNCHEN (1998) Situation ausländischer Seniorinnen und Senioren in München, Beschluss des Sozialausschusses vom 14.05.1998

STADT MÜNCHEN (1999) Lebenssituation ausländischer Bürgerinnen und Bürger in München. In: Forschungsgruppe Kammerer im Auftrag des Referat für Stadtplanung und Bauordnung, Perspektive München, 8. Januar 1999

STAUB-BERNASCONI S. (1995) Systemtheorie, soziale Probleme und soziale Arbeit: lokal, national, international – oder: vom Ende der Bescheidenheit. Huber: Bern, Stuttgart, Wien

STEINBECK J. (1997) Jenseits von Eden. DTV: München

STEINBECK J. (1985) Früchte des Zorns. DTV: München

STELLRECHT I. (1993) Interpretative Ethnologie: Eine Orientierung. In: SCHWEIZER T., SCHWEIZER M. & KOKOT W. (Hrsg.) Handbuch der Ethnologie. Reimer: Berlin

STÜWE G. (1996) Migranten in der Jugendhilfe. In: Zeitschrift für Migration und Soziale Arbeit. 3-4. Verlag des Instituts für Sozialarbeit und Sozialpädagogik: Frankfurt a.M.

SUSENO F. M. (1981) Javanische Weisheit und Ethik, Studien zu einer östlichen Weisheit. Oldenbourg: München

SWEGMAN M. (2000) Maria Montessori 1870-1952. Kind ihrer Zeit und Frau von Welt. Primus: Darmstadt

TAYLOR C. (1997) Multikulturalismus und die Politik der Anerkennung. Frankfurt a.M.

THRÄNHARDT, SANTEL & DIEREGSWEILER (1994) Die Lebenslage der Menschen aus den ehemaligen Anwerbeländern und die Handlungsmöglichkeiten der Politik. In: Landessozialbericht, Ausländerinnen und Ausländer in Nordrhein-Westfalen, Bd.6: Düsseldorf

THÜRMER-ROHR C. (1997) Soziale Arbeit als Menschenrechtsprofession. Technische Universität: Berlin

TIETMEYER E. (1998) Geschlecht, Differenz und Gynaegamie. Zur Multiplikation von Geschlechterrollen in Afrika. In: HÄUSER-SCHÄUBLIN B. & RÖTTGER-RÖSSLER B.: Differenz und Geschlecht. Reimer: Berlin

TOULMIN S. (1991) Kosmopolis. Die unerkannten Aufgaben der Moderne. Suhrkamp: Frankfurt a.M.

TRABERT G. (1999) Armut Und Gesundheit: Soziale Dimension von Krankheit vernachlässigt. Deutsches Ärzteblatt Nr. 96, Heft 12 vom 26.03.99

TREPPTE C. (1996) Werft Eure Herzen über alle Grenzen: IKO-Verlag für interkulturelle Kommunikation, Frankfurt a.M.

TYLOR E. B. (1871) Primitive Cultures. London

UEXKÜLL T.V. (1990) Psychosomatische Medizin. Urban und Schwarzenberg: München

UZAREWICZ C. & PIECHOTTA G. (1997) Transkulturelle Pflege. Im Auftrag der Arbeitsgemeinschaft Ethnomedizin. Curare: Sonderband. VWB: Berlin

VEATCH R.M. (1985) The ethics of critical care in cross-cultural perspective. In: MOSKOP J.C. & KOPELMAN L. (Eds.) Ethics and critical care medicine, S. 191-206 Reidel: Dordrecht

VENZLAFF U. & FOERSTER K. (1994) Psychiatrische Begutachtung. 2. Aufl. Gustav Fischer Verlag: Stuttgart, Jena, New York

WALKER A. (2000) Die Farbe Lila. Rowohlt: Reinbek

WALLER H. (1997) Sozialmedizin, Grundlagen und Praxis. Kohlhammer: Stuttgart

WALTER U. &PARIS W. (1996) Public Health im Mittelpunkt. Alfred & Söhne

WEBER I. et al. (1990) Dringliche Gesundheitsprobleme der Bevölkerung in der Bundesrepublik Deutschland. Zahlen, Fakten, Perspektiven. Nomos: Baden-Baden

WEIZSÄCKER V. v. (1988) Der kranke Mensch. In: Ges. Schriften Bd. 9. Suhrkamp: Frankfurt a.M.

WEIZSÄCKER V.v. (1987) Krankengeschichte. In: Ges. Schriften, Bd. 5. Suhrkamp: Frankfurt a.M.

WESEL U. (1994) Der Mythos vom Matriarchat. Suhrkamp: Frankfurt a.M.

WORLD HEALTH ORGANISATION (1993) The ICD-10 Classification of Mental and Behavioural Disorders. Psychiatric Adaption. WHO: Genf

WORLD HEALTH ORGANISATION (WHO – Weltgesundheitsorganisation) (2001): Http: www.who.int/aboutwho/en/definition.html

WIESENTHAL S. (2000) Sunflower. Kuperard: London

WOLF R. (1997) Psychologische Betreuung von alten Menschen. In: BENGEL J. (Hrsg.) Psychologie in Notfallmedizin und Rettungsmedizin, S. 147-172. Springer: Berlin, Heidelberg, New York

WOLF R. (1999) Gerontopsychiatrie und -psychotherapie. In: BERGER M. (Hrsg.) Psychiatrie und Psychotherapie, S. 907-940. Urban & Schwarzenberg: München, Wien, Baltimore

WOLF, R. (2001) Altern und Krankheit – Herausforderungen, die über die Altersmedizin hinausgehen. In: ILLHARDT F. J. (Hrsg.) Die Medizin und der Körper des Menschen, S. 193-207. Hans Huber: Bern, Göttingen, Toronto, Seattle

YAP P. M. (1969) The Culture-bound Reactive Syndromes. In: CAUDILL W. & LIN T. (Hg.): Mental Health Research in Asia and the Pacific. Honolulu, S.33-53

ZENTRALINSTITUT FÜR DIE KASSENÄRZTLICHE VERSORGUNG IN DEUTSCHLAND (Hrsg.) (1989) Die EVaS-Studie. Eine Erhebung über die ambulante medizinische Versorgung in der Bundesrepublik Deutschland. Deutscher Ärzte-Verlag: Köln

ZENTRUM FÜR TÜRKEISTUDIEN (1993) Aspekte der Lebenssituation älterer Ausländer in Nordrhein-Westfalen. Essen

Autorenverzeichnis

Lale Akgün, Dr. phil., Diplom-Psychologin und Psychotherapeutin, *1953 in Istanbul, ist Leiterin des Landeszentrums für Zuwanderung Nordrhein-Westfalen in Solingen und Lehrbeauftragte der Universität Köln. Wichtige Arbeit: AKGÜN (1991).

Güldane Atik-Yildizgördü, Psychologische Psychotherapeutin, Klinische Verhaltenstherapeutin, *1958 in Adana/Türkei, tätig im Psychosozialen Zentrum für Flüchtlinge und Opfer organisierter Gewalt in Frankfurt/M.. Sie hat 1986 das Beratungszentrum für ausländische Familien und 1999 das Migrationszentrum in Frankfurt/M. mitgegründet und aufgebaut.

Pavlos Delkos, Dipl. Sozialpädagoge (FH), *1955, stammt aus einer Arbeitsmigrantenfamilie aus Nord-Griechenland. Nach mehrjährigen Jugend- und Ausländerarbeit ist er seit 1994 im Sozialdienst des Krankenhauses München-Neuperlach tätig und ist dort seit 1999 Abteilungsleiter. Er ist Sprecher des Ausschusses für Soziale Fragen des Ausländerbeirats München und Vorstandsmitglied der Arbeitsgemeinschaft der Ausländerbeiräte in Bayern (AGABY).

Katrin Fließ, Diplom-Soziologin, arbeitet als Beraterin im Frauenhaus der Frauenhilfe München, das regelmäßig 45 Frauen und ca. 60 Kindern Schutz und Beratung bietet. Außerdem führt sie seit vielen Jahren – vorwiegend im profit-Bereich – Seminare für Frauen zu den Themen Selbstsicherheit, Reden und Verhandeln, Lebens- und Karriereplanung, Führung und Kommunikation durch.

Peter Flubacher, Dr. med., ist Facharzt (FMH) für Allgemeinmedizin, Psychosomatische und Psychosoziale Medizin (APPM). Er arbeitet seit 19 Jahren als Hausarzt in einer Gruppenpraxis in einem Arbeiterquartier mit überwiegend ausländischer Wohnbevölkerung in Basel und beteiligt sich in Kooperation mit der dortigen Universität am Studentenunterricht und Forschungsprojekten. Wichtige Arbeit: FLUBACHER (1997).

Regine Fresser-Kuby, M.A., *1963, ist Ethnologin und als Gestalttherapeutin in homöopatisch-therapeutischer Praxisgemeinschaft in München tätig. Sie hat eine Feldforschung in Indonesien über den Umgang mit Aggressionen gemacht und acht Jahre lang Deutsch für Ausländer im In- und Ausland unterrichtet. Als freie Mitarbeiterin leitet sie ein interkulturelles Projekt im Bezirkskrankenhaus Kaufbeuren. Wichtige Arbeit: FRESSER-KUBY & CRANACH (1999).

Elly Geiger, Diplom-Soziologin, *1950, ist Leiterin der Abteilung für Grundsatzfragen der Jugendarbeit und Jugendpolitik beim Kreisjugendring München-Stadt. Schwerpunkte ihrer Arbeit sind interkulturelle Jugendarbeit, geschlechtsspezifische Jugendarbeit,

Pädagogik der Vielfalt, Armut und Gesundheit bei Kindern und Jugendlichen. Wichtige Arbeit: GEIGER (1999).

Thomas Hegemann, Dr. med., *1953, ist Facharzt für Psychiatrie, Kinder- und Jugendpsychiatrie, und Psychotherapeutische Medizin und hat in Ghana, Spanien und England gearbeitet. Momentan ist er freiberuflich als Supervisor und Organsiationsberater für psychosoziale Institutionen tätig. Er ist Vorstand des *Bayerischen Zentrums für Transkulturelle Medizin* e.V. in München. Wichtige Arbeit: HEGEMANN & SALMAN (2001).

Viola Hörbst, M.A., *1963, Heilpraktikerin und Ethnologin, promoviert derzeit an der Universität Freiburg zum Thema Landschaften der Heilung – medizinische Praktiken der Cora in Mexiko, wozu sie seit 1997 regelmäßig Feldforschungen durchführt. Sie ist Gründungsmitglied der AG *Medical Anthropology*, einer Sektion der Deutschen Gesellschaft für Völkerkunde und gibt am Institut für Völkerkunde der Universität München Seminare zur Medizinethnologie. Freiberuflich ist sie als Referentin und Trainerin für Interkulturelle Kommunikation im Gesundheitsbereich tätig. Wichtige Arbeit: HÖRBST (1997).

Britta Lenk-Neumann, M.A., *1967, ist Ethnologin und Krankengymnastin. Sie hat als zweite Vorsitzende des *Bayerischen Zentrums für Transkulturelle Medizin* e.V. in München maßgeblich den Aufbau eines Dolmetscherservices für den medizinischen und psychosozialen Bereich in München mitgestaltet und in Qualifizierungskursen für Dolmetscher unterrichtet. Freiberuflich arbeitet sie als Trainerin für Interkulturelle Kompetenz und Kommunikation im medizinischen und psychosozialen Bereich.

Miguel Maček, Dipl. Theol., Dipl. Soz. Päd., Hauptschullehrer, *1945 in Slowenien; Studium der Pädagogik und der Philosophie in Argentinien, der Theologie und Sozialpädagogik in Deutschland, Ausbildung in Gruppenanalyse (London und Heidelberg); seit 1979 als Drogenberater tätig, Lehrbeauftragter vom FDR (Fachverband für Drogen und Rauschmittel) für Suchtberaterausbildung, Leiter der dortigen Kursreihen „Migration und Sucht". Wichtige Arbeiten: MAČEK (1985, 1993).

Norma Mattarei, Dr. Phil, *1956, stammt aus Italien und ist Soziologin. Sie arbeitet im Sozialdienst für Ausländer des Caritasverbandes München Freising in München und ist Dozentin für Soziologie an der Katholischen Universität Eichstätt und an der Fachhochschule München. Wichtige Arbeit: MATTAREI (2000).

Dawit Mengistu, Dr. med. vet., M.P.H. (postgrad.), stammt aus Äthiopien und arbeitet als Consultant mit den Schwerpunkten: MigrantInnen und Gesundheit, Interkulturelle Kompetenz und Kommunikation, Gesundheitserziehung und Lebensstil, Entwicklungshilfe. Er ist Leiter der Landesgruppe Bayern von *Support Africa International*. Wichtige Arbeiten: MENGISTU (mit SCHERER et al.) (1996).

Karin Schulze-Rostek, ist Krankenschwester, Lehrerin für Pflegeberufe und Praxisbegleiterin Basale Stimulation ® in der Pflege. Seit 1991 ist sie am Schulzentrum für Krankenpflegeberufe des Klinikums Nürnberg tätig.

Gabriele Schwab, Dr. phil., Literaturwissenschaftlerin, stammt aus Baden. Sie lehrt an der University of California-Irvine als Chancellor's Professor of English and Comparative Literature und ist Direktorin des *Critical Theory Institute*. In den siebziger Jahren machte sie eine psychoanalytische Ausbildung am Freud-Institut in Zürich und am Institut für demokratische Psychiatrie in Kreuzlingen und absolvierte ihre Praktika bei Pirella in der psychiatrischen Klinik in Arezzo und bei Colomb an der ethnopsychiatrischen Klinik in Dakar, Senegal. Wichtige Arbeiten: SCHWAB (1994, 1996).

Rainer Wolf, Dr. med. ist Oberarzt an der Klinik für Psychiatrie, Psychotherapie und Psychosomatische Medizin der Otto-von-Guericke-Universität Magdeburg. Seine Arbeits- und Forschungsschwerpunkte sind: Gerontopsychiatrie, Pharmakotherapie der Schizophrenie, Ethik in der Psychiatrie. Wichtige Arbeiten: WOLF (1999, 2001).

Jürgen Collatz
Winfried Hackhausen
Ramazan Salman (Hg.)

Begutachtung im interkulturellen Feld

Zur Lage
der Migranten
und zur Qualität ihrer
sozialgerichtlichen
und sozialmedizinischen
Begutachtung in Deutschland

FORUM
MIGRATION
GESUNDHEIT
INTEGRATION
BAND 1

267 S. • ISBN 3-86135-290-7

Das transkulturelle Psychoforum

herausgegeben von Thomas Heise & Judith Schuler

Band 1: **Transkulturelle Begutachtung.** Qualitätssicherung sozialgerichtlicher und sozialmedizinischer Begutachtung für Arbeitsmigranten in Deutschland.
hrsg. von J. Collatz, E. Koch, R. Salman & W. Machleidt
ISBN 3-86135-130-7

Band 2: **Psychiatrie im Kulturvergleich.** Beiträge des Symposiums 1994 des Referats transkulturelle Psychiatrie der DGPPN im Zentrum für Psychiatrie Reichenau
hrsg. von K. Hoffmann & W. Machleidt
ISBN 3-86135-131-5

Band 3: **Psychosoziale Betreuung und psychiatrische Behandlung von Spätaussiedlern**
hrsg. von Thomas Heise & Jürgen Collatz
ISBN 3-86135-132-3

Band 4: **Transkulturelle Psychotherapie.** Hilfen im ärztlichen und therapeutischen Umgang mit ausländischen Mitbürgern
hrsg. von Thomas Heise
ISBN 3-865135-133-1

Band 5: **Transkulturelle Beratung, Psychotherapie und Psychiatrie in Deutschland**
hrsg. von Thomas Heise
ISBN 3-86135-138-2

Band 6: ZHAO Xudong: **Die Einführung systemischer Familientherapie in China als ein kulturelles Projekt**
ISBN 3-86135-135-8

Band 7: Hamid Peseschkian: **Die russische Seele im Spiegel der Psychotherapie.** Ein Beitrag zur Entwicklung einer transkulturellen Psychotherapie
ISBN 3-86135-136-6

Band 8: Thomas Heise: *Qigong* in der VR China. Entwicklung, Theorie und Praxis
ISBN 3-86135-137-4

Band 9: Andreas Heinz: **Anthropologische und evolutionäre Modelle in der Schizophrenieforschung**
ISBN 3-86135-139-0

Band 10: Julia Kleinhenz: **Chinesische Diätetik..** Medizin aus dem Kochtopf
ISBN 3-86135-140-4

---

mehr Information zu den genannten sowie weiteren Titeln finden Sie unter:
www.vwb-verlag.com
VWB – Verlag für Wissenschaft und Bildung, Amand Aglaster
Postach 11 03 68 • 10833 Berlin • Tel. 030-251 04 15 • Fax 030-251 11 36
e-mail: 100615.1565@compuserve.com